"我的教学风格"丛书 / 闫德明 蔡少霞 主编

东莞市长安镇中青年骨干教师研修班成果

教学风格多维解析

JIAOXUE FENGGE DUOWEI JIEXI

主　编　谢　静　陈雪晨
副主编　卢妍博　吴晓燕

中山大学出版社
SUN YAT-SEN UNIVERSITY PRESS

·广州·

版权所有　翻印必究

图书在版编目（CIP）数据

教学风格多维解析/谢静，陈雪晨主编；卢妍博，吴晓燕副主编.—广州：中山大学出版社，2022.6

（"我的教学风格"丛书/闫德明，蔡少霞主编）

ISBN 978-7-306-07443-0

Ⅰ.①教… Ⅱ.①谢…②陈…③卢…④吴… Ⅲ.①中小学—师资培养—案例—东莞 Ⅳ.①G635.12

中国版本图书馆 CIP 数据核字（2022）第 026114 号

JIAOXUE FENGGE DUOWEI JIEXI

出 版 人：	王天琪
策划编辑：	张　蕊
责任编辑：	张　蕊
封面设计：	曾　婷
责任校对：	陈　莹
责任技编：	靳晓虹
出版发行：	中山大学出版社
电　　话：	编辑部 020-84110283，84113349，84111997，84110779，84110776
	发行部 020-84111998，84111981，84111160
地　　址：	广州市新港西路 135 号
邮　　编：	510275　传　真：020-84036565
网　　址：	http://www.zsup.com.cn　E-mail：zdcbs@mail.sysu.edu.cn
印 刷 者：	佛山市浩文彩色印刷有限公司
规　　格：	787mm×1092mm　1/16　17.625 印张　362 千字
版次印次：	2022 年 6 月第 1 版　2022 年 6 月第 1 次印刷
定　　价：	50.00 元

如发现本书因印装质量影响阅读，请与出版社发行部联系调换

前　　言

2016年，习近平总书记在北京市八一学校考察时发表重要讲话，他指出："鼓励学校办出特色，鼓励教师教出风格。"

教无风格，何以立教？名师应该具有自己独特的教学风格。教学风格是指教师在长期的教学实践过程中，在一定的教学理念指导下，创造性地运用各种教学方法和技巧，所表现出来的一种个性化的教学风貌和格调。

基于本地名师群体的实地调查发现，一部分名师追求教学风格的意识不强烈，教无风格，模式化严重；另一部分名师教有风格但没有得到恰当的提炼和表达，方法和策略比较欠缺，迫切需要教学风格的理论指导。鉴于此，长安镇宣传教育文体旅游办公室选拔20名综合素养高的中青年教师，以省市级骨干教师为培养方向，用三至五年（2017—2021年），通过名著研读、课题研究、论文写作和教学风格凝练等方式，提升其核心能力，进而引领学科组成员共同进步，整体提高所在学校教师队伍水平。

通过三年的研磨和培育，每一位培养对象都提炼和表达了自己的教学风格，提交了结业作业"我的教学风格"案例。案例内容包括：①我的教学风格，表明并简要诠释自己的教学风格；②我的成长历程，讲述自己个人成长和教学改革的真实故事；③我的教学实录，提供能够匹配自己教学风格的课堂实例；④我的教学主张，结合自己的课堂教学实例，表达自己对教育教学的看法；⑤他人眼中的我，学生、同事、专家等人对自己教学的评价。为了交流和展示名师培养对象的研修成果，项目组选择了20个具有代表性的案例结集出版。

本书是多方协作的成果。项目首席专家广东第二师范学院闫德明教授负责项目方案策划和案例架构设计工作。闫德明教授深入学校听课评课，开展读书分享，就如何提炼教学风格的关键词、如何撰写教学风格案例，与每一位学员进行了深度交流并进行了具体指导。作为项目负责人，长安镇宣传教育文体旅游办公室蔡少霞主任统筹规划，积极协调，热心服务，为项目的顺利实施起到了很好的保障作用。班委会、编委会的谢静老师、陈雪晨老师、卢妍博老师和吴晓燕老师带头示范，乐于奉献，分工协作，对每一个案例都提出了详细的修改建议。各位作者都非常重视这

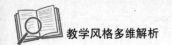

次出版工作，在结业作业的基础上，反复打磨、精心修改，为读者展示了各具特色的教学风格。

限于水平，本书难免存在不完善之处，敬请各位同行批评指正。

编 者

2021 年 6 月 20 日

目 录

鱼渔兼得	陈雪晨（初中语文）	1
从"品味"到"品位"	李粤红（初中语文）	18
优盘化生存，超链接成长	闫大勇（小学语文）	30
贴地而行，追光而舞	钟俏芳（小学语文）	42
大开大合，张弛有度	岳林杨（小学语文）	55
灵巧·灵动·灵韵	陈鹏（小学语文）	69
精心预设，自然生成	魏秀珍（小学语文）	83
心馨相印	王辉敏（小学语文）	97
融通小课堂，畅游大语文	肖平（小学语文）	108
简与真	陈叶云（小学语文）	121
精于"有限"，臻于"无限"	訾羽佳（小学数学）	134
寓"有意"于"无意"之中	卢妍博（小学英语）	149
务本·求真	陈海燕（小学英语）	167
寓教于"聊"，因"聊"定学	古醒庆（小学英语）	187
乐美·乐情·乐趣	吴晓燕（小学音乐）	201
像写诗一样上课	陈娟（小学音乐）	215
走心更走新	伍永康（初中体育）	228
在精心与随心之间	骆伟（小学体育）	240
精彩·出彩·喝彩	赵晓卫（幼儿园管理）	251
童心·童真·童趣	陈趣平（幼儿园管理）	265

鱼 渔 兼 得

陈雪晨（初中语文）

个人简介

陈雪晨，男，东莞市长安实验中学语文教师，中学一级，副校长，靖海学校初中部筹备组负责人。东莞市教育系统师德标兵，东莞市第一批语文教学能手，东莞市优秀教师，长安镇优秀教师、优秀班主任、优秀教育工作者。其撰写的论文曾获省、市级奖项共计20余项，先后在国家级及省部级刊物上发表论文多篇；主持市级立项课题"初中'说、写、评、改'作文教学模式的实践研究"并结题，并参与多个省、市立项课题研究。

▶ 我的教学风格

叶圣陶先生说，语文教师的责任并不是专为学生讲书和批改作文，讲书要达到不需要讲，批改作文要达到不需要批改。在语文教学中，我始终追求这一点，在"授人以鱼"中又"授人以渔"，以期让学生"鱼渔兼得"。

一、鱼渔

"鱼"和"渔"是一对有意思的矛盾体，本义中"鱼"是目的，"渔"是手段；但在教学中，"鱼"却成了手段，"渔"才是真正的目的。在教学活动中，教师不仅要传授知识，更要指导方法、解决问题、启迪思想、悟道达理。从内容上讲，"鱼"代表知识，"渔"代表方法与思想；从结果上看，"鱼"是让学生学会知识，"渔"是让学生学会方法、学会思考。

二、兼得

"鱼"和"渔"是形式与内容、肉体与灵魂、树木与森林的关系。我们对"渔"的追求是肯定的，但"鱼""渔"不可偏废任何一方。我们不可能超越形式去获取内容，舍弃肉体而拥有灵魂，忽略树木而追寻森林。知识和能力并不矛盾，在实际教学中，我们有时要侧重授"鱼"，有时要侧重授"渔"，力求让学生在获得知识的同时，能力也得到提高，从而做到"鱼渔兼得"。

三、教学的三个层次

教学的第一个层次是"鱼"，也就是教人学会知识；教学的第二个层次是"渔"，也就是教人学会方法，包括学会有效获取知识的技能与途径，以及应用知识

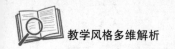

解决问题的方法,这叫学以致用;教学的第三个层次是"鱼渔兼得",也就是学会基础知识与基本技能,再学会思考,能有效获得知识、技能的方法和手段,进而让受教育者不但懂得运用已有的知识与方法解决现实问题,更重要的是在构建与运用知识的基础上,获得思维的提升与发展,进而可以创新、创造与自我迭代,这才是真正的素质教育。

▶ 我的成长历程

一、启程

大学毕业后,我来到了东莞,作为学校中文系最早签约的一批男生,我认为自己最幸运的事就是做了语文老师。这是我的理想。我的父母都是语文老师,也都是爱书之人,从小家中便随处可见书的踪迹。我印象最深刻的是,小学时我有个特权,不用睡午觉,可以舒舒服服地在父亲宿舍的书架前看自己喜欢的书。初二那年暑假,我因长时间看书,眼睛不断流泪,后来医生警告我母亲,再看那么多小说,孩子的眼睛就失明啦!母亲并没有责怪我,只是温柔地摸摸我的头,让我不要太担心。从金庸到古龙,从三毛到席慕蓉,从《中华上下五千年》到《基督山伯爵》……虽说书中很多内容我也不甚理解,但是我对于文字真正的热爱,便是在这书香中沉淀而来的。从小学到高中,再到大学,自由读书让我看到世界的广大与丰富,看到生命存在的多样性与不同的生长密码,我像只从井底跃出的青蛙,贪婪地欣赏着天光云影共徘徊的美景。

读万卷书,行万里路。现实并不像我想象的那么美好,工作不久,学校就月考了,我带的两个班成绩不理想,这让我甚是苦恼。犹记得当时黄海江校长听了我的课后,拉着我在学校荔枝树下评课,聊了一个多小时,那句"年轻人刚参加工作,课上得不错",让我备受鼓舞。当时我的师父是现在的舒妙珠校长,她鼓励我,说道:"雪晨,你要静下心来多学习,你得成长起来!"

师父的话触动了我,我决定改变。我知道,无论做什么,都要抱有积极的工作态度。工作态度决定工作境界。

我开始找互助好同伴,找好师父、好榜样、好圈子,争取多外出学习、共同听课。把盛开的花朵移到自己的园地里,在模仿、借鉴、内化的过程中慢慢凝结出自己的思考之花、实践之果。

我知道,要想专业得到成长,还要继续坚持读书。因为读书是教师专业成长之翼,是教师立身之本,也是最好的修行。因为阅读,我在教学和精神上慢慢实现了突破。阅读,让我的教学呈现出不一样的课堂、不一样的语文、不一样的教育。我的学生叫我雪晨,我的班级成绩遥遥领先,班级管理上也由人治到经验管理,再到人性的回归。阅读,让我看到生活的意义不仅在于教育本身,更在于感受生命成长的快乐和价值。这样，我才能够容纳学生个体的差别，接受这种差别造成的工作的繁难与琐碎，也更能悦纳自己，坦然面对困难挫折，寻求解决问题的策略，不仅看到黑板和粉笔，还看到春花秋月、云卷云舒、潮起潮落，生命鲜活。

二、跋涉

人生是一条漫漫征途，我们每个人都是在征途上跋涉的行者，要想专业得到成长，还必须勇于实践。我认真地在教研组听课、听资深教师讲课、听名家课例。我珍惜锻炼的机会，积极上常态课、研讨课、观摩课、竞赛课，因为公开课是教师最好的专业发展平台。我的师父麦艳芳老师告诉我，要敢于"死"在公开课中，才能"活"在常态课中。

参加工作 5 年后，我常为自己并不需要特别努力就能取得不错的成绩而沾沾自喜，我以为，语文不过如此！语文教学不过如此！2008 年，我参加市里的青年教师优质课比赛，我一遍又一遍地备课、试教、磨课，信心满满地参加，结果却失败而归。这次经历把我从幻想的云端拽到了现实的地面。它让我明白：只有经历更多的磨炼，才能更好地成长。和失败亲密拥抱后，我开启了只管耕耘不问收获的模式，坚持在学习中积累，在跋涉中前行。

随着积淀不断加深，在文本解读中，我慢慢也能听到独属于自己的呼吸和心跳。我的课堂渐生气象，教学设计和教学论文先后多次获省、市级奖。从 2008 年开始，我就给自己定了一个目标，争取每年要有一篇论文获市级以上奖项，我希望自己在学习的路上也能实践、阅读、思考并记录，做到"鱼渔兼得"！我希望通过写，去掉自己身上的匠气、俗气；通过写，让自己的心灵变得澄明、清澈；通过写，对自我有一种静谧的梳理与观照；通过写，让自己灵魂深处最富饶的部分得以深度开垦。

朝特定目标前进的人，全世界都会给他让路。2013 年，市教学能手比赛推到了我面前。在好友欧阳伟老师的鼓励和帮助下，我们并肩作战，顺利地从片区赛出线晋级市赛，最终成了东莞市第一批初中语文教学能手。可以说，教学能手的比赛，是锻炼我的大熔炉，在比赛中，我被锤炼、被磨砺，羽翼开始丰满，筋骨开始强健。

一个人尝过成功的滋味后，必然会自觉地追求下一次的成功，我亦如此。不断地去尝试、去挑战，是一种昂扬、专注、勇敢的精神状态。我慢慢地从一个人踽踽独行的自成长，到一群人结伴而行的共成长，这是我对教学理想和教育理念的进一步实践和锤炼，我也感受到了自己身为一名教师的幸福和生命的价值。后来，我跟随市教研室语文教研员刘巍老师外出讲课，他告诉我："你作文课讲得好，教学效果也好，但这只是你自己好。建议你把自己的作文课做成一个系列，然后可以讲给更多人听。你必须承担起引领更多人成长的责任……"霎时，我懂了。一个人的价值，不仅仅在于自己的成功，还在于他对周围人的影响和帮助。努力帮助他人，这

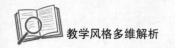

是更大的修行，亦是更深的历练。

三、探索

教师仅有专业追求是不够的，还要在行动上拥有专业探索的精神。教师的主阵地是课堂，而课堂是一方圣地，蕴含的是神圣感，承载的是梦想，践行的是责任。在教学研究的点点滴滴中，我慢慢有了自己的教学主张：从过去的浅尝辄止转变为深入挖掘，从过去的分散转变为聚焦，从过去的"被教材牵着走"到进行整合取舍，从课堂实践走向深入思考、理论探索。随着思考的深入，我越来越意识到，自己想要探寻的，是一条温柔而又坚韧的教学道路。一定有一种语文课堂，润物无声，面朝大海，春暖花开，这是我的理想与追求！

于是，从2013年起，我开始自己做课题研究，特别在作文教学上，我有了更多自己的想法。学生不仅喜欢我的作文课，考试时作文分数也遥遥领先。我想把自己教学生写作文的实践和方法上升到理论的层面，在"授人以鱼"中又"授人以渔"，以期让学生"鱼渔兼得"。当时身边做课题研究的初中老师还很少，幸运的是，我有良师益友欧阳伟老师的指导。我相信，只要坚持下去，就一定会有收获！在领略了很多大师的风采后，我切切实实感受到，一个成功的教师不是靠简单的教师培训或是各种比赛成长起来的。他们有自己的理想和追求，更重要的是他们勇于创新，有眼光拨云见日，有勇气不理琐事繁芜而围绕自己的教学特色不断钻研、不断探索，积累自己的精神财富。

君子慎独，是衡量一个人品德的标尺，同时也是一种自律的修炼方法。做课题就是我语文教学的自我修炼。我确定了以作文教学为研究重心，5年内写了10篇论文，参加了3项市级课题。主持了1项市级课题，2016年我主持的市级课题"初中'说、写、评、改'作文教学模式的实践研究"获得立项，2018年顺利结题。我与志同道合的小伙伴们一起上研究课，写教学反思，引导学生培养自主发现问题、解决问题的能力，提高学生写作兴趣，激活学生写作潜能，让学生享受成功写作的乐趣。在这过程中，不仅传授给学生知识，还指导写作方法、启迪写作思想，真正让学生"鱼渔兼得"！

四、遇见

一个人的精神发育史就是他的阅读史，一个民族的精神境界取决于这个民族的阅读水平。2018年，我特别幸运地加入了闫教授的"明德读书会"，于我，这是最美的遇见！

松山湖之行让我感到震惊，原来有这么多优秀的同行在如此努力地读书，更重要的是，很多伙伴不但比我年轻，还比我努力。我顿时很焦虑。虽然我也一直在读书，在写论文，在做课题，但是我读书太随意，缺乏方向和规划，而且我一直待在"舒适区"。所以，从那时起，我就做了一个决定，我要努力逃离读书的"舒适

区"，利用碎片化时间随时随地阅读、思考，去感受拔节成长的痛。

自此，我养成了固定读书与听书的习惯，开始阅读更多曾认为枯燥的专业书，阅读一些曾认为无趣的工具书。我努力尝试从内将自己打破、归零，开启新的征程。读书分享会给了我极大的鼓舞，我觉得自己不用再犹豫和彷徨，我真正需要的，是温柔的坚持，是初心不变的深情，是毫不退缩的担当。我认为，作为一名教师，我们5年后的样子，取决于我们和什么样的人在一起，取决于我们读了什么样的书。阅读可以让人的精神面貌越来越好，因为阅读印染的美是优雅、从容和无畏。

好教师的知识结构应当由三方面组成，即精深的专业知识、开阔的人文视野、深厚的教育理论功底。任何一方面知识的不足，都会影响学生在某一方面的成长。因此，教师不断地读书、不断地充实自我是必须的。在教育领域，阅读是一种最为基础的教学手段。学校是播下阅读种子最重要的地方，中小学时期是阅读兴趣与能力形成最敏感的时期，教师则是教孩子学会阅读最关键的引路人。读书，是最美的遇见。

▶ 我的教学实录

浓妆淡抹总相宜
—— 人物描写升格篇

一、导入新课

师：同学们，今天这节作文课我们来学习人物描写的升格。有谁能说说细节描写有多重要吗？

生：您说过，细节是作文的生命。

师：好的，谢谢你！是的，优秀的作文都有一个共同点，就是人物描写会让我们觉得"浓妆淡抹总相宜"。该浓则浓，该淡则淡；浓有浓的情致，淡有淡的韵味，两者各有所长，各尽其妙。

（板书：浓妆淡抹总相宜——人物描写升格篇）

（设计意图：黄厚江老师说："教师要带着作文的种子进课堂。"作文训练要有明确的目标，要创设具体的情景，提出可操作的任务。这节作文课，学习目标明确，就是学习人物描写升格，以诗导入，有亲和力地引导可以营造宽松和谐的课堂氛围）

二、品"鱼"之真味——欣赏佳作

师：接下来，我们拿出学案，一起来欣赏一篇考场的优秀作文。

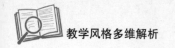

（老师展示习作《捧在手心里的温暖》）

师：同时思考三个问题，时间5分钟！

（出示幻灯片：三个问题）

问题一：你会给这篇作文打多少分？

问题二：你认为这篇文章最值得你学习的地方是什么？

问题三：你认为这篇文章值得改进的地方有哪些？

生：（热烈讨论）

师：同学们讨论得很热烈，谁来分享一下自己的看法？

生1：45分，我特别喜欢文章的心理描写，我觉得很细腻、很真实，让我感受到了温暖。如果多一点写景就更好了，那样语言就会更优美。

生2：46分，我觉得这篇文章语言优美，心理描写细腻，文中的扣题也很好。但是，过渡还不够自然，结尾可以升华一下主题，把妈妈对自己的爱写得更深刻一些。

师：两位同学给的分数是不是高了一点呢？

生：对啊，好像高了。（教室里七嘴八舌，观点各异）

生3：我给43分，不知道怎么说，就是觉得还可以更好。（其他同学笑了起来）

师：好，《捧在手心里的温暖》是一篇考场作文，是上一届的陈芊同学的作品。我跟大家讲过她的故事，她妈妈给她送什么？

生：（齐声）棉被。

师：妈妈给她送棉被。文章写她见到妈妈时的心路历程——这是她当时内心的真实想法，妈妈给她的关爱也是真情流露。所以，真实、真情是这篇文章的第一个亮点。还有一个亮点是什么？

生：人物的内心刻画。

师：对，人物内心刻画得细腻是这篇文章最大的亮点。

（老师出示幻灯片）

点评：真实、真情，人物的内心刻画细腻。

师：接下来，我们一起看看人物描写如何做到真实、真情、刻画细腻。

（设计意图：以范文引路，循循善诱，目标预设，水到渠成，让学生品"鱼"之真味。请学生点评作文，唤醒学生参与，确立了学生在课堂上的主体地位。让学生进一步明确了这节课的目标就是学习人物描写的升格，同时也明确了在这节课里思考问题的指向。根据讲评思路，由浅入深，一步步引导学生明确作文中人物描写升格的关键是要真实、有真情以及细腻的刻画。）

三、得"渔"之妙法——你说我说大家说

师：细节是作文的生命，那么人物的细节描写大概有哪些？来，你试试！

生4：外貌描写、动作描写、心理描写、神态描写、语言描写。

师：真好，背得挺熟啊！问题来了，什么样的人物描写才叫好呢？我们来看看例子。

（老师出示幻灯片）

主题一：那孩子真脏

师：那孩子真脏。大家看到这句话，你能感受到那个孩子有多脏吗？

生：（齐声）不能。

师：那请大家再看看这句话。

（老师出示幻灯片）

精彩描写例文：

那孩子擤了一把鼻涕，往墙上一抹，接着用手背对着鼻孔擦了两下，又伸出舌头，往上唇舔了舔。

师：擤了一把鼻涕，往墙上一抹。怎么样？

生：好脏！

师：用手背对着鼻孔擦了两下。是不是很熟悉的动作？

生：是。（学生大笑）

师：又伸出舌头，往上唇舔了舔。是甜的还是咸的？

生：咸的。（学生恍然大悟，哄堂大笑）

师：诚实是一种美德！大家都有经验啊！脏不脏？

生：（齐声）脏。

师：通过对比，同学们发现了什么？

生5：第一个句子单单一个"脏"字，是概述，我不知道有多脏。第二个句子用了"擤、抹、擦、舔"几个词语具体写出了孩子有多脏，真的好脏！（学生笑）

师：这几个词是什么词性？是什么描写呢？

生5：动词。动作描写。

师：很好，大家发现了没有？加了几个动词更具体地描写，人物就跃然纸上了！

生：（齐声）对。

师：我们再看第二个例子。

（老师出示幻灯片）

主题二：他很怕吃辣椒

师：大家喜欢吃辣吗？

生：喜欢。（学生异口同声）

师：真的吗？广东人也喜欢吃辣呀！那大家回想一下自己第一次吃辣椒是什么感觉？

生：好辣！火辣辣，流汗，流眼泪，流鼻涕。（学生七嘴八舌）

师：什么辣椒这么厉害，鼻涕、眼泪都出来了？（师生笑）

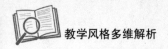

生：朝天椒。（学生大笑）

师：大家看这个句子，单单一个"怕"字，你能看得出他有多怕吗？

生：不能，看不出来。

师：对啊，太笼统了，看不出来，也感受不到。但是，我们来看看这个升格后的句子，你估计就能感受到了，我们一起来读一下。

（老师出示幻灯片）

精彩描写例文：

他啃了一口辣椒，只见他脖子一缩，脸部的肌肉皱成一团，张大嘴巴，喊了一声："哇呀！"舌头伸出外面，半天缩不进去。

生：（齐读）

师：辣吗？感受到辣没有？

生：辣！太夸张了！我觉得真辣，好有画面感！

师：对，这是辣到了疯狂，怕到了极致啊！（学生笑）

师：以上两个例子，一个"脏"字和一个"怕"字，都是概述，当我们把这种概述升格为具体的描写之后，句子就变得更充实，人物描写也更形象了，就有画面感了！由此看来，人物描写的升格我们要做到两点。

（老师出示幻灯片）

升格总结：变笼统为具体，化叙述为描写。

师：其实，我们在平时作文中写人的时候经常会用到这些方法。比如，考试考不好，心里很难受，想哭。所以，当你学了这个方法之后，是不是可以写得更具体、生动呢？

生6：是的。心痛，像把图钉撒在自己的胸口上，再一个个地按进去。

师：太疼了，那个画面我都不敢想。

生7：感觉我的心好像从胸口飞出来，在半空中突然掉下来，"啪"的一声，我听到了心碎的声音。

师：感觉是恐怖片，很有画面感啊！（学生大笑）

师：其实，我们还可以通过更多的细节来升格人物描写。接下来，我们做个练习。

（老师出示幻灯片）

主题三：她骂他懦夫

（运用你的想象，恰当地添加动作、神态、语言、心理等描写，使这句话的内容充实起来。）

师：给大家3分钟时间，等一下我们一起来分享，看看谁写得好。

生：（练笔）

师：时间到了，谁来分享一下？好，志×你来吧！

生8：她猛地站了起来，恶狠狠地骂他，你这个懦夫！

师："猛地站起来"是动作描写，人物"动"起来了。"恶狠狠"是从哪里看出来的呢？又是什么描写？

生8：脸上，是神态描写。

师：嗯，很好。就是告诉别人，我很凶的！然后再加上一句话："你这个懦夫！"这样写虽内容不多，却增加了哪几种人物描写方法？

生9：3种，动作、神态、语言的描写。

师：对，通过增加动作、神态、语言的描写，人物形象是不是就立起来了？是不是就有画面感了？

生：是的，生动、形象很多。

师：下一个谁来分享？好，郑×豪你来。

生10：她张牙舞爪地吼着，你这懦夫，那声音刺破空气，仿佛要震破人的耳膜！男人唯唯诺诺、战战兢兢，大气都不敢出，"懦夫"一词一次又一次地在他耳边环绕。

师：大家掌声鼓励一下！

（师生鼓掌喝彩）

师：除了语言、动作、神态的生动描写，郑×豪同学还用了夸张和对比手法，细腻地刻画出了女人的生气、跋扈和男人的软弱、退让，很有生活气息，人物形象跃然纸上，真好！

师：我们请一位女同学来分享一下吧，谁主动来？

（一女生站起来）

生11：她觉得自己气得快要爆炸了，狠狠地抄起地上的那把破扫帚，朝着他就猛打，一边打还一边吼道，你这个懦夫！

（学生大笑）

师：哇，郑×瑞同学，你连扫帚都用上了，果然是凶猛至极啊！写得好不好？

（师生笑）

生：好！好真实，好有画面感。

生：对，我就被扫帚打过。

（学生大笑）

师：看来写作文啊，真的是源于生活。我们要用心地去观察生活，抓取最具代表性的、能反映人物性格特征、揭示主题思想的细节来加以描绘，这样文章才能深入人心，感染读者。

师：我们来读一读下面两个例子，同时思考，第二个例子增加了什么描写。

（老师出示幻灯片）

幻灯片一：她骂他道："你真是一个懦夫！"

幻灯片二：其实，她早已被气得浑身颤抖，脸色铁青，但她还是在不断地告诫自己：不要失态！不要骂人！最终她实在是忍不住了，于是怒睁杏目，用手指着他的鼻子骂道:"你真是一个懦夫!"

生:(齐读)

师:第二段话有哪些人物描写呢?

生12:语言、动作、神态、心理描写。

师:大家对比一下第一个句子和第二段话,发现了什么?

生12:通过人物描写的升格之后,人物的形象更生动、更具体。

师:我要给你点赞!你把我的答案说出来了,谢谢你!

(学生笑)

师:通过人物描写的升格,我们会发现,一个简单的句子,可以变得更具体、更形象、更生动,人物形象可以变得更丰满!所以,我们在接下来的作文训练中,一定要在别人忽略的地方,驻足逗留,泼墨如注,不厌其烦。只有抓住细节,你笔下的人物才能生动起来;只有抓住细节,你的文章才能生动起来。细节立人,细节立文!

(老师出示幻灯片)

细节立人,细节立文!

师:我们一起读一遍吧!

生:(齐读)

(设计意图:金针度人,以点带面,目标明确,实用高效,让学生得"渔"之妙法。要想写作能力获得实实在在的提升,仅靠调整认知是不够的,还需要掌握方法,活学活用。这里所举的三个例子,层层递进,环环相扣,一个"脏"字和一个"怕"字的升格,让学生真切体会到人物描写的升格要做到两点:变笼统为具体、化叙述为描写。最后用第三个例子做升格前后的对比,让学生在练习中深刻体会并掌握通过人物的语言、动作、神态、心理描写的升格,可以让人物生动起来,从而真正领会到细节立人,细节立文。)

四、鱼渔兼得——学以致用,小试牛刀

师:孩子们,学习了人物描写升格的方法,接下来我们做个练习。

(老师出示幻灯片)

夜深人静时,我在看语文书。这时,妈妈端着一杯牛奶推门进来。

妈妈说:"孩子,明天就要考试了,今晚就别看书了,喝了牛奶,早点睡吧!"

我说:"我不想喝,我想再看会儿。"

妈妈说:"明天考试,你还是早些睡吧。"

听了妈妈的话,我很生气,又说:"别说了!我都看不进去了!"

(《空气一样的母爱》)

师:请大家运用刚刚学到的方法来升格,让它内容更丰盈,情节更曲折,感情更真挚。等一下我们来分享。

生13：我就改了第一段——夜深人静时，我还在拼命地看语文书，明天就要考试了，我还没有复习完，心急如焚！这时，妈妈小心翼翼地端着一杯牛奶，轻轻地推门进来。

师：好的，谢谢你！你加了"拼命"和"心急如焚"来刻画考试前夜自己还没复习完，特别担心、特别着急的糟糕心理。还写了妈妈小心翼翼端着牛奶和轻轻地推门，具体写出了妈妈的温柔和无声的爱，真好！

生14：我妈妈不一样，她是"砰"的一声推门而进。

（师生大笑）

师：都是爱，只是表达方式不一样而已。回去跟妈妈沟通一下吧，说你渴望温柔！

生15：我改的是最后一段——听了妈妈的话，我就像小动物被踩了尾巴一样，整个都炸了。我很生气，冲她吼道："你到底还想不想让我学？"妈妈欲言又止，还是劝道："喝了牛奶，早点睡吧！"我更加烦躁，双手抓着头发，声嘶力竭道："别说了！我都看不进去了！"

师：谢谢你的分享！你增加了语言、动作、心理描写，人物形象就活生生地立起来了。特别是里面流水账式的语言，妈妈说，我说，然后又是妈妈说，通过升格之后就显得更自然、更真实了！

生16：妈妈悄悄地走到我身边，偷偷地瞄了一眼我手中的书，把牛奶轻轻地放在我的桌面，微微地叹了一口气，欲转身往外走，还是忍不住劝我，"孩子，太晚了，喝了牛奶赶紧休息吧"。我顾不上抬头，眼睛盯着书本狠狠地说："我不想喝！"

师：温柔、体贴的妈妈，充满深情，好温暖！同时，"我"却忽略这份爱，两者形成鲜明的对比，人物栩栩如生，形象跃然纸上，真好！

师：看来，大家都掌握得不错。下面，让我们来看看例文。大家一起读一遍，感受一下人物升格的魅力。

（老师出示幻灯片）

夜深人静时，我还在心慌意乱地翻着语文书，却一点儿也看不进去。这时，妈妈轻轻地推门进来，手里端着一杯热腾腾的牛奶。

"孩子，明天就要中考了，今晚就别看书了，喝了牛奶，早点睡吧！"妈妈微笑着关切地说。

虽然知道妈妈的心意，但是烦躁使我变成了一只刺猬，妈妈成了我发泄的对象。

"我不想喝，我连看书的时间都没有了，还有空喝牛奶吗？"我头也不抬，心里像长满草一样毛躁。

"明天考试，你还是早些睡吧，否则明天会没精神的。"妈妈的语气中带着一丝焦虑。

"你别烦我了！害我书都看不进去了！"我朝妈妈大吼。

生：（齐读）

师：这里增加了什么描写啊？

生："我"的心理、妈妈的动作、妈妈的神态、两人的对话。

师：好的，这里通过人物描写的升格，妈妈的爱和"我"的焦虑烦躁形成鲜明对比，文章里的人物活了，文章也就更加生动自然，富有深度。当然，我们有些同学写得比这还好，课后大家再互相交流！最后，我们来总结一下人物描写升格的要点。

（老师出示幻灯片）

变笼统为具体；化叙述为描写；细节立人，细节立文。

生：（齐读）

师：今天的课就到这里，谢谢大家。

（设计意图：学以致用，鱼渔兼得。这里我们要引导学生在实践当中去理解和运用学到的知识，从"知道写作知识"到"学会写作"的知行转换，以学生为主体，既授之以鱼又授之以渔。教学的终极目标就是让学生学会基础知识与基本技能，再学会思考有效获得知识、技能的方法和手段，进而让学生不但懂得运用已有的知识与方法解决现实问题，更重要的是，在构建与运用的基础上，让他们获得思维的提升与发展，从而可以创新、创造与自我迭代。）

▶ 我的教学主张

《义务教育语文课程标准》提出："作文教学应贴近学生实际，让学生易于动笔，乐于表达，应引导学生关注现实、热爱生活、表达真情实感。"但是，不喜欢写作文，是初中生的普遍现象。一是因为生活中少有触动他们的新鲜事，二是因为写作带给他们的获得感比较少。如何让学生对作文教学产生兴趣，有没有行之有效的教学方法？这应该是我们语文老师共同关注的焦点。

《义务教育语文课程标准》关于写作的建议是："为学生的自主写作提供有利条件和广阔空间，减少对学生写作的束缚，鼓励自由表达和有创意的表达。提倡学生自主拟题，少写命题作文。"这既注重学生的自我表达，发展个性；又注重学生的交流信息，传达思想，适应社会需要。又指出，"养成留心观察周围事物的习惯，有意识地丰富自己的见闻""多角度地观察生活，发现生活的丰富多彩，捕捉事物的特征，力求有创意的表达""应抓住取材、构思、起草、加工等环节，让学生在写作实践中学会写作。重视引导学生在自我修改和相互修改的过程中提高写作能力"。

在多年的语文教学实践中，我研究并力求把握初中作文教学的特点，不断探寻作文教学知识性、规律性的东西，把"初中'说、写、评、改'作文教学模式的实践"作为自己的研究方向,将研究的重点集中到学生身上。我觉得,作文教学研究要聚焦,要小切口,要深挖掘,我特别想找到一种最适合学生的写作训练方法,让他们爱上作文,爱上语文。教学一开始吸引学生的往往是"鱼"而不是"渔"。每个学生的成长经历不同,知识结构也不同,他们对"鱼"和"渔"的领悟力是不一样的:有的学生"举一"能够"反三",学习状态偏向"渔";而有的学生"举三"才能"反一",学习状态偏向"鱼"。因此,我们要根据学生的实际进行"授鱼"和"授渔"。

一、从"授鱼"到"授渔"——创设情境,引导学生说

《义务教育语文课程标准》提到,作文教学要让学生"能与他人交流写作心得,互相评改作文,分享感受,沟通见解",但要达到这一目标必须具备两个条件:学生得有话"想"说,还得有话"会"说。"说"得好自然也就"写"得好,"说好"是"写好"的前提。

我们要营造宽松的写作氛围,让学生有话想说,这就是授之以鱼。对于初中学生而言,写作其实就是对自己、对身边的人和事的记述和评价。它是自我情感的一种真实流露和宣泄。所以,我在进行作文教学时,会尽可能地营造一种轻松愉快、民主和谐的氛围,让学生在这个氛围中大胆想象、拓展思路、独抒己见、挖掘创新。

写作任务确定后,每个学生先独自构思。他们在提笔写作之前,将简略的构思、自拟的简要腹稿等在各自组建的合作小组中叙说一遍,然后听听其他同学的意见。这样,每一位同学都有展示自己写作见解的机会。接下来,由每组推选一名构思、立意、选材、语言较好的同学为代表,在全班进行"说文"。全班同学听完每位代表的"说文"之后,再进行讨论、交流、补充,此时必定会产生许多令老师和同学意想不到的奇思妙想,这也将会给所有同学带来有益的启示。

这样做彻底打破了以往那种封闭、单一、沉闷的教学局面,让同学们在互动中取长补短,轻松自由地达到"我想说""我能说"的效果,从而轻松愉悦地完成对作文审题、立意、构思的学习,这也是授之以渔的过程。

二、从"得鱼"到"得渔"——注重体验,指导学生写

《义务教育语文课程标准》指出,学生要对生活有独特的感悟,而想要获得这种感悟,就必须让他们经历难忘的体验。因此,对于生活中难以经历的体验,我就在课堂上创设情境,然后循循善诱,一步步带着学生去体验。当他们有了想法、有了感悟,便趁热打铁,指导他们在课堂上完成写作。

"写"因为有了第一步"说"做铺垫,学生的思维因而变得活跃,很快就可以确定自己文章的构思、框架、材料,然后形成书面文章。我只要针对个别学生写作中的问题予以具体指导就可以了。

叶圣陶先生说："阅读是吸取，写作是倾吐。"我的学生写作更多是课堂生成，因此，在写之前，我会用各种方法引导学生多读书，读好书，激发学生的写作冲动。阅读，永远是写作的基础。写作能力的提高，若没有广泛的阅读基础，就算拥有再好的写作技巧和写作窍门也是枉然。为此，我结合语文课堂以及学校、班级的各种活动，想方设法让我的学生爱上读书。通过"读书节"精彩的经典朗诵活动吸引学生，通过班级读书分享会引导学生，通过名著电影欣赏或名著舞台剧创作比赛激发学生的兴趣。在保护学生读书兴趣的前提下，我会注意把握度的问题，精挑细选书目，引导学生多读书，读好书，读整本书。这个积累的过程目的就是让学生"得鱼"。

在激起学生读书兴趣的同时，我在日常教学中还非常重视引导学生勤于练笔，这是一个完成写作完美框架的艰苦过程。为了让学生能在原有的知识结构中尽情挥洒笔墨，宣泄自己的情感，保持一份写作的冲动，我要求学生坚持写日记和周记。另外，借助课堂文本教学，把一些情节性较强、描写比较细致生动的课文改写为课本剧，让学生自编、自导、自演，然后由大家"评头论足"，对他们的大胆尝试给予肯定，从而激发学生的创作欲望。这个创作的过程目的就是让学生"得渔"。

有了大量的阅读和勤于练笔的积累，写作能力的提高就水到渠成了。我对学生写的内容和形式不加限制，顺乎自然，让他们写自己平时喜欢写的东西，并积极引导学生充分调动已有的生活积累、体验和感悟，将真情实感融入其中。这样既积累了写作知识，又学会了写作方法，这便是从"得鱼"到"得渔"的过程。

我手写我口，我笔表我心。只有注重体验，才能让学生乐于表达、易于动笔，才能引导学生在写作中雀跃，让文采在妙笔下生花。

三、从"品鱼"到"得渔"——重点精评，学生互评

没有调查就没有发言权。在教学实践过程中，我做过多次作文评改的问卷调查，发现教师的评改与指导对学生的帮助似乎不是很大，72.3%的学生认为有一定帮助，而仅有23.2%的学生认为教师的评改对自己的写作帮助很大。

上述数据或许不够全面，但却值得我们反思。我们在作文批改或评价时，都习惯注重挑毛病，往往指责学生这里不好、那里不恰当，然而，这会挫伤学生写作的积极性，让学生产生畏难情绪，进而心灰意冷。所以，我决定在批改作文时，尝试换一种思维方式。

（一）重点精评

在全体学生完成作文后，请一名学生朗读两篇典型文章（其中一篇优秀，另一篇存在典型问题）。听完之后，每一位学生先独自思考，然后分学习小组进行交流，提出一些有见地、有价值的问题，让全班同学自由讨论。最后，我适当进行有效的点拨，这个过程就似"品鱼"。特别是针对一些典型的优点和错误，以保护学生的写作欲望为出发点，我会让学生更多地讨论。我所选的是典型文章，优缺点特别突

出，重点精评的目的除了让学生品读优秀作文之外，更重要的是让学生懂得怎样写出优秀的作文。希望让学生由知识的灌输对象转变为信息加工的主体，变被动的接受为主动的探究，在探究中发现问题、解决问题，并掌握方法。

（二）范例示范

在初始阶段，由于学生的鉴赏能力不够，缺乏经验，我会提前准备已经做好具体点评的优秀例文，用这种具体范例教给学生评价作文的方法，给学生更多时间去学习和交流，给学生创造机会，让学生参与到作文评改这个过程中来。这是符合学生的兴趣和意愿的，可以激发学生的评改热情，进而调动学生的写作积极性，而且还可以教会学生用欣赏和评价的眼光来看待自己和他人的作文，对于提高写作水平是大有裨益的。

（三）学生互评，教师指导

我和学生共同学习和研究中考作文评分标准，制定班级作文评改细则，我再结合具体范例教给学生评价作文的方法，进行小组互评。然后，由各小组推荐一篇作文在全班进行交流。最后，我和学生共同提出一些补充修改意见。

个体对于文章的审视和评价往往是主观的，但在主观之中有相对理性的把握和权衡，同时也有模糊不清的地方。互评交流则能很好地弥补这一点，并使学生们的思考趋向于科学合理。在课堂上，如果发现学生对同一篇文章给出了截然不同的评价，就可以顺势引导，在交流中碰撞出思维的火花。

我认为，教师、学生的共同参与是学生作文提高的良好途径。学生作文能力的提升需要找到良好的"支点"，这种共同参与会助力学生发挥主观能动性，认真地切磋、推敲，循序渐进地提升。在这个过程中，学生在"品鱼"中又可以"得渔"，写作能力也因此得到真正的提升。

四、鱼渔兼得——精雕细琢，自主修改

《义务教育语文课程标准》明确指出："重视引导学生在自我修改和相互修改的过程中提高写作能力。"叶圣陶先生曾经说过，"作文教学应着重在培养学生自己改的能力，教师只给引导指点，该怎么改让学生自己去考虑去决定，学生不就处于主动地位了吗？养成自己改的能力，这是终身受用的"。

文章不厌百回改，反复推敲佳句来。在作文教学中很重要的一个环节就是引导学生自主修改作文，即每一位同学结合老师和其他同学的评价意见，趁热打铁，在自己原作的基础上再次进行修改、整理，精雕细琢升格自己的文章。学生在经历多次反复修改的过程后，眼界会拓宽，品位会提升，思想会成熟。学生的作文水平就能在这"精雕细琢，自主修改"的循环中，一步一步地拾级而上，而老师也在这样的作文教学过程中"授人以鱼"又"授人以渔"，从而让学生能够"鱼渔兼得"。

在安排作文课时，除了写作课之外，我还设计了美文欣赏课、作文点评课和作

文升格课。在美文欣赏课、作文点评课上，我跟学生一起探究、发现、总结出优秀作文的共性——立意精准、结构精整、语言精练、思想精深、书写精美、题目精警。理解了这些，在作文升格课上，我再引导学生从审题、立意、结构、内容、语言等方面进行有针对性的专题训练和升格。这样一来，学生们经过循序渐进的训练，就能渐渐掌握作文的秘诀，从而唤醒写作意识，作文水平就会有质的提升。这个过程，就是让学生从"知道写作知识"到"学会写作"的知行转换，以学生为主体，既"授之以鱼"又"授之以渔"，从而让学生"鱼渔兼得"。

作文教学是语文老师的常规工作，把常规的工作坚持做就是特色。我觉得这句话特别适合教育这个行业。因为教育做的就是细水长流的事情，感动中国2020年度人物中的两位教师张桂梅和叶嘉莹，也是用日复一日对自己常规的坚守写就非凡的伟大。作文教学就像一座深深的庭院，我常问自己，庭院深深，你能带领学生走多远？我要努力成为一名优秀的领路人，带领我的学生领略楼台轩榭的美，欣赏俯仰生姿的树，让追随者赏心悦目、流连忘返。我要努力带领我的学生品"鱼"之真滋味，得"渔"之妙方法，以期"鱼渔兼得"。

▶他人眼中的我

读陈老师其文，我的感受是遇见了一位优秀的学习者。子曰，"学而不厌，诲人不倦"，以此来形容陈老师再恰当不过了。有着丰厚的语文素养，却还在不断地读书；有着深厚的教学修养，教导他人却仍不知疲倦。孜孜以求，不肯停下学习的脚步。年少时读书，是为了看到更广阔的世界；工作后坚持读书，是为了实现专业的成长；而今日之读书，是为洗去匠气，向教育专家转变。专业成长之路，肯于不断学习，敢于跳出舒适圈，勇于断舍离，向无数学者、同行学习，只为成就今日之向专家、学者迈进的陈老师。

读其文品其人，亦遇见了一位深爱教育事业的清醒者。读陈老师如同读一本长卷，初见为墨香所吸引，阅之越深，越渐为其深刻内涵所感动。欧阳修说："遇人浑浑，不见圭角。"陈老师之教育学生，最初也许会因教学成绩不是很好，不服输而想提高成绩，但后来渐渐成了一个醉心教育，把教育当作终身事业的语文人："力求让学生在获得知识的同时得到能力的提升"，做到"鱼渔兼得"；更注重教育本身；能与学生共赏春花秋月、云卷云舒……尊重教育规律和学生成长规律，在众声喧哗中保持理性和从容，陈老师是个清醒的人。

观陈老师的作文课，举千钧若一羽，轻轻点拨间，学生已然领悟于心，这全然在于其多年探索，背后所付之心血。"说、写、评、改"，看似平常，却将细节藏于其间，学生功底扎实，提笔间拥万物若携微笔，一切水到渠成。遇见陈老师大概是他的学生的最好的遇见。

（东莞市长安实验中学　九年级语文备课组长　朱爱军）

"脚踏实地,仰望星空。"雪晨,一位有教育情怀的教师。陈老师既静心守望着教育理想,又脚踏实地辛勤耕耘,接地气,有追求,并不断前行着。

"腹有诗书气自华。"雪晨,一位儒雅的语文人。陈老师的儒雅,源于其广泛且深入的阅读、丰富的积淀,得益于其谦和的性情,感染了同伴,熏陶着学生。

"授之以鱼,不如授之以渔。"陈老师的课,诚如其本人所说,"鱼"与"渔"兼得,既关注知识的传授,更注重能力的培养、素养的提升。

"清水出芙蓉,天然去雕饰。"基于对"教什么"与"怎么教"的正确认识,陈老师的课自然、朴实而又高效,是本真的语文课。

"春蚕不言劳作苦,收获何须问秋风。"教育的高度永远是与教师的精神境界同在的,教无涯,思无止,研无尽,愿陈老师守着教育初心,不断行走在语文路上。

(东莞市长安实验中学　中学语文高级教师　曾庆忠)

参考文献

[1] 中华人民共和国教育部. 义务教育语文课程标准[M]. 北京:北京师范大学出版社,2012.

[2] 张红丽. 生活化作文教学策略新探:以农村初中为例[D]. 济南:山东师范大学,2018.

【点评】

雪晨老师把"授人以鱼不如授人以渔"变成了自己常做的事情。他在作文教学中,从"授鱼"到"授渔"——创设情境,引导学生说;从"得鱼"到"得渔"——注重体验,指导学生写;从"品鱼"到"得渔"——重点精评,学生互评,带领学生品"鱼"之真滋味,得"渔"之妙方法,以期"鱼渔兼得"。

(广东第二师范学院教授　闫德明博士)

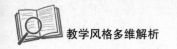

教学风格多维解析

从"品味"到"品位"

李粤红（初中语文）

个人简介

李粤红，女，东莞市长安实验中学语文教师，中学一级，办公室主任。东莞市学科带头人、教学能手，东莞市初中语文中心组成员。业务精益求精，多次承担省、市级专题讲座。撰写论文曾获国家级三等奖，多次获广东省教育学会二等奖，4次获东莞市初中语文年会论文一等奖，论文曾见刊于《广东教学报》；持教课例多次获省级二等奖、市级一等奖，课例《杨修之死》荣获"一师一优课　一课一名师"活动省级优课并推荐至教育部参评。参加多个省、市立项课题研究，主持市立项课题"部编新教材背景下初中语文整本书阅读的教学策略研究"，研究成果包括论文、课例、微课，获奖总计40余项。

▶我的教学风格

一、守中文根脉

在这个多元化时代，语文教师不介绍母语文字知识、不引导母语文化情感认同已是常态，致使孩子们感受不到母语的伟大和独特，对母语的热爱与尊崇、对中华文化的认同感越来越缺失，规范运用母语的能力日渐弱化。为此，我尝试在传统文化与现代生活之间为孩子们搭建沟通桥梁，以期改善其母语学习现状，引发精神共鸣，将优秀的文化传统、高雅的审美情趣、良好的道德情操"内化于心，外化于行"，实现真正的培根铸魂、文以化人。

二、品人间百味

新课标里说道："语文课程是实践性课程。学生的语文能力，应当在实践中获得。"我认为，海量阅读就是最好的语文实践，只有在海量阅读中，我们才能体验生活的千般滋味、百种情愁，借助书中的人生智慧引领自己蜕变、成长。我的语文课堂立足文本阅读，让孩子们沉浸在古今中外的各色文本中品读文字之味、文学之味、文化之味以及生活之味，让他们在广阔的阅读空间中积累丰富的语言范式并自发模仿、融入写作，进而将书中智慧融入生活实践。

三、铸个性品位

听读是输入，说写即输出。输出的高阶形式则是个性化的言语智慧，如李白的洒脱飞扬、杜甫的沉郁顿挫、苏轼的纵横恣肆、辛弃疾的沉雄豪迈、鲁迅的犀利深刻、汪曾祺的闲适恬淡。孩子们在我的语文课堂上既能品读人生百味，更能浸润在大师们独具个性的言语智慧中，在听读输入的扬弃中形成个性化的文化品位，在说写输出的锤炼中铸造出个性化的语言风格。

▶ 我的成长历程

一、真实课堂

（一）遭遇现实

刚参加工作时，自信满满的我遭遇了残酷现实——精心设计的课堂乏人回应。好在有良师在旁指引——曾是东莞高中语文教学领军人物的叶剑刚老师说："你精心准备了这么多内容，学生能不能在短短的 40 分钟内消化？"当时的语文科组长邹萍老师也笑着说："你从韶关市重点高中毕业，但我们是镇街中学哦。"他俩的话让我如醍醐灌顶，我开始懂得要用更多的时间了解学情并以此确定教学内容。

很多人也许教了一辈子书也未必明白如何以学定教，但我很幸运，从教书伊始就有两位导师带着我往正确的方向走，让我懂得只有时刻从学生出发，让学生学有所得才是真实有效的语文课堂。

（二）课题启蒙

叶老师与邹老师从 1998 年就在做关于质疑式阅读的市级研究，我有幸成为课题组成员并在他们的指导下形成了我的"课堂三部曲"：①学生自读课文，并写下最让自己困惑的三个问题；②教师收集问题，了解学情，确定教学重难点；③组织学生讨论分析，解决问题。后来，我的"三部曲"科组展示课获得了极高的赞誉，教学设计和课堂实录参加 1999 年广东省阅读教学课例比赛获二等奖。学生也因有自己的话语权，非常喜欢我的课，与我共同探究文本的深度和广度也在不断延展。那种课堂生成的愉悦、融洽之感，在我心里烙下了深深的印记。

二、跨界积累

（一）写作之路

邹萍老师同时还是作家、长安文学协会会长，她说，中文人要两条腿走路，一是教学，二是写作，自己不会写作，怎么教学生写。在她影响下，我也利用课余时间写作，文章时常在各级报刊上发表，曾有一篇散文《海之子》发表在《羊城晚报》上。邹老师的想法往往超前而又能件件落地，比如，和长安文化站一起承办省级诗歌盛会，想方设法把"十月文学奖"放在并不为"大咖"们熟知的长安镇颁奖，千方百计出版了常有重磅作家新作的纯文学刊物《长安文学》，请来舒婷这些

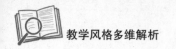

轻易不出门的文学偶像光临长安文化学堂……跟着邹老师，我见证了一个个不可思议的奇迹，自己也渐渐脱离了象牙塔式的写作窠臼，文笔更加沉稳、从容。

（二）杂家之路

学术钻研略微枯燥，昆曲、茶艺、旅行、摄影与朗读就成了我生活的调色剂。喜欢昆曲，是因听过白先勇先生导演的青春版昆曲《牡丹亭》，只觉余音绕梁，其他歌乐不复入耳。因昆曲，我又习古琴，因此结识了众多妙人，打开了学习传统文化的大门。因听琴、品香、插花，没有一样离得了茶，又习了茶艺。因假期行走，摄影技术也越来越成熟，小时候埋没的绘画天赋在摄影领域得以很好地展现。朗读原本是授课需求，录得多了，渐渐发现用声音诠释文字之美也是一门值得钻研的艺术。

教学20多年，生活经验丰富了，人也变得更从容大气，语文世界中的人生百味、生活至味自然就能解读得更好；形成了自己的独特品位，我在语文课堂上传达的中华语言、文学乃至文化之美，也更能让学生信服。新来的老师说我像百科全书，老同事则打趣我是杂家。

三、课改历练

20多年来，课本多次改版，教学理念与技术数次革故鼎新。如何不偏不倚、守正创新，没人能给出标准尺度。我从凭直觉到遵循政策指引、理论依据、实践检验，坚定走自己的教研之路，也经历了诸多质疑。

（一）信息技术的运用

曾经，运用信息技术提高课堂容量、效率是时髦。当时，副校长加入了"基础教育信息化资源开发和应用的有效性研究"的省级课题，命我撰写了一篇论文，题为《长安实验中学关于〈教育信息技术与体验教育（语文学科）整合的有效性研究〉的构想》。虽然此文荣获了省教研成果二等奖，但当视频与资料展示充斥于语文课堂之中时，我对信息技术的运用是质疑的：语文课堂上，学生真正与文本对话的时间有多少？教师真正着力在语文要素——语言文字与逻辑思维的时间有多少？

经过一连串反思后，我依照语文人的敏锐直觉与独立思考而行，远离满屏答案的PPT（演示文稿），远离更紧凑、更泛滥的"填鸭式"教学，而坚持最基础的听说读写和文本阅读、品析，师生共同生成不可复制、独具韵味的课堂。在众多勇立潮头的同事中，我的教学主张确实不合时宜。可我将不合时宜的实践写成论文，竟荣获了省教育学会二等奖和市中学语文教学研究会论文评选二等奖。

（二）分层教学的思考

2010年，我校开展班级分层教学实验工程，按分层教学要求，要把学生分成好、中、差三组，于是语文老师在教学设计时，把截然不同的思考题按难度系数分配给不同类型的学生，造成课堂上优生只思考鉴赏、分析、拓展题，而后进生只思考最基本的感知、理解、概括题的怪异现象。我很困惑：语文学科的听说读写，从来都是同步进行、不可分割的，语文分层教学把教学内容人为割裂成互不相关的若干板块塞给各层次学生的做法，根本不符合语文教学规律。

2012年，为了完成沿海片区分层教学同课异构任务，我翻查资料，看到著名专家王荣生教授主张从教学内容的角度、而非单从教学方法的角度来观照语文教学，深以为然。于是，我把教学内容分出难易梯度，从易到难地合理设计、安排顺畅，让差、中、优生不但能跟着教学梯度不断进阶，也能清晰了解自己的能力水平与发展方向。结果，我的课例《春酒》引发了大讨论，一派认可我在教学内容设计上分层渐进的意见，另一派则坚持应如同理科教学，给好、中、差三个层次的学生完全不同的学习任务单。而我就此课例写了论文《从教学内容梯度设计入手，让语文分层教学更具实效》，荣获市论文评选二等奖。

从这节课开始，我走上了自觉的、深度思考的语文教学探索之路，我的语文课堂也开始走向更自由、更开阔的大语文天地。

（三）风格形成的关键

1. 内容重构

在众多理论书籍中，王荣生教授所著《语文教学内容重构》对我影响最大。书中点明，语文课程的特殊性决定了教师须从教学内容角度评价语文课堂，而语文课堂中，语文教师首先是选择要讲什么内容，其次才是选择用什么教。读了这本书，我才确信自己坚持从学生出发、以教学内容为重、与生活实践相融的教学之路并未走偏。

2. 统编教材

2016年9月，我申请去教初一年级的学生，跟进统编教材使用。一年后，我以落实"三位一体"阅读教学体系为指导方向，以消除语境隔阂、为学生搭建读写桥梁为具体手段，以帮助学生回归文本、提升读写能力为目标，个性鲜明的教学主张逐渐清晰。次年12月，我的论文《消除语境隔阂，接引源头活水——浅谈统编新教材读写教学实践》获市论文评选一等奖，其中关于"入境"与"出境"教学策略的论述，成了我个人的教学研究基石。

3. 整本书阅读

因整本书阅读在新课程框架中的重要性，2017年我申报了课题"部编新教材背景下初中语文整本书阅读的教学策略研究"并成功在市立项。经过4年的实践研究，丰富多样、可操作性强的教学策略和教学模式逐渐形成并不断完善。我们使用各种手段与策略，使学生会阅读、能阅读，以一本书带动系列书籍的阅读，从而拓宽视野、亲近母语、陶冶情操，获得个性化的阅读体验。同时，我个人多次开设整本书阅读的省、市专题讲座。2018年年末的展示课"现实与经典之思——《水浒传》读中交流"，运用微信公众号让学生在线记录阅读心得形成教学设计，带动了市骨干教师刷新技术支持，市教研员还从中获得了推行名著在线测试的灵感；课题组成员的论文、课例、教学设计、微课获国家级、省级、市级奖项共计30多项。

我也因影响力日益提升，于 2019 年被评为市学科带头人。

▶ 我的教学实录

现实与经典之思
——《水浒传》教学实录

一提起名著《水浒传》，语文老师都有共识：初中生的阅读积极性不高，镇级初中不但大部分学生读不懂，而且容易对里面杀人越货、打架酗酒的情节是非辨识不清。但这些都只是老师们的粗略估算和大致认识，算不上精准。

2011 年义务教育语文课标有言："学生是学习的主体，语文课程必须根据学生身心发展和语文学习的特点，爱护学生的好奇心、求知欲，鼓励自主阅读、自由表达，充分激发他们的问题意识和进取精神，关注个体差异和不同的学习需求，积极借导自主、合作、探究的学习方式，教学内容的确定、教学方法的选择、评价方式的设计，都应有助于这种学习方式的形成。"①

在整本书阅读课程化进程中，教学内容的确定、教学方法的选择、评价方式的设计，同样需要遵循此课标要求。在语文课中，教学内容的确定是成败关键，王荣生教授在"教学内容的选择"讲座中也强调，语文教学备课的起点是"学情"。可见，只有经过准确的学情估量，才能确定恰当的教学内容。

为精准把握学情，确定适合的《水浒传》整本书阅读教学内容，自 2019 年 10 月始，我在初三（9）班、（10）班尝试使用了"百捷在线学习"的微信公众号，让家长和学生共同记录周末整本书阅读情况，希望在了解学生阅读量的同时，也能及时发现学生阅读过程中不可预设的问题，记录内容包括时间、页码、阅读心得评价、家长评语。某日公众号阅读记录如图 1 所示。

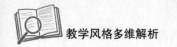

图 1　某日公众号阅读记录

---

① 中华人民共和国教育部：《义务教育语文课程标准》，北京师范大学出版社 2011 年版。

两周时间里，我通过教师端口公众号"优秀教师之家"检查学生阅读情况，发现学生自发记录了许多阅读困惑：

梁山好汉开的黑店，杀了人做成人肉馒头，这也能叫好汉吗？

黄文炳被李逵一片片剐肉烤着下酒，这样的行为太过于泯灭人性，这也是好汉所为？

宋江在江湖上这么有名，好像也只是舍得花钱而已，没什么真本事，这样的人竟然能被好汉们尊为首领？

……

这些困思，非常真实、具体地反映出学生无法理解历史语境与现实语境中价值观的巨大差异。我如获至宝，一是自开展整本书阅读以来，所有教学重难点的设定和教学环节的设计都是根据任课老师"自以为是"的学情来设计，从来没有一种辅助工具如此清晰地呈现出学生个体最真实的阅读困惑；二是作品中众多引发学生质疑的"英雄"行为与人物形象，既是实现历史语境与现实语境对接的最佳载体，更是深层次解读作品的绝佳突破口。可以说，我的《水浒传》整本书阅读教学，师生共读的起点，就是借助现代化的信息手段精准把握学情，让师生"真"阅读，更让教师"真读懂"学生。

一、师生共读的终点

精准把握学情，确定了师生共读的起点后，接下来就该确定终点指向何方，这样的课堂教学才能有的放矢。上海师范大学附中余党绪校长在《文本的价值审定及切入策略——〈水浒传〉的思辨读写实践语文学习》一文中明确指出："任何进入教学的文本，无论是被奉为经典的'四书五经'，还是毁誉参半的'四大名著'，都必须接受现代价值的审查与教育意义的质询。……当我们面对《水浒传》这样的名著时，这种审查的必要性和重要性更加凸显。……《水浒传》的教学，首要的便是价值的审查与澄清。"毫无疑问，倘若《水浒传》的整本书阅读教学仅停留在常规的情节梳理、人物分析、主题探讨环节，那其实还是停留在解读内容的层面，难以实现把初中学生引向深度阅读的目的。如果把《水浒传》最终的教学目标，确定为价值审查与澄清，即帮助学生在理解人物、情节的基础上，厘清不符合时代价值观的东西，肯定值得褒扬的公义心、反抗精神和爱国情怀，《水浒传》的师生阅读才算是真正落到了语文的生活实践中去，这样的阅读才更具有现实意义。

2017年版的高中语文课标也明确指出："语文学科核心素养主要包括'语言建构与运用''思维发展与提升''审美鉴赏与创造''文化传承与理解'四个方面。"因此，我将《水浒传》的价值审查与澄清作为最终的教学目标，需要学生在课堂学习中拓展思维，明辨是非美丑，理解文化古今之别，传承中华文化精髓，这完全符合课标核心素养中"思维发展与提升""审美鉴赏与创造""文化传承与理解"这三大要求。

二、师生共读的策略及过程

教学起点与终点都确定之后,我们需要关注的就是师生共读《水浒传》的教学实施策略及实际操作过程。在《水浒传》整个阅读教学过程中,我并没有运用太复杂的教学策略,唯一贯穿始终且行之有效的,就是师生共读、共生策略。

师生共读,是教师先要放手让学生读,只要学生出现有质量的困惑,就代表他们真正走进了《水浒传》;而教师一边深入读原著,一边也要"读"懂学生的阅读困境,避免整本书教学出现脱离学习主体、偏离教学目标的"假"指导。

师生共生,只能建立在师生共读的基础上,以学生为课堂主体,以讨论释疑、思维提升为抓手,整本书阅读课堂由教师与学生共同生成。这样的课堂如行云流水,不生硬、不勉强、不拔高、不低就,既接地气,紧扣学生的阅读困惑点,又能让学生享受到"真"阅读的乐趣,进而提升阅读品质和思维能力。具体操作流程如下。

首先,前期精准的学情调查准备,为整本书阅读教学设计,开拓了师生共读、真读的新局面——我们只需要把所有学生的阅读记录截图进行归类,便可获得无数鲜活、生动的探究专题。个别学生阅读记录如图2所示。

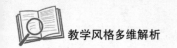

图2 个别学生阅读记录

在部编版教材的整本书阅读任务中,有专题探究项目,如七年级下册的《骆驼祥子》就给出了四个专题建议:给祥子写小传、探寻悲剧原因、话说"洋车夫"、品析"京味儿"。但同时教材也强调,选择你感兴趣的专题进行探究,或者另选专题。这中间的自由度看似非常大,但仍需紧扣学情与教学目标,探究行动一旦脱离这二者,便多有哗众取宠、大而无当之嫌。因此,图3中归类后自然形成的探究专题,既有很强的针对性,又是学生自己关注的难点、疑点,较之课本建议和教师自

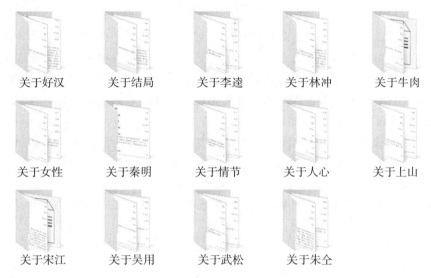

图3 归类后的探究专题

已拟定的专题,更能调动学生参与的主动性。

其次,将同一专题中针锋相对的观点放在课堂中讨论交流,使师生在交流讨论中解决矛盾、达成基本共识,课堂无须设计,也无比鲜活、灵动。比如,关于李逵,学生就有很多不同的看法:

李逵真是直率,傻得可爱。(黄××)

李逵感觉就是一个四肢发达,头脑简单的人。(陈××)

李逵虽然十分鲁莽,性格暴躁,经常为了一些小事就和别人发生冲突,但是他愿意为兄弟两肋插刀的仗义令我敬佩。(邓××)

李逵怎么老是动不动就杀人,那么莽撞。(刘××)

而事实上,李逵是《水浒传》中杀人最多、最凶残的一个,在课堂教学中,抓住"傻得可爱"这一点,引发学生讨论,并找出关于李逵不顾扈成前来投降仍杀害扈家庄满门,活捉黄文炳之后生剐其肉下酒,以及杀死欺骗他的李鬼之后割了他的大腿肉下酒吃饭这些情节,证明李逵是天煞星下世,杀人时绝对称不上可爱。同时,也要抓住另一个突出特点"仗义",跟随宋江一路到底,甚至为宋江而死,是有些盲目,但当他误会宋江霸占良家妇女行不义之事的时候,却全不顾兄弟情面要跟宋江算账。正因为学生的阅读有浅有深,对同一人物的评价有赞有弹,如此自然而然的质疑——释疑环节,根本无须刻意设计,一切都在学生自由的、深入的、主动的阅读探究中水到渠成,也只有如此,李逵才能脱离那个傻而憨的刻板印象,以复杂又鲜活的个性重现在读者面前。

最后,学生的阅读即便再深入亦有限,教师必须将自己的阅读体验与学生的阅读困惑相结合,引导学生进行积极的思维活动与有益的阅读品质提升。比如,学生

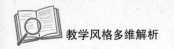

对梁山"好汉"有颇多质疑:

不知道当时的英雄好汉是如何定义的,看了五十回,总觉得真正在书中有亮出真本事的梁山泊好汉也没有几个,其余的就是拿个名字凑数吧。还有,梁山泊好汉说是侠肝义胆,实际上也只是对他们自己人或是对他们认为的江湖英雄行侠仗义,而老百姓呢?被他们无辜杀害的比他们救的还多。在我看来,梁山泊好汉就是一群自保的匪徒罢了。(刘××)

忍不住吐槽一下,水浒之中是不是只要发一张"好汉卡",就能在其中玩转江湖?当真是让人哭笑不得。见面来句"好汉!兄弟!拜把子!不杀你了!",只不过在其间随处可见的牛肉让人发寒。……世道惨淡,我想,作者笔下的宋朝农民起义,是不是也有他当时身处的明朝的影子?如若有,那便让人唏嘘了。都说现实比小说更残酷,当时的腥风血雨我们无从可见。(叶××)

我觉得只要是武艺高强的人,在小说那样的乱世里,很容易漠视生命。(林××)

是匪徒,会不扰良民,不贪钱财,不近女色?是匪徒,会如弟兄一般相待?纵使上梁山前,有些人是做匪寇,但之后也改邪归正。所以,他们是那个年代的英雄和好汉。(顾××)

这些质疑,恰恰是需要教师引导学生审查、澄清的价值取向问题。于是,探讨"什么样的人我们才能承认他是好汉",便成了《水浒传》整本书阅读教学中一个极重要的环节,而最终得出的结论,考的就是教师个人阅读的深度和功力了。

在这个环节设计中,我从学生对林冲、武松、鲁达、宋江的分析中,总结出3个关键词——生存、抗争、底线,即为了生存(如林冲),为了争取公义(如武松、鲁达)可以用武力去抗争,杀的都是恶人,我们确定可以把他们定义为好汉,可一旦超越了道德底线滥杀无辜(如宋江灭黄文炳满门,武松血溅鸳鸯楼),我们都无法接受这样的人还能称之为好汉。

到这,价值的审定和澄清已基本完成,但我没有让学生的思维活动就停留在这一步,而是继续联系莎剧经典《哈姆雷特》,指出莎剧中的哈姆雷特在复仇的过程中,总是在纠结复仇的理由是否充分,复仇的手段是否正义,最后只能与敌人同归于尽,由此提出问题引导学生反思生活方式:

或如梁山好汉那么快意恩仇,或如哈姆雷特那样遵从理性,在现实生活中你更喜欢哪一种生活方式?

如果说提炼出"生存、抗争、底线"由教师的阅读深度决定,那么与哈雷姆特的经典复仇相联系,就是由教师的阅读广度决定的了。要将学生的阅读导向更深入、更宽广的思维活动,并且获得显而易见的品质提升,教师"真"阅读、"深"阅读、"广"阅读的功夫必不可少。师生共读、共生策略,是整整一个月的《水浒传》整本书阅读教学研究与实践带给我的启示,整个流程可复制,任何一部名著,都可以照这个流程走,可操作性强,而且留给老师和学生发挥的空间非常大。可见,只要起点与终点把握得当,那么,整本书阅读教学可以是比较有效而且相对轻松的。只要坚持这样的"真"阅读，语文教育未来可期。

▶ 我的教学主张

一、入境与出境

"入境"策略与"出境"策略是我在统编教材教学与课题研究中确立的基础性教学策略。所谓"入境"，是指引导学生快速进入语境，其对应的教学原则是多读文本、会读文本，目的是消除人与文的隔阂，将学生导向深度阅读。可分为两步走，一是导入，二是批注。而"出境"指的是借助更贴合学情的语文实践活动，将语文实践向课外延展，向生活延展，使统编教材的系统知识顺利转化为语文能力，其关键词就是"课外延展、能力提升"。

二、品味与品位

新课标有言："语文课程丰富的人文内涵对学生精神世界的影响是广泛而深刻的，学生对语文材料的感受和理解又往往是多元的。"我所追求的语文教学最理想境界便是如此。课堂教学内容绝不局限于课本与教参，教师应是与学生平等的，是共同学习的引导者或合作者，孩子们能受到语文课程独有的熏染，经由品味文本、品味生活至味引发精神世界的深层共鸣，进而将优秀文化传统、高雅的审美情趣、良好的道德情操"内化于心，外化于行"，并在生活的抒写和言行的落实中形成个性化的文化品位。

三、广度与深度

要想增加语文课堂的广度和深度，同时保证课堂氛围依旧活跃，孩子学习兴趣不因此减少，课堂教学尺度需拿捏得当。

（一）"会"读与"多"读

统编教材的教读课文，都有重要的知识点，课文就是知识点运用的例子，先教学生理解这些知识点，再借课文的讲授或训练，让学生懂得运用知识点，接着进行相关练习巩固所学，达成教学目标，这是"会"。"多"，是在"会"单篇基础上拓展的自读与课外阅读，给学生推荐同类型、同主题的文本或者整本书甚至一个系列的书做自主阅读，在大量的、有关联的语言形式刺激下，让学生真正读懂文本，并且培养其广泛阅读、主题阅读的良好习惯。只要在"会"与"多"这两个字上做好文章，语文课堂的广度与深度就有了良好基础。

（二）课内与课外

现今的孩子被网络与电子产品挟持，容易脱离现实生活，大脑处理文字信息能力比处理图像信息能力弱得多，只有重视课内向课外延伸、向生活拓展，才能为他们提供更多的语文学习与实践的机会。因此，语文教学应脱离纯知识讲授、记忆理解的课堂现状，以消除孩子们与生活、文字的隔阂为突破口，以大量课内外读写实践为主线，以唤醒孩子们对生活、对文字的热情为目标，成为包容开放的课堂。而语文教师自身则迫切需要更多的课外阅读和生活见闻，才能形成消除学生与阅读、生活隔阂的明确方向与具体手段，为孩子们搭建好向课外、生活延伸的桥梁，引领学生走向更深远、更广阔的语文空间。

▶ 他人眼中的我

知道粤红老师，是看过她获市一等奖的论文，觉得她的写作叙事功底很不错；认识粤红老师，则是因为她的童话阅读教学比赛一等奖课例《夜莺与玫瑰》，她的课堂整体设计精简巧妙，形象优雅，PPT细节考究，整堂课亲和力、感染力、文学性很强，不但学生被完全带入到了童话悲剧美中，连听课的评委和观摩者们都几乎忘了这是一节比赛课。

此后，粤红老师成为学校教研组长、东莞市教学能手、东莞市学科带头人，和她接触多了，又了解到她性格的另一面：对自己热爱的教学研究极端热忱与投入。2018年12月，她承担面向全市骨干教师的《水浒传》整本书阅读教学公开课，创造性地运用了信息技术手段收集学生阅读记录，从学情出发指向培养批判性思维的教学目标，整堂课让人耳目一新、颇受启发，学生在这样的课堂里也真正做到了高度参与、深度思维。这堂公开课还意外地激发了东莞市骨干教师们结合信息技术手段推进整本书阅读的探索热情。后来我才得知，但凡大课，粤红老师都会投入大量时间钻研文本内容与相关著作——她为了讲《水浒传》，用了近一个月钻研小说及评论，为了讲《杨修之死》，用了一个多月研究《三国演义》与易中天的《品三国》，为了讲文言文《爱莲说》，则用一周看完周敦颐故乡为他修撰的详细生平传记。如此勤勉投入与刻苦求索着实让人动容。

2018年、2019年，粤红老师两次参加东莞市进修学校组织的教学骨干研修班，格局更开阔，钻研更深入，思考问题更有前瞻性。她在2019年撰写的论文《以〈水浒传〉为例浅谈师生共读的整本书阅读策略》与2020年的论文《一线串珠读写推进，三位一体整合提升——初中语文整体阅读教学模式浅析》连续两年获得市一等奖。

（东莞市教育局教研室语文教研员　刘巍）

粤红老师的课堂生机盎然、气韵清逸：从古朴典雅的文言文到鲜明个性的现代文学，从博大精深的中华经典到绚烂多彩的外国巨著，她总能以诗人般的敏感，捕捉文本中深邃的言语智慧和思维灵光，探求到与作者对话的绝佳路径。入乎其内，故有生气；出乎其外，故有高致。作为老师，粤红老师既不以高深的阅读者自居，也不以熟知多少经典诗文而自矜。她愿意俯下身，以学生的站位观照教学内容，并在疑惑处停留。于平易的对话间，学生在品味中思索，老师恰到好处地点拨，使课堂灵动丰富。于是乎，学生在品味语言的同时获得情感、智慧和智力的发展。

如她所言，语文课启发心智，滋养生命人格。她关心学生怎么品读文字，也关心学生的阅读能不能读到深处，读出真意，读出滋味。读《爱莲说》，能不能读出"出淤泥而不染"的君子品格？读《水浒传》，能不能思考英雄好汉对底线的理解与选择？读《岳阳楼记》，能不能理解"先天下之忧而忧，后天下之乐而乐"的胸襟抱负？唯有读出真意，方能品出真味。

语文课是一方文学小天地，也连接着生活大世界。粤红老师行云流水、馨香满堂的课堂与她热爱生活、注重个人修养也是分不开的。她潜心钻研诗词韵律，轻抚音韵悠扬的素琴，焚香煮茗，静坐冥思；对生活的细致入微，成全了她敏感的文学感知和教学的生机灵动；高雅的个人气质，不仅让学生完全浸润在她的语文课中，更让学生在不自觉中向着更美更雅的审美情趣、生活品位出发。可以说，粤红老师不仅是在发现文学爱好者，更是在培养文化传承者。

（东莞市初中语文教学能手　苏智莉）

参考文献

[1] 中华人民共和国教育部. 义务教育语文课程标准［M］. 北京：北京师范大学出版社，2011.

【点评】

粤红老师认为，语文教学最理想境界是既"入境"又"出境"，有广度又有深度。课堂教学内容绝不局限于课本与教参，教师应是与学生平等的共同学习的引导者或合作者，孩子们能受到语文课程独有的熏染，经由品味文本、品味生活至味引发精神世界的深层共鸣，进而将优秀的文化传统、高雅的审美情趣、良好的道德情操"内化于心，外化于行"，并在生活的抒写和言行的落实中形成个性化的文化品位。她把想法、做法与说法融为一体了。

（广东第二师范学院教授　闫德明博士）

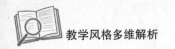
教学风格多维解析

优盘化生存，超链接成长

闫大勇（小学语文）

> **个人简介**
> 　　闫大勇，男，东莞市长安镇厦岗小学语文教师，小学一级，校长。中山大学教育管理专业研究生，中国歌舞剧院朗诵考级高级培训师，广东省小学语文学会先进工作者，广东省美文诵读大赛一等奖获得者，东莞市青年教师教学比赛一等奖获得者，东莞市优秀教师，长安镇优秀教师，长安镇朗诵协会会长。参与学校市立项课题"艺慧教育特色课程建设的研究"并结题，主持市立项课题"核心素养视域下游考评价体系的创新研究"并结题。

▶ 我的教学风格

　　我的教学风格是"优盘化生存，超链接成长"。

　　"优盘化生存"的说法是在"罗辑思维"的视频节目中，罗振宇的解释是16个字：自带信息，不装系统，随时插拔，自由协作。大致的意思是：有过硬的专业技能，不依附于任何组织和个人，但随时可以与任何组织和任何人进行合作。苹果公司一开始做的都是随时可以插拔的外部设备，随着发展，这些外部设备逐渐成了独立主体，最后成了典型个体。我认为"优盘化生存"不是主张个体脱离组织，而是主张社会协作，强调的是个人在适应社会变化、组织发展过程中的协作能力。

　　一套好的生存方式需要一套好的职业能力体系与之相配套，仅有"优盘化生存"的能力是远远不够的，个体或组织的发展更需要与大环境连接，包括云存储能力、计算能力、持续学习能力，通过不断升级、迭代才能真正实现独立自主。备具只有"超链接成长"的思维，才能将个体发展的可以完成多样要求、复杂环境下的各项任务。"超链接"全称"超级链接"，原指互联网上超文本传输协议中的一个资源地址。链接提供了一个相关文件的地址路径，指向本地或者互联网上存储的文件，可以跳转到相应的文件。① 我也试着像"罗辑思维"一样，给超链接做16个字的解释：外部指向，类型多样，按需链接，数量不限。

▶ 我的成长历程

　　我出生在吉林省白城市的一个农村家庭，父亲在北京当兵复员回乡后带回了很

---

① 丁荣金：《超链接型课堂》，载《教育科学论坛》2005年第3期，第53–55页。

多做工兵时所用的工具,因为家庭条件有限,小时候的玩具都是自己用这些工具做的,手经常会被砸出一个泡或割出一个口,即使这样也没能阻挡我自己DIY(自己动手做)玩具的热情。我喜欢研究各种物件,把家里的收音机、伯母家的老式摆钟都拆过,美其名曰修一下,但基本能修好复原的不多。不过,在拆装的过程中,我会思考分析哪里坏了,可以用什么东西代替或修复,在今天看来就是一个又一个的项目课程。从那个时候起,我就会想办法解决生活中遇到的问题。

一、自带信息、随时插拔的雏形期

2006年,我从吉林师范大学毕业,来到长安镇第一小学工作。工作之初,我既要研究语文教学,又要思考如何当好班主任,还要适应新的生活环境。我印象特别深的是第一天当班主任,我的东北方言让学生摸不着头脑,称垃圾铲为"撮子"、称书桌抽屉为"桌堂儿"。因为大学之前我从未走出过吉林省,这让我意识到自己的普通话水平有待提高。我开始有意识地练习自己的普通话,2008年,学校在镇市民广场举办大型演出活动,我被选为主持人,我第一次发现自己居然还有这方面的能力。2009年暑假,我又自费参加了中国传媒大学举办的播音和主持人短训班,同年9月刚好全省首次举办教师朗诵大赛,我一路从镇赛冲到了省赛。在初为人师的3年里,我学习了朗诵,为了帮助学生参加学校舞台剧的演出,我自学了声音编辑软件GoldWave,由于这个软件没有汉化版,我又通过网络找到了汉化软件的工具。每次面对挑战的时候,我都迫不及待地想办法解决,通过解决一个又一个困难和问题,我学到了很多东西,那种获得感和成就感让我十分地满足。

2008年,我第一次参加课堂教学比赛,科组内的老师都给了我很多的鼓励和帮助,尤其是李家军主任对我教案中的每句话、每句点评都给了详细的建议。使我印象深刻的是,对于每个问题学生可能给出的回答、我要怎样回应,我都做了预设、准备了5到8种评价语,针对每种情况如何进行下一步都提前有准备。那节课我前后上了8次,每个点评的句子、每个承上启下的过渡语都要背得滚瓜烂熟,尤其是开场5分钟的导入语,语速、停顿都是反复磨练,最后在镇赛、片赛上均表现得十分自然、流畅。这种将所有可能实现存储的"自带信息、随时插拔"让我的课堂驾驭游刃有余。我知道,所有大师精湛的课堂都是经过反复锤炼的结果,只有充分地准备,心里有底、课上不慌,才能让课堂生动活泼,才能看起来那么行云流水,一气呵成。

二、数据储存、自由协作的成长期

2014年,我第二次参加课堂教学比赛,这次教学比赛在选择课题上我有了自己的想法,那就是一篇好的文本首先一定要打动自己才行。我找来了人教版、苏教版、沪教版、东北师大版等小学语文教材,当读到苏教版《桂花雨》这一课时,我国台湾地区作家琦君回忆了故乡童年时代的"桂花雨""摇花乐",字里行间弥漫

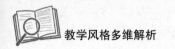

着作者淡淡的思乡情怀和对美好生活的怀念,这深深地打动了我。

为了更好地呈现这篇唯美的散文,我搜索了大量的素材,PPT课件配图我选择了唯美的桂花雨的漫画,还制作了桂花飘落的动态效果,从多年来收藏的朗诵配乐中找了两首特别适合这篇文章的具有淡淡的思乡情感的配乐,通过GoldWave软件剪辑出最契合的几段出来。这节课可以说是运用了8年来"超链接"积累的技能、资源,通过自己对文本的理解及语文课程教学的理解,呈现出了一节自己特别满意的课例,并最终获得了全市第二名的成绩。台上十分钟,台下十年功,十年功怎么练?"优盘化生存,超链接成长"或许是最好的答案。

三、类型多样、按需链接的定型期

2016年2月,我调任长安镇中心小学任教导主任。在钟校长的带领下,学校积极创建特色品牌,开展课程建设和课堂改革。方向明确后,"如何去做"是每个人都要思考的问题。思考是个技术活,不是凭空乱想,最好的办法就是读书。

课堂改革方面,学校大力推行合作学习,为了更好地带领老师们开展相关工作,我首先想到的是读书。通过阅读上海市郑杰校长的《为学习的合作》,我学习了相关的策略和方法并将所得分享给同事们。我发挥自身的"超级链接"能力,搜索了郑杰校长的相关报道,看他在全国各地的培训报道和视频。在读书的过程中,他提到了一位武汉的教师在全国合作学习年会上的发言。这一点马上引起了我的兴趣,于是我又以"全国合作学习年会"为关键词在微信、百度等平台搜索,发现了很多人通过"美篇"记录的会议PPT,也发现了关于这个会议报道的公众号"乐好教育",打开乐好教育的公众号,里面有很多关于合作学习的资源,包括课堂合作的35个策略视频、工具包等,推文的下面还有小编的微信二维码,我通过小编又和他们的负责人联系上,负责人还邀请我们实地去参与他们指导的深圳一所学校的研讨活动。读书、思考、检索、链接,让我把一件事相关的资源联系起来,助力我更好地改变我的教育教学工作。

2017年,闫德明教授带领我们读书、凝练教学风格,而我也在积极地思考自己的教育教学特点。在互助研讨中,小组的同伴建议我打造"超链接语文",真是一句道破天机,这么多年我的语文课堂不正是这样吗?我还清晰地记得一个学生这样说:"老师,你的语文课不像语文课,不过这样的课堂我喜欢!"我特别注重语文课上知识的迁移,主张学生看到文本背后的内容,10分钟就能教完的内容,在我的"超链接"语文课堂往往能牵出一大堆相关的问题。比如,为了让学生理解语文六年级上册课文《这片土地是神圣的》,我会给孩子们讲解19世纪50年代美国的原住民印第安人面对欧洲白人的入侵,坚决抵抗侵略者的故事,以及"西雅图"酋长这篇回信变成《西雅图宣言》而震惊世界,并将奥斯卡获奖影片《与狼共舞》推荐给孩子们,使他们进一步了解那段历史,并写观后感,从而对文章有了更深入的理解。有的学生对美国的这段历史产生了兴趣,有的学生被这篇课文中西雅图酋长对这片土地的热爱以及为了自己族群的生存不得不放弃抵抗而搬迁的那份不舍所感染。语文教学的目的之一，是文化的积淀，是学生人文精神的生成与建构。"超链接"语文课堂让学生将书读厚，获取丰富的相关知识，在阅读、想象、感悟、思考、搜索、印证的过程中形成核心素养。

▶我的教学实录

一、链接作者，走进文本

（一）链接导入

师：（课前诵读思乡的诗歌）一曲悠扬的笛声，让李白又想起了自己的故园；身上的行装让孟郊感念慈母情深，而这飘香的金桂又勾起了作家琦君怎样的回忆呢？

（二）链接作者

师：今天就让我们走进琦君和她笔下的《桂花雨》。大家和我一起板书课题。（板书：11 桂花雨，生齐读课题。）

师：作者琦君，原名潘希珍，小名春英，我国台湾地区女作家，浙江瓯海瞿溪人。这篇《桂花雨》是她晚年回忆童年时故乡美好生活的散文。看到这个题目，你们有什么想问琦君奶奶的吗？

生1：桂花雨是下雨吗？

生2：为什么写故乡最难忘的是桂花雨？

师：你们的问题都很好，请同学们带着这些问题读课文，找到答案，注意要读准字音、读通句子，难读的地方多读几遍，开始读课文吧。（生读全文）

师：课文读得怎么样？文中的词语都会读了吗？谁来读读这些词？（生1读，生2读，师点评）

师：这里要提醒大家注意的一个字就是这个"拣"字，大家和我一起写一写这个字，注意提手的另一半不是东。这一笔是横折钩，这个"拣"是挑选出来的意思，以前我们还学过一个"捡"字，这个"捡"是拿起来的意思，你们理解了吗？谁来填一填？（生填空）

师：看来你已经理解了这两个字的意思。大家以后要注意区别。

（三）初读感受

师：学完生字词，谁来说一说这是一场怎样的桂花雨？

生1、生2、生3：这是一场（快乐、有趣、香喷喷）的桂花雨。（师点评并板书：香。）

（设计意图：通过链接作者，让学生对文本有了基本的情感基调，是学生正确

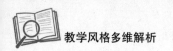

理解文字的基础，在初读的基础上学生较好地总结了"这是一场怎样的桂花雨"。）

二、链接生活，品味文本

（一）品花香，抓住"浸"字品味花香

师：你从文中哪句话体会到了桂花香？

生1：桂花不与繁花斗艳，可它的香气味儿真是迷人。（点评：香气味迷人，你的朗读也很迷人/更迷人。）

师：还有哪个句子？

生2：桂花盛开的时候，不说香飘十里……

师：这句话中有一个字最能体现出花香浓郁，是哪个字？带着你的感受读一读吧！（点评：读得好，找得准，而且说得又这么好，真难得！）

师：在字典中，这个"浸"字的意思是"泡、渗透"的意思。同学们想一下，当你浸在桂花香里你会有怎样的感觉？（你泡在花香中，你就成了什么？我感觉自己……）谁来说？

生2：我感觉自己泡在花香里了。

师：能读出这种香味来吗？（点评：不但说得好，读得更好！）

师：还有谁想说？你姓什么？李×，说说感受吧。

生3：我感觉自己像是在香水中游泳。

师：带着你的感受读一读。（点评：这香味把我包围了，我也沉浸在这花香中。）

师：同学们，你们看，作者用了一个"浸"字，就让我们有了这么美妙的感受，学习语文，就要学会抓住关键字词去体会文章。

师：现在站着的是几家？书中说是几家？那得怎么读？谁来读？（生4读。点评：你读出了5家。）

师：没有不浸在桂花香里是什么意思？你能把这十几家都读出来吗？（生5读。点评：你读出来20家。）

师：让我们全班一起读，让这桂花香浸满我们的教室。（生齐读）

师：同学们，现实生活中我们这一间教室也仅仅是一户人家呀！那这桂花香不香啊？

生：这真是一场（香浓）的桂花雨啊！

（二）品花乐，联系生活读出乐趣

1. 盼花切，体会摇花前的期盼

师：这还是一场怎样的雨？

生1：快乐的桂花雨。（板书：乐）

师：不仅这一句话围绕这个字写的，这一段也是围绕这个字来写的。请同学们

自由读课文第三自然段，运用刚刚体会花香的方法，抓住关键字词且体会人物的情感，四人小组讨论一下你抓住了哪个关键字词且体会到了什么，并说说你的理由。听清楚了吗？我们先读第三段，再来讨论，开始吧！

师：谁来读这一段？说说你的体会。

生1：她很想摇桂花。

师：从哪个字能感受到作者期盼着摇桂花？

生1："缠"字。

（点评：你说得已经很好了，老师教你个方法可以说得更好，叫联系生活。你会为了什么事缠着爸爸妈妈？举个例子来说，比如……会说了吗？）

师：再说一遍（我们从……感受到……因为我们也会为了……所以，这个缠字……）。掌声送给他，说得多好啊！

师：你们还会为了什么事缠着母亲呢？（生2答）

师：那你会怎么缠着妈妈呢？……就想着妈妈不给你玩，缠着妈妈读一读——

（生2读。点评：声音里有缠。但游戏不能多玩，要注意控制啊！）

师：作者会怎样缠着母亲呢？我们合作来读一读。早上起来，桂花都开了，满树金黄，我赶紧跑回家缠着母亲问——

生1：（接答）妈，怎么还不摇桂花嘛！（有了表情，少了动作）

师：午饭过后，一阵风吹来，桂花落了几片下来，我得赶紧问妈妈——

生2：（接答）妈，怎么还不摇桂花嘛！（声情并茂了）

师：晚上睡觉前，我想明天应该可以摇桂花了吧，于是，我又忍不住问——

生3：（接答）妈，怎么还不摇桂花嘛！

师：可是，不管我怎么问，母亲始终是那句话——（生齐读）

师：同学们，这就是"缠着"，我们理解文章既要抓住关键字词，还要联系生活，发挥想象力，把人物读"活"，读出感情！

2. 摇花乐，感受摇花时的快乐

师：小琦君等啊，盼啊，老天爷都看不下去了，一转脸，就开始阴雨密布，云脚长毛，这个时候妈妈坐不住了，赶紧吩咐人提前"摇桂花"，听到这个消息，我怎么样？谁来读？

（生1答。点评1：别看这句话短，可不好读，读得这么好，真不容易；点评2：看来你真是急坏了，连字都落下了。）

师：请同学们自己练读一下，小组讨论——你抓住了哪个关键字词，说出你的理由。还有哪个小组要说？请你们组，谁来说？说说你的理由吧。带着你的体会读一读。

生2：乐/使劲。（点评1：如果能再有点儿劲就更好了，你们组还有其他的意见吗？点评2：看来你和作者一样迫不及待了/我感受到了你的快乐。）

师：还有小组注意到其他词了吗？带着你的体会再读一读。

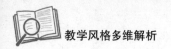

（生3答。点评：我仿佛看到了那个快乐的小琦君。读书就要这样，要有自己的感受与体会。）

师：老师还注意到这么短的一句话有两个"帮着"，你们能说说为什么吗？

（生4答）

师：作者等的盼的就是摇桂花，终于可以摇桂花了，让我们一起读这句话。

师：此时此刻，你就站在这桂花树下，桂花纷纷落下，带着淡淡的清香，你会怎么喊。在括号内加上你的感受读一读。桂花纷纷落下来，落得我们满头满身，我就（　　　）喊："啊！真像下雨！好香的雨呀！"

生1、生2、生3：开心地/高兴地/兴奋地。（点评：你的快乐感染了我/多么深情的呐喊啊/多么美丽的画面呀。）

师：同学们读得那么投入，老师也想来读一读，听老师和你们读得有什么不一样。

生4：老师在好香那里闻了一下，老师加了动作。（点评：真是个细心的孩子。）

师：为什么我要闻一下呢？/你觉得我这样读好吗？愿意学吗？你也来读一读。

（生4读。点评：真是个聪明的孩子，一学就会。）

师：你还注意到了什么？你来读一读吧？（生5读。点评：读得入情入境，我仿佛看到了你就站在花雨中。）

师：同学们，想不想来一场更大的桂花雨呢？让我们一起抱着桂花树使劲地摇！这下我可乐了，起！

生齐读：桂雨纷纷，洋洋洒洒，落在你的脸上、衣服上。女同学，你们忍不住大喊——

女生读：啊！真像下雨……

师：树下已经铺满了一层金色的地毯，男同学不禁捧起一把往天上一抛，忍不住大喊——

（男生读）

师：我们都被这美景所打动，我们大家不由得大喊——

（全班齐读）

3. 赞花雨，理解父亲诗中的喜悦

师：看着一家子沉浸在桂香中，体会着收获桂花的快乐，父亲的诗兴发了，即时口占一绝："细细香风淡淡烟，竞收桂子庆丰年。儿童解得摇花乐，花雨缤纷入梦甜。"

师：即时口占一绝是随口就吟诵了一首诗的意思。在这首诗当中，竞收桂子就是比赛收桂花的意思，"解"是了解的意思，从这首诗中你体会到父亲怎样的心情？

生1：我觉得父亲很开心。

（生读出父亲的喜悦。点评：读得很认真，但缺少了诗的韵味。）

师：你会抓住诗中哪一个字来体会父亲的欢喜呢？为什么？

（生2答。点评：有了诗的韵味，但还可以更好。）

师：说说你的体会，你又注意到了哪个字？

（生3答。点评：真是位深情的父亲/是个稳重的父亲。）

师：同学们，你们是怎么理解父亲的这个"入梦甜"的？

（生4读。点评：你的朗读让我们仿佛看到了琦君的父亲就在我们眼前。）

师：这缤纷的桂花雨不仅落在了作者的头上、身上，更落进了全家人的梦里、心里。作者多年后还记得这首诗，我们也来试着背一背。（生背诵）

小结：这场桂花雨不仅给琦君的童年带来了快乐，还给一家人带来了收获的喜悦，这真是一场（快乐）的桂花雨啊！（如果忘记就在这里板书：乐）

（设计意图：通过链接生活，让学生入情入景，深刻体会作者用词的精妙，联系生活体会"浸"在桂花香里的感受，体会作者的"缠"中那种期待，以生活中缠着父母的感情练习朗读，实现了情感的迁移，让桂花雨的香气浸润到学生的朗读中，浸润到学生的生命里，让课堂弥漫着桂花雨带来的快乐气息。）

三、链接情感，共情升华

（一）解乡情，理解母亲乡情难忘

师：然而，快乐的时光总是短暂的，在琦君11岁那年他的哥哥因病去世了，12岁的时候全家也搬去了杭州，她的童年也结束了。读中学后，她依然深深地喜爱着桂花，秋天时还常和同学远足去赏桂花。谁来读这一段。（生1读课文）

师：母亲为什么这样说？

（生1答。点评1：还是你理解母亲啊！请坐。点评2：不会说没关系，你已经读得非常好了。）

师：如果有人对母亲说这里的荔枝真甜，母亲会怎么说？

生2：外地的荔枝再甜，也比不得家乡的荔枝甜。

师：如果有人对母亲说这里的茶叶真香，母亲会说——（生3答）

如果有人对母亲说这里的橘子真红啊，母亲会说——（生4答）

是啊，月是故乡明，水是故乡甜，母亲这不是在闻桂花，这是母亲在表达心中那难舍的故乡情啊！（师板书：乡情）

难怪母亲会这样说——（生读对话）

每年丹桂飘香，身在异乡的母亲就会说——（生再读对话）

在琦君的眼中，家乡旧宅院里有太多自己快乐的童年记忆，所以——

生：每到这时，我就会想起童年时代的"摇花乐"和那阵阵的桂花雨。

师：故乡的旧宅院子里，我和哥哥曾经一起快乐地玩耍，一起摇桂花、收桂花，所以——

生：每到这时，我就会想起童年时代的"摇花乐"和那阵阵的桂花雨。

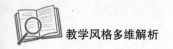

师：同学们，学到这里，你觉得这桂花雨还是一场怎样的雨？

生：一场难忘的雨，思念的雨。

（点评：怀念/思念/回忆什么？为什么？板书：思。）

师：在异国他乡的琦君闻到了熟悉的桂花香，想起自己童年的摇花乐，想起与父母间的亲情，想起母亲的乡情难忘，对故乡的思念又浓浓地涌上心头。（师连字成花）

师：让我们带着这浓浓的思念再读课题。（生齐读课题）

（二）听乡愁，对比乡愁借物抒情

师：其实，像这样寄托思乡情怀的作品还有很多，我国台湾地区诗人余光中就曾经写过一首诗《乡愁》，大家边听老师读边想，这首诗中，诗人借什么表达乡愁。

师：孩子，你为什么流泪了？是啊，谁不想念故乡，谁能不想念自己的亲人呢？

（三）留乡情，布置作业学习写作

师：同学们，这首诗和今天学习的《桂花雨》在写作手法上有异曲同工之妙，都是借物抒情，同学们也可以学习这种方法，以自己家乡的事物或习俗写一写自己的家乡或童年。

（设计意图：在深刻体会桂花雨的快乐之后，又将这种快乐暂时抛离，再通过链接其他文本，共情感受思乡之情，通过对同是我国台湾地区作家余光中先生的《乡愁》的朗诵与感受，深刻体会作者琦君对故乡桂花雨的眷恋，以及《桂花雨》文中对故乡、对童年的难忘之情，使文本得以升华。）

师：（结束语）同学们，乡情难忘，童年难忘，希望这场美丽的桂花雨能够落到每个人的心中。让我们记住琦君和她的桂花雨。下课！

▶ 我的教学主张

一、"π"型教师，日有所存

著名语文教育家于漪认为，语文教师要有汲取知识营养的素质和本领，只有自己知识丰富，才能言传身教来激发学生求知的欲望。因此，作为语文教师需要不断学习，日有所存。顾明远在《存在与发展——语文教学生念论》中提出了四种类型的知识结构，教师比较合理的知识结构是"T"型结构和"π"型结构。"T"型知识结构是一种复合的立体的知识结构。横线表示有较宽的知识面，竖线表示有一门钻研较深的专业知识。这种知识结构是"博"与"专"的结合。"π"型知识结构则要在"T"型知识结构的基础上再精通一门以上的专业知识，即在广博的基础知识之上，再精通两门或两门以上的专业知识。教师比较合理的知识结构是"T"型结构和"π"型结构。在此基础上，他还提出了语文教师的知识结构应该包含三个层次的知识,即背景知识、专业知识和核心专业知识。其中,背景知识包括自然科学、社会科学和哲学等与语文相关的知识,专业知识包括学科知识和教育学知识,核心专业知识包括教学大纲的知识和课本的知识。①

语文教师如何成为"π"型教师呢?

首先是持续学习,日有所存。苏霍姆林斯基在谈到教师的教育素养时说:"读书,读书,再读书——教师的教育素养的这个方面正是取决于此。要把读书当作第一精神需要,当作饥饿者的食物。要有读书的兴趣,要喜欢博览群书,要能在书本面前坐下来,深入地思考。"语文教师应该有"一肚子学问"。不读书的教师很难成为卓越的教师,缺乏文化底蕴和知识背景的课堂教学无法真正吸引学生。语文教师不仅要读名家名著,更要广泛涉猎社会科学和自然科学的内容,将阅读作为一种习惯,做到日有所得。

其次是实践探究,语文即生活。新课改提倡大语文观,即"语文学习的外延和生活的外延相等",生活有多宽广,语文学习的内容就有多精彩。语文学习,不能局限在课堂内,而应广泛联系社区、社会、家庭和学校,让世界成为孩子们的"教材"。语文教师要热爱生活,广泛培养自己的情趣,琴棋书画、天文地理都有所涉猎,在课堂上可以侃侃而谈,课下可以和学生娓娓道来。语文教师还是生活的有心人,在生活中积累课程资源,自然风光、人文古迹、音画视像在课堂上都能作为资源信手拈来。教师还应该带领学生积极实践,走出课堂,走进大自然,走向社会,让丰富的体验丰盈学生的内心,在实践中教会学生感悟生活、赞美生命,激发其创造欲和表达欲,提升学生的综合素养。

二、超级链接,适度有法

"超链接"语文就是以文本为基础,链接相关知识,引导学生进行知识建构,将知识应用于生活,从而拓宽眼界,提升精神境界,提高读写能力,发展核心素养。作为教材的文本有三个层面的意思:作者文本、编撰者文本和师生文本。以"超链接"教学引导学生从复述式阅读走向阐释性阅读,把书从"薄"读"厚"。

"超链接"语文是孔子"引而不发""举一反三"的教育思想的现代阐释,是把阅读延伸到作者的生活经验中去,延伸到每个学生的生活体验中去,使学生在阅读后精神面貌焕然一新,从而实现师生与作者的时空对话。

首先,"超链接"要适度。语文教学的所有链接一定要与教材内涵相符,要符合学生当下的知识能力、要"量体裁衣"。教师的链接要收放自如,要有广度更要有深度,注重形式更关注质量,有按部就班,也有随机生成,既要加强文本外知识的补充、语言的锤炼,又要关注情感的熏陶、思维的训练。要立足文本,为文本服务,不能哗众取宠,把语文课变成品德课、历史课、鉴赏课。

---

① 胡峰:《新课改背景下语文教师的素养》,华东师范大学硕士学位论文,2007年。

其次,"超链接"要有法。语文课的链接必须做到适时、有序,链接设计也不能全部由教师设计好,学生的"超链接"也要及时地回应和补充。链接内容的选择上可以链接情感、链接作者、链接生活、链接同一主题,链接的时机上可以选择导入时、训练时、复习时、拓展时,链接的内容上可以是时代背景、人物生平、影音资料、现实体验等。

正如特级教师王崧舟所说:"我们的语文教学既不能不链接,那只会'画地为牢',也不能因为链接而'画蛇添足'。"

▶他人眼中的我

思维敏捷、逻辑清晰,这是闫大勇老师给我留下的第一印象。随着与他合作、交流的深入,我越发感到闫老师能迅速捕捉到重要的信息,随时提出问题,引领大家思考。无论何地,遇到何种任务情境,闫老师都能充满热情地面对,随时抛弃自己的偏见,带领团队共同解决问题,实现"链接式"成长。这样的教师,是新时代领导型教师的典范。

(华南师范大学　左璜博士)

闫老师身上具备阳光温暖、真诚友善、才思敏捷、睿智果敢的品质,既是学校教育发展的执行者和推动者,又是善于调和关系、化解矛盾和冲突,促进团队成员之间的合作的凝聚者。闫老师惯用"超链接"的思维去寻找新观念、新创意,并查找到相关资源来推动学校教育教学改革;善用别人丢掉的零碎时间来完成一件件有意义的事情,并培养起"U盘化生存,超链接成长"的特质。闫老师具备像鹰一样的远见卓识,越飞越高、越看越远,不仅自己培养出了全局化的思维,还能够帮助团队看清楚未来的方向。

(东莞市长安镇中心小学校长　钟晓宇)

闫老师善于学习,并能够结合学校实际,加以消化吸收,丰富了学校"艺慧教育"的办学思想;勤思考,善创新。面对品牌学校创建和集团化办学等新的工作,没有现成的经验和模式可循,但闫老师不畏惧不退缩,与学校行政一班人一起,不断摸索和总结,在创新中前行;讲奉献,讲效率。在学校大型活动的组织中,闫老师常常放弃休息,加班加点,出色完成任务。

(东莞市长安镇中心小学副校长　黄大红)

闫老师是一个像哆啦A梦一样的人。热情开朗,好学不倦,为人谦和,善于鼓励和包容别人。遇到问题的时候能够系统思考,理解问题,拆分问题,搜索与借力各式资源,提出多种解决方案。总能结合实际情况,找到最优解决方案。

(东莞市长安镇中心小学副校长　陈海燕,
东莞市长安镇实验小学副校长　陈小芳)

闫老师知识面广,目光长远,执行力强,无论是教育教学难题,还是学校的其他工作，他总是能找到解决问题的最有效的方法。闫老师乐于分享自己的经验和收获。教研活动中，闫老师能给出一些具体的操作策略，也会引发大家一些深度的思考。

（同事）

闫老师是个风趣幽默、兴趣广泛的老师。可以和闫老师谈艺术、聊故事、讲历史、玩游戏。闫老师的课激起了我们学习语文的兴趣。

（学生）

参考文献

［1］丁荣金. 超链接型课堂［J］. 教育科学论坛，2005（3）：53-55.
［2］胡峰. 新课改背景下语文教师的素养［D］. 上海：华东师范大学，2007.

【点评】

大勇老师就像是他的微信名"π大勇"一样，就是一个"π型教师"。"π"型知识结构要在"T"型知识结构的基础上再精通一门以上的专业知识，即在广博的基础知识之上，再精通两门或两门以上的专业知识。"优盘化生存，超链接成长"作为其教学风格的关键词，简直就是为他量身定做的，有点儿"等候多时，终于你来到"的感觉。"优盘化生存"的解释是：自带信息，不装系统，随时插拔，自由协作。"超链接成长"的解释是：外部指向，类型多样，按需链接，数量不限。

（广东第二师范学院教授　闫德明博士）

贴地而行，追光而舞

钟俏芳（小学语文）

> **个人简介**
>
> 钟俏芳，女，东莞市长安镇第二小学语文教师，小学一级，校长。华南师范大学双学士学位，东莞市督学、东莞市优秀教师、东莞市语文教学能手、东莞市第二批名优教师研修团成员、广东省郝洁名校长工作室入室学员、长安镇优秀教师、长安镇先进教育工作者、长安镇科研先进个人。从教10余年，有多篇教育教学论文获奖或发表，也多次作为前三名研究者参与省、市级的课题研究。

▶ 我的教学风格

"我的心是孩子的"是我性格的写实，也是我教育教学的理念。它既道出了我的心像孩子一样，永葆童心，永葆好奇；又说出了我跟孩子的心是相近的，我们亦师亦友，共同进步。我追求符合学生身心发展，拉近师生距离，既脚踏实地又仰望星空的语文课堂。12年，一个年轮的教学实践，让我对语文课程的特点、语文课堂的开展、语文学科的运用有了更深的认识，逐步形成了"贴地而行，追光而舞"的教学风格。

"贴地而行"是我教学的重要手段。"地"指的是基于但不止于听、说、读、写的语文学科素养和语言实践，"贴地而行"的语文教学是接地气、行得稳扎、从实际出发，有一步一步脚踏实地的决心，更有一步一个脚印实事求是提高学生学科素养的具体举措和路径，让学生有抓手、有获得感，并在具体的生活场景中进行语言实践，形成和提高语文能力。

"追光而舞"是我教学的目标和精进的武器。"光"是人类生存不可或缺的物质，给人以光明、温暖和生长的能量。"追光而舞"的语文教学既指课堂之光，热烈、有趣、生动的语文课堂；又指语文之光，不断养成和提高语文学科素养；还指人性之光，在语文素养提升的同时，保持、提高自身的学习动力和能力。

▶ 我的成长历程

记得虎门大桥落成那年，我读小学五年级，班主任带着我们踩着自行车去参观。仍记得初见虎门大桥时的惊叹，更记得站在桥上眺望狮子洋波涛汹涌的震撼，班主任在桥上说了很多，这么多年了，我只记得一句，而且以后都会记得，他说：

"人生,从高处看,永远都是无声的奔流。"

是呀,无论是海面的波光粼粼,还是惊涛骇浪、一泻千里,在河流的深处,河流并不觉得自己改变了方向,前浪推着后浪,它一直前行,就如追逐远方的光芒一样。

回想我的成长历程,追光一直贯穿其中,给了我无尽的力量。走上教学岗位后,我和我的学生一起在奔腾的知识长河中,向光、追光、成光。

一、向光而学

我是土生土长的东莞人,沐浴着改革开放的春风长大,置身于波澜壮阔的伟大变革中,品味着城市变迁的春华秋实,这孕育了我与时俱进、悦纳百千的品格特质。

在那个满是机会的时代,我的父母积极投身于社会大潮中,我随着爷爷奶奶生活。爷爷是供销社的老员工,识字,也爱教我读书写字,给我讲太公智斗日本侵略者的故事、手把手教我认读《静夜思》、一笔一画教我写自己的名字……我读小学前的那段岁月,弥漫着满满的新奇和快乐,爷爷总是鼓励我大胆爬上村后那陡峭的山坡、夏日午后总是扇着葵扇子跟我一起读古诗、踩着自行车捎着我到镇上去看从香港来的新潮东西……那段日子,爷爷为我打开了一扇窗口,让我看到诗词文字的魅力,让我看到世界百千的新奇,让我有勇气去闯荡更大的世界。

上小学后,我的成绩一直名列前茅。那时村里学校的校长姓黄,是个慈眉善目的老人,笑起来的可爱样子我现在都记得,他对我影响至深。他酷爱书法,每天放学我都看到他静静地在写字,办公室错落有致地挂满了书法作品,满室萦绕着淡淡的茶香墨韵。"不要看了,来一起写吧。"他总能发现我在门外、窗外乱窜的小脑袋,从初学坐稳、握笔、横竖撇捺,到笔法苍劲有力。慢慢地,在他的引导下,我走出了小村落,到镇上的小学交流,到镇上文化中心参加书法比赛,到林则徐公园参加书法活动……这段经历,为我打开了一片新天地,让我看到同龄人的优秀,对标更好的人并付诸努力,这份发自肺腑的向光之心让我感受到浓浓的幸福。

上大学后,学校的课程、社团、校际的交流等,极大地拓宽了我的视野,从网球、游泳到太极,从华南师范大学、中山大学到星海音乐学院,都遍布了我学习的印记。大学城就像一个无限大的宝库,我踩着自行车去听不同类型的讲座、蹭不同学科的课、感受不同教授的课堂魅力。华南师范大学副校长莫雷教授的讲座就是我那时候偶然听到的,极大地冲击了我:到底怎样的学术高度才能深入浅出地把如此隐晦的心理现象讲得连我这么一个外行人都听得懂。学校恰好那时允许我们申报第二专业,我毫不犹豫地把几个志愿都填满了,虽然最终录取我的第二专业是汉语言文学,但我仍然心存感激,让我有机会深入走进跟教育不同的文学领域。在学习过程中,我尝试用文学的诗意书写教育的范例,用教育的视野解读文学的现象,发现融合后的世界更加多元、有趣。

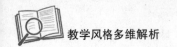

"泰山不让土壤，故能成其大；河海不择细流，故能就其深"，这样向光而学的经历就像涓涓细流，在汇聚能量，并将汇聚成更大的成长之力。

二、追光而行

大学毕业后，我成了一名小学老师。当语文老师的第一个月，科组长来听我的入门课，执教的是旧版教材四年级上册的《火烧云》，萧红创作的《呼兰河传》中的一段文字。全文语言优美，描写生动形象，把火烧云的动态之美描写得淋漓尽致，想象丰富、有趣，给人一种美的享受。初登讲台的我，对于教学目标、教学技巧、课堂掌控艺术等认识都相当有限，只是凭着自己对文学的理解，随着教育的本心，觉得这么美、这么有趣的课文，应该从学生的视角，让孩子们去读、去感、去悟。因此，课堂上我用生动的生活情境、美妙的图画和有感染力的语言极大地调动学生的积极性，鼓励孩子们读出和看到自己心中的火烧云。课上完了，我和孩子们都很开心，还相约一起放学后去看火烧云。科组长当时跟我说："你有一种感染力，天然的感染力，让学生能随着你走进文学的世界，又走进生活的世界。"恰逢那时长安镇举行语文青年教师阅读课比赛，科组长推荐我去参赛，执教的是四年级下册的课文《桂林山水》。对于初出茅庐的我来说，进行现场讲课比赛无疑是艰难，为了做好教学设计，我翻了很多书，查了很多资料，才知道原来指向生活的语文教学能"激发学生作为生活主体参与活动的强烈愿望，同时将教学的目的要求转化为学生作为生活主体的内在需要，让他们在生活中学习，在学习中更好地生活，从而获得有活力的知识，并使情操得到真正的陶冶"[①]。这更坚定了我以生活为本的教学途径，那一节比赛课最终获得第几名我忘记了，但我记得在一所陌生的学校一间陌生的教室里，我和一群陌生的孩子一起走进了美丽的桂林，他们告诉我他们曾经看到过的桂林山水，他们读出了自己心中的桂林山水，他们还勾勒了对长安、对家乡、对祖国大好河山的美好向往。往后，我经常研读语文名师大咖的课堂实录，摘抄一些让我拍案叫绝的设计和话语，时常拿着小板凳去听学校科组长、骨干教师的常态课，抓紧每次外出学习、听课的机会，对标区域内优质的语文教师，并积极参加公开课、汇报课和比赛课。我以课堂为阵地，开启了在语文教学路上的蓬勃生长，那时，有无数道光在前路指引着我，告诉着我语文的当下和远方。

除了语文教学，此时的我还有机会参加镇里的活动来锻炼自己，印象最深刻的要数第一届长安镇国学夏令营的筹备和开展。那是一个庞大的系统工程，从广二师超过百人团队的生活保障、承办的民办学校的沟通对接，到全镇不同学校不同年龄学生的生活度量、住宿安排、午餐标准，还有跟主管的郑教授研讨课程大纲和标准的制定、课程的合理安排，家长意见的整合协调……记得有一天，我打了200多个电话，跟不同的家长沟通、解释。可以说，暑假那两个星期，我过得无比

---

① 刘静辉：《让语文教学"生活化"》，载《现代教育科学：中学教师》2011年第8期，第48页。

忙碌，除了带教学班，还要应付层出不穷的突发状况。但当夏令营顺利结束的时候，我才发现，不给自己设限，怀抱非凡的信念，用正确的方法，辅之热情与执着，一切将会水到渠成。这次在夏令营中所练就的沟通力、反应力，所开拓的眼界和见闻也潜移默化地影响着我的课堂教学。

这个阶段的我，在课堂和课堂以外都尽可能地野蛮生长，也渐渐明白和践行着以生活为本的"大语文教学"，有意识地把学生的语文学习开拓延伸，链接学生的校园生活、家庭生活和社会生活。我想，并不是每一个人都有攀登珠峰的宏伟志向，还有那么一类心愿，称不上是唾手可得般的轻易，亦不算作遥不可及的远方。正如我所希望的，我希望教育路上，能成为温暖、清澈、有力量的人，一路追光而行。

三、成光聚梦

在职业发展的路上，我经历了从语文老师到年级组长、德育副主任再到副校长的转变，转变是另一种前行，我不敢停止学习和实践的步伐，因为我知道，我必须更专业、更多元，方能聚成光束，照亮一片天空。

2014年，我担任了学校高年级的年级组长职务，作为学校的中层，我做好上传下达的沟通工作，并认真完成上级交给的任务。后来，我担任学校德育副主任，发现单纯地"完成任务"是不够的，我还需要考虑学校德育这个范畴发生的事，或者该发生却没有发生的事，这样的概念模模糊糊地刺痛着我，可是我没能找到更合适、更优化的方式，直到我去了南京、潍坊、哈尔滨、长沙等地，跟不同地区不同名师大咖交流后，有这么一瞬间，我的视野仿佛一下子就打开了。我明白了，成长过程中，目标是至关重要的，几乎是如何高估都不过分。哥伦布不见得是同时代航海技术最好的船长，装备也不出众，他最大的优点就是敢一路往西航行，哥伦布首航之后，那条航海线路立刻就变得很常规了，因为后人已经有了一个清晰目标。作为学校的行政人员，我们首先需要明晰自己的目标在哪里，判断目标定位是否正确，再进一步思考为了达到此目标，我们需要策划的路径是什么，如何从学生的角度出发，结合学校的实际去制定策略，实现既定的目标。这个认识，在我当上学校副主任分管德育工作后不断得到强化。2018年年末，我开始跟伙伴们共同商讨，头脑风暴：我们的目标是什么？经历过许多次激烈争论、反复探讨后，我们确定了"常规德育特色化，特色德育常规化"的长期目标，大家的认同度都很高，正如时下很流行的一句话，"我不祝你一帆风顺，我祝你乘风破浪"。目标明晰了，接下来，我们只管乘风破浪，终于，2019年我校获得了东莞市优秀德育成果奖。可以说，我们的学校管理技巧在历练中变得更精细有效。

担任了学校副校长后，我分管的业务从德育转到教学教研上，这是一个新的尝试、新的领域，现在的我还在这个领域中贴地而行、积蓄能量。这些年，角色的转换、任务的多元是空前的，这倒逼着我需要从不同的角度、多方的途径去切换、去思考、去实现，这些在我的成长历程中像一束一束的光，慢慢地汇聚在一起，逐渐照亮我教育的梦想，照亮我前行的道路，也让我在语文课堂这个小阵地上，更清、看得更远，更坚定地走在学生语言实践这片沃土上，贴地而舞，进而继续追光而行，让语文不止于语文。

▶ 我的教学实录

身边那些有特点的人
——部编语文三年级下册语文园地六习作

一、教学目标

（1）写一个人，尝试写清楚人物的特点。
（2）能给习作取一个表现人物特点的题目。

二、教学过程

（一）猜一猜，谈特点

师：孩子们，大家好！我是钟老师。希望今天能够跟你们度过愉快的一节课。上课前我们先来玩个小游戏，这个小游戏的名字叫"开心猜猜猜"。我们先来看这个小谜语，你能猜出这是什么吗？

生：青蛙。

师：看来难不倒你们，我们再来第二个，你能猜出这是什么人物吗？

生：雷锋。

师：是吗？我们再来看看，这是谁？

生：猪八戒。

师：看来大家对猪八戒都很了解，一看他的肚子就能猜出是猪八戒。

师：难度再升级，今天钟老师给大家带来了一个宝箱，里面有一个宝贝，谁来猜猜里面是什么宝贝？

（生想）

师：谁来猜一下？

（生猜）

师：都不对，这样很难猜出来。这样吧，老师给你们一些小提示，你们再来试一试。提示1：电子产品。（对学生的回答既不要肯定也不要否定，保持神秘感）

师：是不是呢？还是再看看第二个提示。

师：到底有没有人说对呢？再看看最后一个提示，它是"照相机"！

（设计意图：3个提示，3个特点，特别是第三个提示抓住了照相机最突出的特点，以游戏的方式吸引学生关注特点，聚焦"特点"。）

师：最后再来猜猜这张图是谁——（出示钟老师的美照）

生：钟老师。

师：钟老师美不美？

生：美。

师：谢谢你们，来，再来猜一张——还是钟老师的美照。

生：还是钟老师。

师：钟老师美吗？

生：美。

师：谢谢同学们，钟老师除了想让你们多认识一下美美的钟老师，其实还想考考大家，这两张美照，能不能看出钟老师喜欢什么？

生：喜欢做美食。

师：对，钟老师喜欢做蛋糕、比萨、烤鸡翅、炸薯条、水果茶、奶茶，想不想吃钟老师做的美食啊？

生：想。

师：等会儿老师看谁上课最认真、回答问题最积极，钟老师请他吃我的好吃的，好不好？

生：好。

（设计意图：通过观察授课老师的照片，发现老师的爱好特点。从关注物的特点到关注人的特点，为写身边有特点的人作铺垫。）

支架一：聚焦镜头，定对象

师：同学们，你们知不知道，这个相机可不是普通的相机，他是《阳光日报》陈主编的照相机，出示一下陈主编的照片（加一张身上挂着照相机的陈主编的照片）。他很擅长人物照，记录了很多明星呢。我们一起来看看。

师：（出示姚明）他是谁？

生：姚明。

师：姚明最突出的特点是什么？

生：很高，还很会打篮球。

师：嗯，他的外形最突出的特点是高，很会打篮球是他的特长。

师：（出示钟南山关心病人的图片）再来看这张，他是谁？

生：钟南山。

师：他最突出的特点是什么？

生：医术高，关心病人。

师：医术高是他的特长，关心病人是他的品质。

师：同学们，再仔细看看这两张照片，照片能表现出他们的突出特点吗？（板书：特点）你是怎么看出来的？

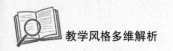

生：能。（引导：捕捉的是与他们特点相关的动作）通过情境看出来。

师：所以，陈主编拍的这两张照片就成了他们在这个杂志上的封面照。最近啊，陈主编的杂志社有一个"寻找最有特点的人"角色推荐活动，瞧，他还给我们发来了邀请呢！

音频：小朋友你们好，我是《阳光日报》的陈主编，最近我们杂志社在办一本《百姓人物周刊》，需要向社会征集一些有特点的人，传播正能量，哪位同学推荐的人物最有特点，我们就会授予他"最佳小推手"小奖杯，他推荐的人物还可能登上《百姓人物周刊》的封面哦，赶紧来试试吧！

师：同学们，请看小奖杯在这里哟。（举起奖杯）想不想成为《阳光日报》的最佳小星探？今天就让我们用相机的镜头一起去寻找"身边那些有特点的人"。（揭题）

师：我们一起来读一读这个标题。（生齐读课题）

师：同学们，从刚刚课前的交流中，你们知道钟老师最大的特点是什么吗？会做美食。如果要你们帮钟老师取个小别号来突出这个特点（板书：别号），你会取什么？

生1：美食大王。

生2：吃货。

师：你们猜，钟老师会喜欢哪一个？

生：美食大王。

师：对，因为这个别号更文雅、更贴切。

师：小别号一般都要能体现人物的突出特点，那同学们看看这个小别号——（出示"热心肠"几个字）

师："热心肠"这个小别号的人会是怎样的？

生1：热心帮助别人的。

生2：对人热情的。

师：你身边有这样的人吗？（生答）

师：是哪一位站起来一下，很高兴认识你。热心肠是你的品质，大家都要向你学习。刚刚大家说的都是自己班上的同学，其实这个身边的人，不局限在我们班，还可以是——

生1：爸爸妈妈。

生2：邻居。

生3：亲戚朋友。

师：拓宽了选择范围，你又想到了谁？（生答）

师：哇，这一个小别号，你们就想到了这么多对人热情、助人为乐的人。

师：那同学们再来看看这些小别号——（出示课件）

师：你对哪个别号感兴趣，它让你想起了谁？（PPT分类，生答）

师：这个别号是从他特长的角度来取的，你想起了谁？（生答）

师：发现一个人的特点可以从他的性格、爱好、特长等方面着手，取别号也是一样。

师：同学们，现在请想想你要推荐的人，如果这些别号都不能很好地体现他的特点，那你就可以自己给他定个小别号哦，赶紧写在我们的推荐表上吧。

（设计意图：链接生活，创设给杂志主编推荐身边有特点的人这个情景，调动学生写作的主动性，打通教学和生活运用的围墙；同时提供"别号"这个习作支架，让学生在玩味中聚焦身边有特点的人并发现不同特点的人。）

支架二：出示镜头，巧选材

师：看来大家都确定好了自己推荐的人。钟老师班上有个同学叫艳艳（出示艳艳的照片），他想推荐自己的同桌陈××（出示陈××的照片）。他的同桌可是一个"小书虫"，他想到的推荐理由很多，下面是艳艳捕捉到的几个镜头。你们能不能帮他挑一挑哪些可以作为"小书虫"推荐的理由呢？（播放课件以及音频）

音频：A. 他每天回家第一件事情，就是完成作业。

B. 他家里有一个摆满书的书柜，里面有绘本，有小说，有科普书，有名人传记……

C. 只要同学有困难，他总是第一个伸出援手去帮助同学。

D. 铃声响了，他还坐在教室外看书，仍然沉迷于书中。（沉迷于书里面）

E. 无论去到哪里，他手中总有一本书。

表1 身边"最有特点的人"推荐

他的名字	
他的别号 （爱好特长，人物品质，人物性格）	
推荐理由	1.
	2.
	3.
具体整合（放慢镜头）	
评委意见	

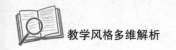

师：哪些镜头可以证明他是个小书虫呢？能不能说说理由呢？（生答）

师：对，孩子们，推荐理由中一定要选择能突出他特点的，无关的要舍弃。下面，请大家回想一下，你想推荐的那个人，哪些镜头能突出他的特点？下面拿出我们的推荐表（见表1），填写理由。

（设计意图：选材是小学中年级习作学生的难点之一，通过"镜头"这个有趣的事物，既能提醒学生聚焦人物特点，又能以镜头下的画面这个新奇有趣的切入点给学生支架，去拓宽选材的视角。）

支架三：放慢镜头，写具体

师：但是孩子们啊，光有这几个简单的镜头还不足以体现他的特点，是不能登上《百姓人物周刊》的。大家看看征集要求，除了找到他的突出特点，还要求什么？把突出特点的事例写具体。（课件出示征集要求封面，板书：事例。）那么怎样写得详细具体呢？看，艳艳就挑了这个镜头（课件出示艳艳的推荐理由，画出个圈）。同学们，你们来看看（播放正常视频）。

师：同学们，你们看看这个视频里哪些镜头可以突出他是"小书虫"的特点呢？

生：叫了几次都没有听到，没反应。

师：嗯，是啊，这个镜头他沉浸在书中的神态很能突出"小书虫"的特点。

生：拍他的肩膀，他没反应。

师：是啊，别人大声叫他和三次拍肩的动作，虽然此处不是写陈××，但是从他人的动作中也能突出"书虫"的特点。

师：你们观察得很仔细，但是你们知道吗，其实我们的镜头还可以放得更慢一点，我们会有更多的发现。我们一起来看看。

师：你发现了哪些刚刚没有发现的地方？

师：艳艳把陈××下课读书这件事情，在放慢的回放中，捕捉到了4个最能突出陈××小书迷的镜头，把事情写得很具体，下面请你再看看自己刚刚写的推荐理由，能不能也挑出一个写下来，看你能捕捉出几个突出他特点的镜头来。（课件停在四格画面中）

（生写）

投影（2～3个）。

师：我们来看看这个同学写的，谁来评一评，他捕捉到了几个镜头。这个镜头的哪个地方最能体现他的特点呢？（动作、语言、神态）能不能给他加几个镜头？

写得好的同学，掌声送给他。写得真好，很有希望上《阳光日报》哦，刚刚推荐的同学是不是我们班的，如果要给你拍照片，你觉得该摆出一个什么姿势？

师：好，请你摆好，老师给你拍一张先发给陈主编。

（设计意图：把事例写具体是中年级写作的重点之一，也是难点之一，以慢镜头作为支架给学生以帮助，辅助他们去关注能突出人物特点的事例中的细节，让细节描写有抓手，让学生获得写作的成就感。）

支架四：定格镜头，取题目

师：哇，你真帅，而"最佳小推手"这个奖杯有可能是你的，也有可能是其他同学的，我们还只是初步选拔。还有其他要求呢，陈主编说，要请大家给这个小文章拟个标题。你们会吗？你会拟什么题目？（生答）

师：对，要明确一个范围，比如，"我班的小书迷"，而且题目还要简短一点，比如——（课件出示：我班的昆虫迷、家有虎妈、戏迷爷爷）

师：下面，谁来说说你取的题目。（生写）

师：好了，同学们，题目已经拟好了，课后，我们要把刚刚组织到的这些材料写连贯，变成一篇完整的文章。由你们的老师投给陈主编，到时候看看评出来谁是《阳光日报》的最佳小星探。

（设计意图：通过给陈主编推荐身边有特点的人这个场景，进一步链接生活，潜移默化中让学生感受写作的实用性，进而激发学生的写作欲望。）

（二）板书设计

<pre>
       身边那些有特点的人
    特点   突出
    别号   贴切
    事例   具体
</pre>

▶我的教学主张

深耕语文课堂10多年了，同事们尤其是年轻的同事都喜欢偶尔来听听我的课，问其原因，他们说：因为钟老师人有趣，课堂生动好玩、互动性强，就像源头活水般，充满活力和张力，听课也是一件开心事。紧紧围绕语文能力和语言实践，让学生有抓手（支架），有获得感，进而发展学生的语文学科素养、学生核心素养，"贴地而行，追光而舞"是我对语文教学的理解和追求，我享受与学生一起贴地而行的时光，更珍惜跟学生一起追光而舞的时刻。

一、巧搭支架，落实语文要素

语文要素就是语文训练的基本元素，统编小学语文执行总编陈先云先生曾指出：语文要素的关系是抓基本方法，学基本内容，形成基本习惯和基本能力。可见，"语文要素"可以理解为"语文学习要素"，既包括语文知识，也包括语文能力，还包括语文学习的方法和习惯，简单地说，"语文要素"包含的是语文"学什么""怎么学"的问题。

我认为，语文要素应该是与学段学习内容和目标相对应的，但更加具体、更具有操作性和可检测性，因此，在落实语文要素的时候，我非常重视巧搭学习支架，即先设计实践性强的单元学习大活动，然后根据不同的目标因素和任务类型构建专项学习活动，最后也是尤其要注意的是，相比实践活动类的大活动，专项学习活动具有小、实、专等特点，在两类学习活动中需要构建起联系紧密的学习过程，实现各个学习活动间的互补共促。这样下来，就会同时倒逼我们重新设计课堂环节，打破松散、随意的局面，构建起阶梯形实践结构，促进学生从"现有水平"向"潜在发展水平"转化。

在这个过程中让学生有抓手、有迹可循，而老师则充当"助手"的角色，在学生有需要的时候提供帮助，在学生突破了每个学习活动的时候给予鼓励和肯定。比如，在上述教学实录中的三年级下册第六单元，我基于本单元和前几个单元的语文要素设计了"最佳小推手"的大活动，具体构建的几个专项学习活动中，就有一个结合单元习作的"给陈主编推荐身边有特点的人"活动。具体落实在课堂上，我也搭设了"别号""推荐理由"和"具体事例"几个功能性支架：关注学生看到了什么，又关注该想到什么；关注想到了什么，又关注看到这些应该怎么去想，怎么去写，辅助学生一步步达到"写身边有特点的人"这个目的。这不仅能体现语文单元学习的要素与规律，还能让学生在能力生成过程中进行意义建构，并对学习结果进行反馈，我想，这就是大大小小的学习活动作为学生学习支架的意义。

二、链接生活，学好用好语文

人民教育家陶行知说过，"生活与教育是一个东西，不是两个东西"。达到真正理解还不是学习最终的目的，能将所学运用于生活，尤其是创造性地运用，才是我们追求的目标，而实践是达到这一目标的基本途径，也是课堂教学生活化的延伸。我们语文课应该指向语言的运用，引导学生走向社会，走向生活。

因此，在习得语文要素的同时，语文课堂链接生活是我的坚持，也就是让语言实践以学生的生活为本，让语文学习指向生活，让语文与生活近距离接触。创设生活情境、渗透生活情感、组织生活活动、构建生活课堂，打造真实、开放、和谐的生活化语文学习课堂，是我努力追求的语文课堂样态。正如上述课堂实录，创设了"推荐身边有特色的人给陈主编"这个生活情境，通过关注身边同学日常的行为习惯，结合慢镜头中的真实接地气的、贴近学生生活场景的视频，营造了不止于课堂的教学空间，指向校园生活、家庭生活和社会生活等学生熟悉的生活半径场所，让学生在真实的情景中进行语言运用和实践。以魅力的生活化的课堂关注儿童发展、促进儿童发展，才是语文课堂该有的样子。

三、守护童心，精彩动态生成

我很认同"教学过程是一种交往过程"这个观点，10多年以来，我除了深耕语文课堂教学以外，还在学生心理教育上下功夫，从取得心理健康教育A证到成为家庭教育讲师，这一路的学习和经验都告诉我，只有与学生真诚交往、互动，才能了解学生所需所求、所思所惑，才能真正实现与学生共识、共享、共进。又或许是性格使然，我天生就擅于跟学生打交道，也特别喜欢跟学生打交道，"钟老师，你懂的"，学生经常如是说。

语文课内容具有开放性，注重体悟，"一千个读者就有一千个哈姆雷特"，读者对一部作品的解读过程是一个再创造的过程，每一个人的解读都有自己的独特性，此时，提问这个互动方式就显得格外重要了。在这个过程中，守护学生的童心，擦出思维的火花，是格外重要的。首先，设置针对重难点的问题，直指课堂教学内容的精髓，比如《千年梦圆在今朝》的课文，揭题后，"你认为这个题目应该怎么读？为什么？"这个问题激起了学生对课文的好奇心，学生在层层找"证据"的过程中不仅厘清了这个问题，突破了课文的重难点，更通过自身的努力获得了学习的成就感。另外，在课堂上我会有意识地设置小组探究的"辩点""争点"，因为开放性的问题有利于激发学生学习的兴奋点，有利于学生从文本中寻找教学目标的生长点，并在教师的引导鼓励下进行多样化的解读，推动教学的"动态生成"。比如，在《扁鹊治病》这节课上，"我来评评扁鹊"这个环节每次都热火朝天，因为没有标准答案，只要言之有理。有的学生认为扁鹊已经多次提醒蔡桓公，尽了医者该尽的职责，也有的学生认为扁鹊既为医者，不应该只是停留在提醒这个层面上，而应该用行动去拯救蔡桓公。这个"争点"一般会持续好几天，学生在搜集材料中了解历史、了解课文发生的背景，并主动把语文课堂的学习延伸到课外，更能结合生活去看历史，这不仅能提高学生的语文兴趣，更能提高学生的语文素养。从儿童的角度解读文本，也是我守护童心的另一份坚持，正是这份心理同步、思维共振和情感共鸣，让师生之间有了更多精彩动态的期待。

▶ 他人眼中的我

钟老师的课堂，用一个字形容，那就是"活"。钟老师的教学是活的。不管是有趣动人的童话，还是讲大道理的寓言；不管是严谨的说明文，还是古朴的文言文，她都可以让她的课堂活起来。她用简单易懂的方法，让学生能够跟着她的思路走。作为师者，她愿意为学生的自主学习提供方法，愿意把思考的时间交给学生。她愿意给学生讲诗人，读散文，览群书。她知道劳逸结合，愿意为学生在繁重的学习任务中提供放松的时间，所以，学生们的学习也是活的。师生互动性强的课堂，就像源头活水般，充满活力。

她总是说，坚持做有意义的事，与时间做朋友。她擅长利用碎片化的时间来处理工作。你看她这一刻在写论文，说不定下一刻她就已经在备课了；你看她这一刻在辅导学生，可能下一刻她就已经打开软件在看书、听书了。她能合理分配好自己的时间，并且能够在自己的工作之余不忘继续学习。她坚持阅读的习惯，不断更新

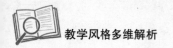

自己的理念，并且会大方地与我们分享。

她立足于当下，但眼光长远；她立足于本身，但全局观极强；她立足于效率，但以质量为本。钟老师是我们的"家长"，更是我们的榜样。

（东莞市长安镇乌沙小学四年级备课组长　陈嘉瑶）

参考文献

［1］闫德明，古立新. 教学风格形成的内在机制研究：基于知识创新的模式分析［J］. 课程·教材·教法，2013（10）.

［2］吴忠豪. 小学语文课程与教学［M］. 北京：中国人民大学出版社，2020.

［3］杨敏. 提升小学语文课堂教学有效性的认识和实践策略［J］. 知识文库，2020（18）.

【点评】

俏芳老师认为，语文教学要"贴地而行"，这是她教学的重要手段和主动追求；语文教学也要"追光而舞"，这是她教学的目标和精进的武器。她在向光而学、追光而行和成光聚梦的过程中，立足于当下，但眼光长远，成就了他人，也成就了自己。

（广东第二师范学院教授　闫德明博士）

大开大合，张弛有度

岳林杨（小学语文）

> **个人简介**
>
> 　　岳林杨，男，东莞市长安镇教育管理中心语文教研员，小学一级。广东省小语会名师，东莞市小学语文学科带头人，东莞市小学语文教学能手，东莞市优秀教师。主持省级课题"互联网＋背景下小学语文阅读教学翻转课堂的实践研究""基于名师工作室的传统文化师资队伍建设的实践研究"，主持市级课题"国学经典立体学习六法的实践研究"。在《华夏教师》《新课程》《语文天地》《教育科学》等杂志发表论文共4篇：《落实三"化"，提高国学经典课堂教学的实效》《把课外书读"活"，构建整本书学习活动策略》《巧设专题　快乐读写——谈小学高年级开放式读写专题活动》《例谈从"读写结合"到"读写一体化"教学策略的转变》。

▶ 我的教学风格

　　我的教学注重从"大"处着眼，从"小"处着手，把对家国、人生、文化、幸福的有关思考，有机地融入教学实践中，注重教学活动设计的张弛，强调学生学习活动的疏密、快慢、难易，让学生学得生动，学得有趣，学得高效。

　　大开大合，指的是我的教学内隐风格。

　　所谓大开，是指放得开。应该说，这是我个人的教育理想和教育追求。让教育具有家国大情怀、人文大视野、人生大思考、国际大格局是我的教育教学信条。在学科教学领域，努力追求学术、学科视野的开阔，有意识地把纵向（传统语文教育）和横向（国际语文教育思想）结合，努力做一名"大写"的教师。

　　所谓大合，是指收得拢。能把自己对家国、人生、文化、幸福的有关思考，有机融入教学实践中，有指向、能聚焦、有效果是我的教育教学实践原则。此外，我还特别讲究教学设计的指向性、层次性、融合性，努力实现学生智慧的生长、文化的熏陶、能力的提升，培养"大写"的人。

　　张弛有度，指的是我的教学外显风格。其意指我的课堂教学结构样态、节奏样态、互动样态，对教学过程中教学的速度、密度、力度、难度、强度和激情度有意识的设计和组织，让教学充满节奏感、律动美。

　　我认为，课堂张弛有度主要体现在5个层面：

　　教学语言的张弛——主要表现在语脉、语速和语调3个方面的节奏把握。

　　教学内容的张弛——讲究教学内容的分配合理，有一定的布局，疏密相间。

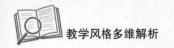

教学环节的张弛——环节推进具有层次性，重点突出，环环相扣，起伏有致。

教学情绪氛围的张弛——是指对学生的学习情绪的调控和把握，浓淡相宜。

教学思维节奏的张弛——有缓有急，让学生学得充分，学得高效，学得深入。

教学是一个系统工程，唯有从学生主体、育人场域、教学内容等方面全方位考量教学活动的设计，才能让教学更有张力，更有节奏，更有深度。

▶ 我的成长历程

一、初出茅庐：一个"贪玩"的语文老师

刚毕业那会，我常常沉浸在自己的世界中，悠然自得。当时信奉大哲学家罗素的一句名言：须知参差多态，乃幸福的本源！于是乎，立下志向，我愿在多彩的生活、多彩的语文中寻找多彩的自己！

在孩子们的眼里，我是一个特别爱玩，特别容易兴奋的语文老师。我闻到书上的油墨香味会兴奋，我看见碑帖拓本会兴奋，我站在台前拿起话筒会兴奋，我和孩子们聊起天来更是眉飞色舞、兴奋不已……

因为喜欢看书藏书，所以我常常是花尽口袋里最后一个"铜板"，只为了到网上去淘一堆线装古书。当然，也因为经常买到"赝品"，被同事、朋友当成茶余饭后的笑料。

因为对书法的痴迷，我用20多年的时间几乎把历代名碑名帖临了个遍，有的竟临了数百通。看到我辅导的孩子们在市、省、全国书法大赛中拿奖，那种成就感倍儿爽！

因为喜欢传统曲艺，我和孩子们常常一起用评书、相声等形式演绎《三国演义》等名著里的经典桥段，后来评书小段《泥人张》竟然让我在全国素养大赛的舞台上"炫技"，这事着实让我"吹"了好几年。

后来喜欢古琴，我放弃了假期休息的时间，自己一个人跑去广州跟老师苦学了7天7夜。回来就在班级里抚琴、歌吟，在孩子们面前出尽风头，还真能嘚瑟。

因为喜欢茶，喜欢研究茶，我就和孩子们一起学习茶道，诵读《茶经》；有段时间，迷上了中医，就和孩子们一起诵读《黄帝内经》《大医精诚》，了解中医学；我还和孩子们一起欣赏学习昆曲、京剧，领略戏曲的魅力，有时也会翻开《易经》给孩子们"算"上一"卦"，告诉他们"天行健，君子以自强不息"的道理……

有人说，语文老师应该是个杂家，诚哉斯言！我和孩子们一起沉浸在语言文字构筑的"花花世界"里，"贪得无厌"，其乐无穷。可想而知，当时我的教学风格，都是野路子，说得好听些叫大开大合、旁征博引，说得难听点，那叫信口开河、信马由缰……

那个阶段的我，比较洒脱，比较自然，比较随性，难登大雅，但也确实读过几

本好书,主要是《中国书法史》《美的历程》《朱光潜谈美》《诗论》《小窗幽记》等人文艺术经典著作。对教学来说,由于思路和视野的开阔,课堂上比较真性情,孩子们比较喜欢我这个老师,也非常喜欢我的课。

二、渐入佳境:一个"传统"的语文老师

用玩味的心态教语文虽然尽兴,但总有些"用情不专"。我开始思考,我的优势在哪?我的语文课程方向在哪?结合学校经典教育,结合自己的性情爱好,我开始思考经典教育的价值所在。

终于,在彷徨与迷失中看到了光亮。我开始信奉一句话——如果人没有从小接受过经典的熏染和沉淀,他的人生一定是有缺憾的!所以,我开始"肆无忌惮"地花大量的时间和孩子们在课外阅读和经典诵读上。

我不大喜欢去用太多的时间去设计、雕琢一节所谓的好课,但我常常花整整半个学期和孩子们一起吟诵《大学》《论语》《中庸》《诗经》等经典。孩子们在穿越时空的吟唱声中,不知不觉手之舞之足之蹈之!

我不大喜欢放羊式的海量阅读,而是精心设计主题和话题,比如"走近名人",让孩子们根据自己的兴趣阅读《毛泽东传》《居里夫人传》《乔布斯传》《名人传》……带领孩子们用心去触摸人类灵魂的高贵!

我不大喜欢开太多的家长会,但我会把家长邀请到我们的课堂,让家长坐在孩子身边,一起阅读,一起写作,一起吟唱!

…………

总之,我用3~5年的时光,诵读了大量的传统文化经典名篇。陈琴的《经典即人生》,徐健顺的《吟诵学概论》,还有张本义、华锋等诸多名家的吟诵学专著,都成了我的"营养大餐"。我用自己特立独行的方式,在传统文化典籍之中贪婪地吮吸着,慢慢地,有了更多的底气、静气和大气。

三、披荆斩棘:一个"专业"的语文老师

2012年对我来说是人生第一个转折,我参加镇阅读教学大赛并一举夺魁。为此,我兴奋了好几天。可惜,进军滨海片赛,由于平时散漫惯了,加上经验不足,缺乏磨炼,在大赛中折戟,只拿了个第二。知耻而后勇,痛定思痛。我开始想尽办法在语文课程方向扎进去,再扎进去。

语文教育教学理论专著开始成了我的主攻方向:王荣生、王尚文、潘新和等一大批语文教育教学理论届大咖的专著被我反复咀嚼、消化、吸收。同时,我还涉猎国际语文教育,慢慢把视野打开,看到了国外母语教育的先进,也逐渐看到了中国母语教育的优势和不足。慢慢地,我对综合性、开放性、实践性这些语文教学的本质有了更多的认识和思考。在课堂中,我也努力地践行情境任务学习方式,努力践行综合性学习活动,努力践行读写一体化的理念。

其间，我在东莞市名优教师团学习，到赵志祥名师工作室学习，到郝洁名师工作室学习，向广东第二师范学院郑国岱老师学习，我得到了诸多名师的口传心授，受益很多。通过两年的系统深入学习，2014年我参加东莞市小学语文教学能手，一路过关斩将，荣获东莞市首批小学语文教学能手。

3年后，我有机会参加东莞市小学语文青年教师素养大赛，全市共40多名参赛选手，在第一环节笔试中，我夺得全市最高分。而在一个星期后决赛现场的才艺、粉笔字、朗诵环节中，因过于紧张，粉笔字出现错误，只夺得亚军。

2017年，由市镇领导推荐，我代表东莞市参加广东省青年教师素养大赛，荣获第一名；当年5月，参加全国赛荣获一等奖、特长奖、最佳教态奖三项大奖。

一路比赛，一路历练，一路收获。我在比赛中锤炼能力，在比赛中绽放光彩，也在比赛中开阔视野。

四、茅塞顿开：一个有"深度"的语文老师

然而，比赛又让我有些浮躁，有些飘然。这个时候最需要沉淀，需要积累。镇领导组建了读书会，使我有幸和闫教授一起读书、一起学习、一起思考。

我享受读书思考时那一份宁静和厚重，我享受分享时那一份快意和忘乎所以，我享受交流时那一份痛快淋漓……就在这样幸福的学习生活中，我不断地收获着。慢慢地，我发现虽然教书很多年，但对"如何学习最有价值？"却所知不多。我似乎长期对"如何教"非常关注，而对"如何学"则重视不够，导致对有关"学习"的最新前沿成果了解不够。2020年，疫情原因让我有更多的时间去系统地读书。于是，我一头扎进我特别感兴趣的"学习科学"领域，啃了几本关于学习理论的书，如《学习科学：斯坦福黄金学习法则》《可见的学习与学习科学》《人是如何学习的：大脑、心理、经验及学校》《深层学习：心智如何超越经验》《学习的本质》《剑桥学习科学手册》《可见的学习》等。通过不断地学习，渐渐地，对于教学，我获得了越来越清晰的认知：如果我们将学习看作是学习者通过探究、实践活动建构知识的过程，那么，教学活动就是组织学生进行探究、实践活动，教师的任务因而就变成设计和组织实践学习活动。于是，我将教学钻研的重点转向：教学活动内容的张弛有度，讲究教学内容的分配合理，有一定的布局，疏密相间；教学活动环节的张弛有度，环节推进具有层次性，重点突出，环环相扣，起伏有致；教学活动情绪氛围的张弛有度，对学生学习情绪的调控和把握，浓淡相宜；教学活动思维节奏的张弛有度，活动设计有缓有急，让学生学得兴味盎然，学得充分，学得高效而深入。

▶ 我的教学实录

【实录一】

因声求气　虚心涵泳
——国学课《诫子书》教学实录

原文：《诫子书》

夫君子之行，静以修身，俭以养德。非淡泊无以明志，非宁静无以致远。夫学须静也，才须学也，非学无以广才，非志无以成学。慆慢则不能励精，险躁则不能治性。年与时驰，意与日去，遂成枯落，多不接世，悲守穷庐，将复何及！

教材解读：

《诫子书》共86字，是诸葛亮54岁时写给儿子诸葛瞻的一封家书，教诲儿子如何修身、养德、立志、为学，是一篇充满智慧之语的家训。它已成为教育青少年修身立志的名篇，读来发人深省，值得学生反复诵读、涵泳、领悟。

教学过程如下所示。

一、导入

有人这样形容他的——才华智慧；

有人这样形容他的——英雄气概；

有人这样形容他的——忠肝义胆；

有人这样形容他的——文学才情；

有人这样形容他的一生——鞠躬尽瘁。

他就是——诸葛亮。（出示简介）

今天，我们一起来读一读一代忠臣与智者——诸葛亮写给他儿子的一封家书，齐读课题《诫子书》。题目解释：诫为何意？可以组词。书，指书信。

今天，我们一起来读读诸葛亮的这封信，看看诸葛亮对他儿子告诫、劝诫了些什么呢？

二、读准、读顺、读熟

（1）这封信只有86个字，短短5句话。课前老师布置了预习作业，要求同学们读熟（板书：读）。读熟了吗？读了几遍？老师找5名同学读读这篇文章。（指名读，声音小了一点，读得太快了，个别地方卡壳了，相继纠正读音。）

（2）"夫"在这里读二声，发语词，引发重要议论，或表达重要观点的——相当于"孩子，你可听好了！"。所以要拖长读，仿佛天外来音。全班读几遍。（其他同学可以小声读）

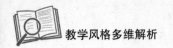

(3) 多种形式读：指名读、去掉标点读。能读的举手！老师们，能读的举手，咱们可不能输给学生啊！

(4) 还有繁体读（这是老师亲手书写篆书，敢挑战吗?）、全班读（其他同学可以小声读）。

三、自读自悟，整体感知

(1) 真好！还真不是吹的！读得很流畅，但缺少了一点味道。要想有味道，还要先悟到。（板书：悟）对照注释，你们自读自悟。同桌交流，或问老师，能悟多少就悟多少。诸葛亮想通过这封信，告诉儿子一些什么呢？他想让儿子做一个怎样的人呢？在关键的词句下面做好标记。

(2) 诸葛亮想通过这封信告诉儿子什么呢？谁能用一个字或一个词概括一下？
汇报交流（让学生预习分成8个小组来说）：引导学生写在黑板上，其他同学标在纸上！——大大的"静"字。

(3) 同学们，我们再来动情地朗读课文，把你认为这封信中最为重要的话，用你的声音、表情体现出来，使老师往这一站就知道你们谁能读出诸葛亮告诫儿子的感觉：夫，君子之行，静以修身，俭以养德。教师辅之以手势，示范读。注意，每个人强调的不一样，感受也是不同的。看谁更有诸葛亮的感觉。起立，齐读！

真好！听同学们读书的声音，真是一种享受！

四、重点品读，虚心涵泳

对比形式，品语气。

有人说，对于修身齐家，诸葛亮最看重一个"静"字——静以修身养德、宁可以立志成学，一个"静"字甚至成就伟大的事业……你能想到哪些和"静"相关的人或事呢？

（交流故事）
司马迁静心发愤写《史记》
曹雪芹静心批阅十载写出伟大的《红楼梦》
王羲之静心练字成为伟大的书法家——墨池
孔子静心研读《周易》——韦编三绝
陆羽痴迷写《茶经》
吕蒙读书
李时珍历时27年写《本草纲目》

是的，在静中修养身心，在静中勤学苦练，在静中积蓄力量，这是东方智慧，更是是中华智慧！同学们，读——

知止而后有定，定而后能静，静而后能安，安而后能虑，虑而后能得。

——《大学》

不欲以静，天地将自正。——《道德经》

圣人之心，静，天地之鉴也，万物之镜。——《南华经》

博学笃志，神闲气静。——《围炉夜话》

身静则生阳，心静则生慧，气静则生神，神静则生精。——《静心诀》

自然之道静，故天地万物生。——《阴符经》

教师介绍：诸葛亮宁静致远简介。

所以，《三国演义》中的诸葛亮在自己的草庐中，给自己拟了这样一副对联，以自勉！

这虽然和家书中表达的意思一样，但饱含的感情不一样。一个是对自己说的，一个是对儿子说的。你们认为哪句话语气更强烈？

在古文中，我们经常可以看到"非——无以，非——无以"这样的双重否定句式，来增加语气、语势。谁来读？语气不够。再来。谁再来？同学们，齐读。

诸葛亮告诉儿子要宁静，要淡泊。但万万要不得的就是——万万要不得的就是——（修改PPT）教师用不同语气引读3次：慆慢——则不能励精，险躁——则不能治性。

在古代，"则""不"两个入声字，发音短促、有力，感情强烈。齐读。

"慆慢"和"险躁"是什么意思？你们有过慆慢和险躁的时候吗？（上学迟到，上课睡觉。作业拖拉，整日玩闹。周六周日，抱着电脑。）

所谓静，即用心专一，不放纵，不懈怠，不轻薄，不浮躁。从今天起，让我们专心致志地去……/心无旁骛地去……/一心一意地去……/静定智慧地去……

五、感知文体，读出语气

书（信）者，千里面语、辞若对面也……就是啊，一封家书，写信和收信的人，即使千里相隔，也仿佛近在眼前，他的声音，他的语气，仿佛就在耳畔回响……谁能把诸葛亮读到我们身边来呢？

指名：可能此时的诸葛亮望子成龙，所以语重心长，读——"夫～学须学也～"。

指名：可能他儿子太过早熟，太过骄傲，所以诸葛亮万分担忧，读——"夫～学须学也～"。

指名：可能是他儿子太过慆慢和险躁了，所以诸葛亮十分严厉，读——"夫～学须学也～"。

指名：可能是诸葛亮恨铁不成钢，对儿子失望透顶，读——"夫～学须静也才须学也～"。

六、了解背景，感知魂气

这封信是诸葛亮54岁时写给他8岁的儿子的，就是在那一年，诸葛亮便去世了。或许，诸葛亮已经料到自己大去之期不远矣，所以这一封信也是诸葛亮给儿子

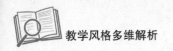

的遗书。

正所谓见字如面，让我们透过文字把目光聚焦到诸葛亮的面容上，你仿佛看到了怎样的神情？读！

他多么担心孩子虚度光阴、后悔莫及，读！

他多么担心孩子像那枯枝败叶一样，对社会一无所用，读！

他多么希望一直守候在孩子身边，看孩子成才啊，读！

七、总结梳理，熟读成诵

这篇文章只有短短86个字，却饱含深情，字字珠玑，句句都是至理名言。有人说这篇文章几乎蕴含了一个人成长所需要的所有的力量。（出示PPT：配乐）

有人说，这篇文章告诉了我们静的力量——静以修身。

有人说，这篇文章告诉了我们俭的力量——俭以养德。

有人说，这篇文章告诉了我们超脱的力量——非淡泊无以明志、非宁静无以致远。

有人说，这篇文章告诉了我们学习的力量——夫学须静也、才须学也。

有人说，这篇文章告诉了我们增值的力量——非学无以广才、非志无以成学。

有人说，这篇文章告诉了我们态度的力量——慆慢则不能励精、险躁则不能治性。

有人说，这篇文章告诉了我们时间的力量——年与时驰、意与日去。

有人说，这篇文章告诉了我们想象的力量——遂成枯落、多不接世、悲守穷庐、将复何及。

有人说，这篇文章告诉了我们精简的力量——只用了短短86个字！

同学们，让我们将这篇文章熟烂于心。让诸葛亮的话给我们的人生提供源源不断的力量。齐背。

八、作业：临摹范字，居敬持志

明代大哲学家王阳明说：知行合一。（板书：行）这篇文章，老师也不能完全参透，也要常常记诵，常常体悟，常常自省！老师希望，同学们也能从今天起认真（指着黑板）读好经典、悟好经典、行好经典，做一名真正的君子！

认真临摹老师给你们写的这幅书法作品，张贴在你的书房，作为我们一生的座右铭。当然，如果你愿意，也可以作为你们家的"传家宝"。好吗？下课！

【实例二】

开放式读写专题活动模式的构建

开放式读写专题活动要大开大合，可以沟通课堂内外，沟通听说读写，增加学生语文实践的机会。通过以写促读，倡导学生自主、合作、探究的学习方式，培养学生搜集信息、处理信息的能力。通过开放式读写专题活动可以让学生自主构建头脑中的知识网络，培养学生整合、分析、归纳、判断的能力；可以开阔学生的知识视野，为海量阅读寻找现实操作的支点；可以切实提高学生的写作能力，而写作能力的提高最重要的是学生语言素材的积累和思想能力的提高。学生在大量读写实践中可以积累语汇，培养语感，阅读能力和写作能力的全方位提高都能得到保障。

基于此，我们试图构建开放式读写活动的基本操作模式。

（1）确定开放式读写活动主题。

（2）拟定开放式读写活动计划：确定活动小组成员及分工、确定活动时间、明确活动要求。

（3）实施过程：阅读活动→整理资料→班级内交流→撰写总结心得，梳理、表达自己观点→合作修改→装订成册，成果展示。

构建清晰的开放式读写专题活动模式，对当前语文课程改革有着重要的意义。它是重建"写作本位"的语文教学需要，是提高语文学习效率的迫切需要，是体现生本意识的需要。在教学实践中我们可以从以下几个方面入手。

一、"课文"引路，挖掘教材资源，开展读写活动

一节课的结束并不表示学习活动的完结，而应该是以此为一个新的起点，激发学生进一步学习的热情。在教学完《跨越百年的美丽》一课，我精心设计了这样的作业：阅读《霍金传》，模仿《跨越百年的美丽》写一篇赞美霍金的文章，为我们勾勒另一幅伟大的画像。这样的开放性作业设计既体现课内外阅读结合的特点，又体现了读写结合的特点。汲取读写经验，练习迁移运用，是提高语文教学实效的有效方法。现在，小学语文已经到了倡导"大量阅读"的新时代。只有将"大量阅读"和扎扎实实的语文课堂读写实践结合起来，才能真正提高学生的语文素养。

我在教学《冬阳·童年·骆驼队》一课后，和学生一起确定了本学期的开放性读写专题活动。

（一）确定研读主题

"致我们终将逝去的童年"。

（二）确定阅读书目

《城南旧事》（林海音）、《童年》（高尔基）、《爱的教育》（亚米契斯）。

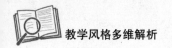

（三）读写内容

1. 读与班级交流

（1）他（她）童年里最重要的人是谁？他们都有哪些特点？你能用具体事例为我们描绘出来吗？

（2）他（她）童年里最开心的事是什么？（事例支撑）

（3）他（她）童年里最悲伤的事是什么？（事例支撑）

（4）你最难忘的是小说里的哪个情节？（事例支撑）

2. 写

（1）你的童年有哪些令你难忘的快乐与悲伤？

（2）你的童年里最重要的人物有哪些？

（3）你希望你渡过怎样的童年？

（4）你的童年里有过哪些美好的梦？

3. 搜集整理

搜集整理日记、作文，并装订成册；撰写个人童年自传或小说。

从读写活动的效果来看，这次活动还是非常成功的。孩子们不但写出了童年学习和生活中最难忘的事和最难忘的人，还写出了自己的梦想，写出了美好或不美好的童年。甚至还有同学在此基础上，在老师和家长的帮助下，完成了一部部自传体小说，作为他们送给自己的最后一个六一儿童节的告别礼物。

学生在完成作品的过程中体验着童年的快乐与悲伤，体验着创作的乐趣与幸福，更为重要的是，学生在大量的读写活动中提高了读写能力和语文素养。如此美好的记忆，如此新颖的创作，将成为学生一生宝贵的财富。

二、"班会"引路，挖掘班级管理资源，开展读写活动

语文教师要善于利用班会课，与学生沟通道德教育与语文活动。班会课不但要培养学生学习态度和精神品格，而且要培养学生广泛的阅读兴趣，提高学生读写能力。六年级上学期，为了让学生在阅读与写作中学习伟大人物的美好品格，增强榜样的力量，我和学生一起策划了"他们是怎样成功的?"这一读写专题活动。

（一）确定研读主题

"他们是怎样成功的?"。

（二）确定研读分组

科学家组、企业家组、政治家组、画家组、作家组等。

（三）小组内确定研读的名人

如科学家组：霍金、牛顿、居里夫人等。

（四）研读方式

读名人传记、上网搜集资料。

（五）读写活动

1．研读并在班会课上交流

（1）简介：生平、成就等，制作名人小档案。
（2）名人在小时候是一个怎样的孩子？（事例支撑）
（3）家庭环境怎样？父母给了他（她）怎样的教育？（事例支撑）
（4）对他（她）影响最大的人是谁？（事例支撑）
（5）对他（她）影响最大的事情是什么？（事例支撑）
（6）他（她）最为痛苦的经历是什么？最为幸福的时刻是什么？（事例支撑）
（7）为了实现远大的理想，他（她）付出过哪些艰苦的劳动？（事例支撑）
（8）对你印象最深的一个片段是什么？（摘抄）

2．写作

（1）他对世界、对我们的生活产生过哪些影响？他身上最宝贵的是什么？
（2）概括出他成功的因素，至少5点。
（3）你将如何向他学习？学习什么？
（4）以《我的梦想》为题写一篇文章。

3．装订成册，全校展览

榜样的力量是无穷的，一个个伟人成了学生生命成长的重要精神支柱。学生在阅读名人传记的过程中，进行多角度、有创意的阅读。每一个小组展出的作品都是那样的精美，内容那么的丰富。有的小组的作品就像一篇像模像样的研究报告；有的小组的作品就像一篇颇有学术味道的论文；有的小组把自己的作品设计成了一本书，有封面，有插图，夹叙夹议颇为丰富，甚至邀请老师和家长在封底设计了推荐语。学生的创意写作真是让全校师生大开眼界！

其实，班会课和读写专题沟通的内容是丰富而广泛的。如诚信教育的主题班会课可以设计"古今中外诚信故事读写专题活动"，孝心教育的主题班会课可以设计"《二十四孝》《弟子规》读写专题活动"，"英雄催我成长"主题班会可以设计"革命题材小说读写专题活动"……总之，教师要善于整合，通过整合教育资源，整合读写活动，扎扎实实地对学生进行思想教育，切实提高学生读写能力。

三、"博客"引路，挖掘生活资源，开展读写活动

班级生活是学生生活的重要组成部分，而班级博客是学生和老师对班级日常事务进行及时、事实记录的习作方式，其记录的内容主要是整个班级的学习、生活及学生的心理情况。

班级博客的内容是非常丰富的，可以是学生的校园生活情况——课堂表现、作业质量等，可以是学生的出勤情况——迟到、早退、旷课等，也可以是学生的活动、集会情况，还可以是学生的奖惩情况，等等。班级一切日常大小事务都可以成为记录的内容。班级日志经过师生共同的轮流记录、整理后要定期公布展示。

比如，我根据我们班学生的特点和班级情况，和学生一起策划了"五（3）班的'名人轶事'"读写专题活动。学生在班级博客中大胆发表自己的作品，互相评论，争相撰写班级中的"名人轶事"。学生在阅读中体验着班级生活给自己的快乐，在创作中体验着写作给自己带来的幸福，在相互评论切磋中体验自己进步、成长的乐趣。

为了发挥博客的作用，我又策划了以"班级生活公约"为主题的读写活动。

（一）确定读写主题

"我的班级我做主"。

（二）确定阅读材料

《班主任工作计划》《语文教学工作计划》《数学教学工作计划》《英语教学工作计划》《学校工作计划》。

（三）读写活动

1. 研读并在博客中互动交流

（1）和家长、老师一起互动点评老师的工作计划。

（2）和家长、老师互动修改工作计划。

2. 博客发表

（1）要完成老师的工作计划，"我"要改掉自己的哪些毛病？

（2）要完成老师的工作计划，我们班的同学要做到哪几点？

（3）我和我们班同学的优势是什么？

（4）撰写：《班级干部工作计划》《我的学习计划》《班级生活公约》。

学生在老师的指导下涌现了一批批的佳作，如《我的新学期》《向理想进发》《我的学习三部曲》《班级活动计划》等，学生通过这样的读写活动树立起新学期的目标，全面畅想他们自己在新的学期各个方面将有的表现。

同时，我还发挥了博客方便快捷的交流功能，挖掘学生家庭生活资源，和学生一起策划了"给爸爸妈妈的一封信""给校长的一封信""经典诵读节大型活动系列报道""我爱做家务""我们班的那些人""我是环保小卫士"等一系列生活化的读写专题活动。

开展开放式读写专题活动，必须日积月累、潜移默化，希望立竿见影是不符合学生的认知规律的，很可能"欲速则不达"。实施开放式读写专题活动关键是需要教师在实际的教学活动中改变"少慢差费"的阅读教学，提高课堂效率，树立"大量读写""写作本位"意识，树立以学生为本意识，提高资源整合意识。只有这样，才能切实提高学生的思想道德修养，提高学生的文化水平，提高学生的语文素养。

▶ **我的教学主张**

系统开放的教学设计，充满张力的教学组织。

当前小学语文教学最大的问题，不是没有技术，也不是没有方法，而是格局和视野的局限。一是单篇的教材编写体例，让教师习惯沉溺于字词句段篇的琐碎讲解分析，缺少统整思想，缺少文化内涵，缺少大主题、大任务的设计与实施。二是教师往往缺乏教育学特别是儿童教育心理学的理论素养，对学情关注不足，对学习理论知之甚少，导致我们的课堂呈现往往杂乱无序，活动安排过于繁杂，密度过大，缺乏结构化、节奏化设计。

通过多年实践和学习，我逐渐清晰了属于自己的教学理想。

一是教学目标大开大合。大的层面，语文教学需要更宏阔的视野——东西方文化视野、传统与现代的历史视野、语言与思维的教育科学视野。语文教学要思考学科、学科基本领域、学习单元、学习主题等，要有足够的教学张力。小的层面，需要专注的力量——专注于学生心灵和智慧的生长点、专注于学生语言与思维发展点、专注于课程教学体系的重难点。课堂教学目标要集中，要指向明确，要有聚焦的力量。

二是活动任务张弛有度。高质量的教学能将目标知识转化为一个个具体的学习活动任务，对于语文课程来说，可以是听、说、读、演、写的任务，也可以是各种活动的整合。而一项学习任务又往往包含多种活动类型，比如"说"的任务就可以细分为讲故事、演讲、解说、规劝、辩论、推销等。越高明的教师越善于考虑活动任务的难易、疏密、节奏等因素，让活动的开展撬动学生学习的热情，提高学习的品质。

▶ 他人眼中的我

岳老师的课很有张力，很有激情，但又不失细腻，时而大气磅礴，时而诙谐幽默，总是能深入学生的心灵。

（东莞市松山湖西溪小学副校长　陈升旭）

林杨的课常常出人意料，在南京素养大赛的赛场上，上到尽兴处，完全抛弃预先的设计，从大处着手，循着学生思维的发散点、思维的燃烧点，启发点拨，获得满堂彩，令人叹服。

（东莞市长安镇第一小学校长　陈康和）

十几年过去了，现在回想起岳老师的课，依然激动不已。记得一次上《半截蜡烛》后，岳老师竟然连续两节课创设各种情景让我们学习表演，依然记得为了深入窦娥内心，我对着一个篮球筐号啕大哭的情形……真不知道岳老师是怎么想出那么多好玩的活动的。

（东莞市长安镇第一小学学生　宋淑怡）

上岳老师的课，从来不会累，他总有各种招数"对付"我们——吟《诗经》《楚辞》、唱泰戈尔的诗，拍着桌子唱古文，到图书馆找名人传记给我们读……让我们学得不亦乐乎。现在我读高中，语文成绩排年级前十，这要归功于岳老师当时教了我们很多有用的东西。

（东莞市长安镇第一小学学生　许汉威）

【点评】

林杨老师初出茅庐，他是一个"贪玩"的语文老师；渐入佳境，他是一个"传统"的语文老师；披荆斩棘，他是一个"专业"的语文老师；茅塞顿开，他是一个有"深度"的语文老师。他认为，当前小学语文教学最大的问题，不是没有技术，也不是没有方法，而是格局和视野的局限，因此，他主张系统开放的教学设计，充满张力的教学组织，教学目标大开大合，活动任务张弛有度。

（广东第二师范学院教授　闫德明博士）

灵巧·灵动·灵韵

陈鹏（小学语文）

> **个人简介**
>
> 陈鹏，女，东莞市长安镇乌沙小学语文教师，小学一级，副校长。东莞市小学语文教学能手，东莞市第一批名优教师研修团成员。曾获东莞市第二届小学语文青年教师课堂教学比赛二等奖，长安镇语文教学比赛一等奖，长安镇班主任能力大赛一等奖，长安镇教师演讲比赛一等奖；多次被评为"长安镇优秀教师""长安镇优秀班主任""长安镇科研先进个人"。论文《开放习作展示个性》刊登在《广东教育》，《微课在小学语文教学中的应用》刊登在《语文课内外》，主持并完成了市级课题"小学中年级语文阅读教学微课资源的开发与应用"的研究。

▶ 我的教学风格

我的教学风格关键词是"灵巧、灵动、灵韵"。

灵巧，指向教学策略。利于人，谓之巧。巧，是巧妙，是灵活。巧妙的策略，让目标的达成事半功倍，使学生从中感受思维之乐，生发学习兴趣，兴趣则让学生从主动的追求中收获学习的快乐，获得智慧的增长。

灵动，指向师生互动，课堂生成。动，是自由，是自然。灵动，即活泼，有灵气，富于变化。尊重学生，靠近学生，通过互动，拉近教师和学生之间的距离，通过互动，开发学生的思维能力，活跃课堂气氛。师生互动，生生互动，在思维的碰撞中达成教学相长，师生共长。

灵韵，指向课堂音韵。韵，指和谐悦耳的声音。课堂上老师的声音、素材的声音，美妙动听，能让学生陶醉其中。声韵美妙的课堂，让学生充分体验感官的快乐，能有效地培养学生的情趣与审美。而情趣触动学生的心灵，让学生从中发现美好、追求美好。

站立这方讲台23年，从陌生到熟悉，从喜欢到热爱，我渐渐有了自己的喜好，有了自己的追求，也逐步形成了自己的教学风格。我喜欢、我愿意去追寻那方灵巧、灵动、灵韵的和谐课堂。

▶ 我的成长历程

记忆中，在我读五年级时，学校来了一批师范实习生，分到我们班里的是一位微胖的女老师，她姓什么，我记不起来了，但我永远不会忘记她天籁般的嗓音。她读课文时，就像广播里的播音员、电视机里的主持人，教室里会瞬间特别安静。后来，这位女老师发现我的普通话标准，语音面貌较好，或有"惺惺相惜"之感，对我格外关照，课堂上常让我发言，课后还单独指导我朗读课文，后来又带我演话剧，辅导我参加学校的演讲比赛……从那时起，我也似乎爱上了用美妙的声音去演绎优美的文字。1998年我中师毕业，成了一名光荣的小学语文老师，正是那个特别的爱好，助我成功地成为一名深受孩子们喜爱的老师，我和孩子们愉悦而惬意地徜徉在美丽的语言文字长河里。

2004年，一个十分幸运的机缘巧合，我来到了东莞长安这片教育热土。在长安的18年，是迅速成长的18年，感恩那些不期而遇的机遇，感恩那些不吝赐教的恩师，感恩曾与我共同研讨、同肩并进的同事与好友，忘不了那些温暖的关心和催人奋进的帮助，忘不了那三堂促使我飞速成长的课。

一、独特创意，创造灵巧习作课堂

2005年4月，是我来到长安的第一个春天，教办来了一份通知：全镇公办小学举行习作课教学比赛，每校派一名教师参赛，上一节习作指导课与一节习作讲评课。学校语文科组开会商讨，最后一致推选我参赛。说实话，刚接到任务时我的压力很大，对于一个初来长安的新手，有些不知所措，但我也很珍惜，因为这是一个成长的机会。

来不及担心、思考，我便一头扎进紧张的选课、备课中。我翻阅了三到六年级的教材，经过斟酌，最后选择了三年级学生，内容是"介绍我自己"。选定了内容之后，我开始读教材，读大纲，寻找资料，写教学设计。初稿出来以后，科组安排了我第一次试教，结果内容还没上到一半，一节课的40分钟就过去了。这给了我当头一棒！没有把握好教学内容，教材没有吃透，就像一个第一次上课的实习老师，我暗自懊恼。当晚，我没有回家，独自留在办公室里，根据同事们的建议，把教材的内容认真一读再读，把教学大纲里的要求逐字逐句琢磨了一遍，再重新调整思路、重新设计教学过程。3天后，我又开始了第二次试教。这一次课堂教学很完整，时间把控很恰当。但是，听课的老师普遍感觉没有突破重难点：学生不能抓住外貌特点来介绍自己。我也觉得这样的方式方法比较落后，学生的学习兴趣不高，学习效果不太好。等同事们议课结束后，我一个人坐在会议室里，又是满满的挫败感，觉得自己进入了一个黑洞，不知道怎么出去，大概坐了十来分钟，突然想起师范老师的一句话："遇到难题的时候，一定记得找书籍帮忙。"对，我可以找一些名师课例来看看。

于是，我又一头扎进了图书馆，如饥似渴地翻阅语文教学专业书籍。于永正老师的《教海漫记》、李吉林老师的《情境教育》、各种教学杂志……全都摆在桌前，与大师们、前辈们慢慢对话、交流，寻找出口。整整两天，我啥也没做，就是看书，看书，看书。李白坚教授在《快乐大作文》中说："教师要带领学生进入五彩缤纷的社会生活舞台，调动学生的生活积累，将学生的情感、体验、想象面向课堂开放。"这些话语让我恍然大悟：我为何不用一个意外的生活场景导入课堂。我突然有了一个大胆的设想：开课前来一个小插曲，由同事扮演我的朋友，上课前3分钟偷偷地进教室让一个同学转交我一份礼物。她装扮十分显眼，身穿白色运动服，戴着墨镜，头发微卷，她一出现，学生能马上注意到她的外貌，并能说出她的外貌特点。我第一时间把这个想法与同事交流，大家听了之后，都拍手叫好，赞叹："有创意，设计巧妙！能很好地突破这个难点。"现在就看试教的效果。就这样，我开始了第三稿的教学设计，进行了第三次试教，跟我的预想一样，这一次，成功地吸引了学生，也让学生领会了如何抓住外貌特点介绍自己，效果非常好。

在接下来备赛日子里，我整个脑袋里就只有那篇教案了：走路时我在背过渡语，吃饭时我在推敲导入语，甚至有几次在梦中惊醒，梦见我的课才上到一半，下课铃声就响了。我觉得脑神经绷得似乎要断裂了，真的很难受。这时，我就会一遍又一遍地读一读斯苗儿老师的话："教师只有把每次试讲当作自己锻炼、提高的舞台，当作向听课老师们寻求帮助与指导的机会，才能构建出理想的课堂，才能一次次让自己'站在巨人的肩膀上'，一步步走向成功……"我这心啊，才慢慢地平静了！

终于，比赛的日子到了，我既紧张又自信地走进了课堂。赛前小插曲，让学生很是兴奋，让评委老师颇感疑惑，成功地吸引了在场的所有人。我刚在讲台前站定，学生就着急向我报告，刚刚有人找我，给我送礼物。第一个学生没说明白，我让其他同学帮助回忆那个人的外貌特点。他们一步一步走进了我的巧妙设计中，也明白如何抓住外貌特点介绍自己：我的头发有些微卷，大家都叫我洋娃娃；我在班级里个子最高，天塌下来，由我给大家撑着；我有两个可爱的小酒窝，笑起来可好看了……三年级的孩子一下子打开了话匣子，精彩不断。最后，评委一致给了高分，获得了一个难得的一等奖。

一个灵巧的设计，就能触发孩子们的兴趣，让他们感受思维的快乐，这深深地触动了我。从那以后，我更专注于课堂教学策略的研究，让课堂因别出心裁的设计而充满惊喜，让学生在愉悦的氛围里发散思维，活跃地表达，自由地创造。

二、比翼大师，享受灵动的同课异构阅读教学课堂

2013年的冬天，非常温暖。有一天，校长高兴地告诉大家，小语界的泰斗于永正老师要来我们学校指导工作。"终于要见到大师了！"老师们的兴奋难以抑制。同时，学校委派我一个任务，和于老师上一节同课异构的语文课。这个任务让我既兴奋又紧张。兴奋的是，这又是一个学习成长的好机会，与专家面对面，太难得了，感觉自己好幸运。紧张的是，与大师同上一篇课文，对比太大，担心自己丢脸。

过了几天，于老师就给了课题——《掌声》。我开始读教材，找同事一起备课，

向前辈请教，不断地修改教学设计，不断地试讲。翘首以待于老师的到来。

2013年12月13日，一个令人难忘的日子，我们终于见到了满头银发的于老师。于老师一头整齐的银发，一脸和蔼的笑容，醇厚质朴的乡音，镜片后的眼睛闪烁着智慧的光芒，这就是从视频里、从千万人的大课堂上走进我们学校的于永正老师。他手拿语文书，坐在了学生后面，我走上了讲台，台下除了学生，还密密麻麻地坐满了听课的老师。我不由紧张起来，开场第一句话竟说得有点磕绊，于是我努力地调整心绪后，一步一步往下走，进行得还比较顺利，但在一个让学生质疑的环节，我忽然卡住了，一下子不知道该如何应对，后来是硬生生地自说自话跳过去了。终于下课了，教学任务也算全部完成了，摸摸后背，全是汗。

于老师上课了，他满脸笑意，真诚地把自己的掌声送给在座的学生、老师和刚才上课的我，他学者的风范和亲和的语态，深深地吸引了在场的每一个人。接下来的40分钟，没有绚丽的画面，没有激扬的音乐，于老师运用他高超的语言艺术，口吐莲花，行云流水般地引导学生在美妙的语言世界里徜徉。而我，尤其关注于老师是如何处理我刚刚卡壳的那个质疑环节。他先给学生自己思考3分钟，同时他走到好几个同学面前，耳朵凑过去，让学生把自己的质疑悄悄告诉他，学生一下子就兴趣高涨，于老师也了解了学情，质疑的环节很轻松地就完成了。一个"悄悄"的动作，便起到四两拨千斤的妙用，不显山不露水地化难为易了，这样的高招真是让人佩服！

当前，大家都在讨论、思考：语文到底教什么？怎样教？于老师，一位70多岁的教育前辈，用他最朴实的课告诉所有老师：教字、教词、教朗读、教表达，以生为本，为读为主。聆听于老师《掌声》一课的教学，让我们领悟到：琅琅书声才是本真语文，关注细节才能彰显人文关怀。于老师的这节《掌声》深深地印在了我的心上。

2014年5月，镇上举行语文课堂教学比赛，学校派我参赛，我果断地选择《掌声》这篇课文，因为我想让自己尝试一下，像于老师一样，与学生在语文的课堂里自然互动，自由呼吸。我认真观看于老师的教学视频，并一句句记录下来，梳理成文。按照于老师的教学实录修改教学设计，不断试教，我渐渐地找到了感觉。

比赛那天，我似乎比以往自信了许多，走入课堂，我也像于老师一样，自然地开始，一步一步，渐入佳境，到了那个曾经令我很尴尬的质疑环节，我像于老师一样不慌不忙慢慢地抛出问题：读了这两段话，你最想不到的是什么？你最感到意外的是什么？学生思考片刻后，越来越多小手举起。我学于老师的样子，并不急于让学生回答，而是走到一位高举着手的男生身旁，俯下身子，半搂着孩子的肩，凑前耳朵，对男生轻轻地说："想好了吗？小声告诉我。"男孩轻声音告诉了我。接着，我又找了一位学生进行耳语，然后微笑肯定："说明你会思考。"这一举动便于让更多孩子继续思考，而脑子转得快的孩子又更有成就感，真正实现了因材施教，同时，师生关系也更为亲密。学生怎能不爱这样的课堂呢？可想而知，质疑环节完成得非常漂亮。

比赛最后，镇教研员评课，他送给了我一个词：灵动。我心里满满的自豪！

三、磨砺探索，打造灵韵的口语交际课堂

2015年3月，春意盎然，我认领了一个非常难得的锻炼机会，参加沿海片小学语文青年教师课堂教学观摩比赛，上课的类型是表达类，如果能顺利出线，就可以参加东莞市小学语文青年教师课堂教学观摩比赛。带着满满的压力与无限的动力，我又开始了备赛之旅。

翻阅了一到六年级的语文教材里有关口语交际的内容，最后找到六年级的《丰富的音响世界》，我一看题目就喜欢，特别喜欢音响世界，喜欢各种美妙的声音，就选这一课了。定好了课题，我并没有急于动手写教案。这节课的内容是《丰富的音响世界》，怎么能少了美好的音韵呢？于是，我开始寻找好的声音素材，寻找好的背景音乐。找齐了资料后，我就开始写教案，试讲。我找来王崧舟老师的课例认真观看，学习他如何让课堂声韵美妙。我努力锤炼自己的课堂语言，课的最后还设计了老师的诗歌朗诵环节。

这一次，我信心满满地走上了比赛的讲台，与学生一起走进了丰富的音响世界，在美好的音韵世界里徜徉：同学们，让我们乘着想象的翅膀，在声音的世界里自由翱翔！你听，声音，他是有画面的，（播放一声脆响）你听到了什么，仿佛看到了什么？学生在极具感召力地引导下，放飞了想象，自由表达：我仿佛看见了幼儿园小朋友的杯子破了；我好像看到了一个男孩踢足球，砸坏了窗户；我看见一个服务生拿酒杯，不小心打碎了……40分钟很快就结束了，在最后的总结里，很多学生说着同样的一句话："这节课让我最难忘的声音是老师的声音，是课堂的声音。"还有什么比这样的评价更高呢，我的心中是满满的欢喜。

三堂课，三种类型，丰富了我的教学体验，让我从此热衷于追求这种灵巧、灵动、灵韵的自然课堂，与学生一起在语文的国度里成长、飞翔！

▶我的教学实录

巧激趣　乐识字
——《我是什么》第一课时

一、猜谜揭题，激趣导入

师：同学们，你们喜欢猜谜语吗？请认真听。第一个谜面：我是一朵小白花，一夜北风遍地开，无根无枝无花叶，朵朵都是天上来。我是什么？

生：雪。

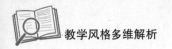

师：还想猜吗？我想请一个同学帮我读第二个谜面：我是一团棉花糖，高高挂在蓝天上。太阳出来我不怕，大风一吹我就跑。我是什么？

生：云。

师：还想猜吗？好，咱们接着猜，第三个谜面就是我们今天要学习的课文，请齐读课题——"我是什么"。

师：如果让你们在标题后面加个标点符号，应该加什么呢？

生：问号。

师：加上问号，我们一定能把课题读好。

（教学反思：教育学家罗琳说，"孩子的工作就是游戏，在游戏中激发思维是他们最愿意接受的"。开课我就设计了猜谜的游戏，极大地调动了孩子们的兴趣与热情，大家争先抢答，为这堂课增添了灵动与趣味。）

二、细读悟境，随文识字

师：这个谜面很长很长，我一个人读不了，有没有人愿意帮帮我？

生：争先恐后地举手。

师：谢谢大家！请你们5位同学来帮忙。

（教学反思：教师一个小小的示弱，极大地触发了学生乐于助人的天性，争先恐后地举手要来朗读课文。）

师：聪明的小朋友们，你们猜出来了吗？

生：水（如果猜不出，就引导一下，它能变成雪、云等）。

师：大家都猜出来了。你们看，水娃娃来到了我们班。你们与它打个招呼吧。

生：Good morning！小水珠。

生：水珠弟弟，你好！

师：哦，把水珠当作了自己的弟弟，很亲热！

生：水珠娃娃，你好！

师：这个称呼真好！

（教学反思：巧创童趣情境，享受愉快识字的乐趣。在识字教学中，如果能为学生创设生动的、恰如其分的情境，就能唤起学生的想象，带给学生愉悦，从而激发学生识字的兴趣，使识字学习成为学生主动参与的快乐事情。备课时，我认真反复地阅读《我是什么》一文，读着读着，发现《我是什么》是一篇特别有趣的科普短文，课文采用了拟人手法来介绍水，"水"是一个充满童趣的人物形象。于是，我想到了创设"水娃娃"来到了课堂的有趣情境，这个可爱有趣的卡通形象深深地吸引了课堂上的孩子们，他们为之兴奋和激动。这一灵动的设计，也为孩子们快乐识字拉开了序幕。整整一节课，孩子们在这个可爱、有趣的"水娃娃"引领下，愉快地和生字宝宝交朋友，快乐地寻找藏在句子中的生字宝宝，还主动给"生字宝宝"找朋友，把课文中的生字宝宝都牢牢地记在了心中，使识字学习变得趣味十足。）

师：同学们真热情，水娃娃决定留下来，跟你们一起上课。水娃娃能变身，它在课文里都变成了什么呢？你知道吗？

生：云、雨、雪、雹。

师：都找对了，水娃娃带来了一对关联词语，帮助你们把话说得更完整、更清楚！

水娃娃能变成（　　　　），也能变成（　　　　）。

三、精读明识，着力语用

师：同学们，这水娃娃就像个魔术师，变化无穷！就在我们说话的时候，它又变了，他变成了生字宝宝，摘掉了拼音帽子，藏在句子里，谁读好了，谁就是水娃娃的好朋友。

同学们都积极举手，想要挑战朗读句子，成为水娃娃的好朋友。

（教学反思：巧搭朗读平台，享受成功识字的乐趣。有人说：一切兴趣来自成功。因此，识字课上要不断搭建一些朗读平台，让孩子在朗读中感受到成功识字的乐趣，他们才会有更大的兴趣投入到识字活动中。）

师：请看大屏幕"我会变。太阳一晒，我就变成汽。升到天空，我又变成无数极小极小的点儿，连成一片，在空中飘浮"。谁来挑战？

生：我来读。（读得很准确）

师：继续挑战"有时候我变成小硬球打下来，人们就管我叫'雹子'"。

师：请大家看这个"雹"字，它是雨字头，谁还能说一些雨字头的字。

生：雪、雾、雷、霜……

师：前不久，我们学过一首儿歌（大屏幕出示），还记得吗？你们能把这个"雹"字也编进去吗？

生：有雨下冰雹。

师：真好，我们一起来读读咱们扩编的小儿歌（大屏幕出示：有水把茶泡，有饭能吃饱，有足快快跑，有手轻轻抱，有衣穿长袍，有火放鞭炮，有雨下冰雹）。这样记字，有趣吗？

（教学反思：巧寻汉字规律，享受自主识字的乐趣。专家说："知识不应该传授给学生，而应引导学生去发现它们，独立地掌握它们。"低年级的学生识字量大，如果让学生一直被动地记、机械地抄，他们会马上厌倦。汉字虽然千变万化，但还是有些规律可循的。教师如果能根据汉字的特点，找到一些有趣的规律，授人以"渔"，就能让学生充分享受自主识字的快乐！不难看出，学生充分感受到了汉字的魅力，以及自主识字的乐趣，课堂因灵动而精彩。）

师：最长的一段话，谁来挑战"有时候我很温和，有时候我很暴躁。我做过许多好事，灌溉田地，发动机器，帮助人们工作。我也做过许多坏事，淹没庄稼，冲

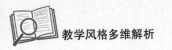

毁房屋，给人们带来灾害。人们想出种种办法管住我，让我光做好事，不做坏事"。

生：我会读。

师：读得很准确，了不起。

师：这段话里"灌溉"这个词，对大家来说比较陌生，水娃娃带来一幅图，你们看看就能明白了。

（教学反思：巧用生活资源，享受开放识字的乐趣，这一环节我把真实生活里的图片带进了课堂，将学生带到了生活中，让他们既接触了农村生活，又认识了生字词，更明白了字词的含义。《义务教育语文课程标准》要求充分开发和利用课程资源，努力建设开放而有活力的语文课堂，引导学生将识字与现实生活、儿童经验相联系，让他们处处留心，在耳闻目睹中识字，我们只有把识字教学置于生活的大背景下，才能广辟途径，引导学生在生活中快乐识字。作为一名低年级的语文教师，应该多鼓励学生在生活中识字，比如看广告牌、读产品说明书等，既轻松，又能大量识字。课堂上引导学生依据生活经验来理解字词，也能让识字教学变得灵动，焕发出不一样的魅力。）

师：你们有没有发现，暴躁的人会是怎样的？

生：说话很大声，发脾气，很凶。

师：那温和的人是怎么样的？

生：说话的声音很轻很柔，轻声细语，脸上会带着微笑。

师：老师想告诉你们：在与小朋友的相处中，多给予别人温和与友善，你就能获得更多的朋友。记住了吗？

（教学反思：这一问一答中，就调动了学生的生活积累，让他们很自然地理解了"温和"与"暴躁"，还拉近了老师与学生之间的距离。）

师：同学们，词语是有温度的、有感情的，把这两个词语放进句子里，能读好吗？全班一齐有感情朗读这一段话。

四、词语复现，强化记忆

师：我们在水娃娃的陪伴下，学习了第 30 课。现在水娃娃要回家了，咱们一起送送她。谁能读对课文中的词语，水娃娃就能回家啦！

（学生开火车读词语）

（教学反思：巧设多彩游戏，享受趣味识字的乐趣。一、二年级的识字教学过程中最让人头疼的问题是太枯燥，学生总记不住。我通过实践发现，如果教师能将识字内容与游戏活动相结合，让学生在轻松、有趣的氛围中识字，效果就大不相同了。复习词语我采用了开火车读词语的方法，学生兴趣盎然，学习效果甚佳。）

五、儿歌致意，拓展生活

师：你们顺利地把水娃娃送回了家，它很感激大家，要送给大家一首小儿歌，

我们一起来读读。(自己练一遍，拍手读一遍)

我是水珠真奇妙，变成云朵飘啊飘，雨雪纷纷天上落，碰到冷风变冰雹。
我的脾气很暴躁，淹没庄稼毁房屋，带来灾害真不少。
想出办法管住我，灌溉田地很重要，发动机器真正好！真正好！

（教学反思：学生朗读的是带生字的课外小儿歌，从课内到课外，让学生在朗读中加深对生字的印象，更重要的是让学生尝到了成功识字后的喜悦，体会到了识字是朗读的基础，从而激发他们多识字、多阅读。）

六、灵活写字，夯实基础

师：同学们，通过今天的学习，我们认识了水娃娃。这水娃娃真有趣，在生活中会变，在大自然中会变，而且在汉字中也会变——（出示田字格生字：冲、池、黑。）请大家看我们今天要写的三个字。你发现什么了？

生：在"黑"字里，水变成了"四点底"；在"池"字中，水变成了"三点水"；在"冲"字中，水变成了"两点水"。

师：看得真准！两点水与三点水的字，我们以前学过了，今天重点教大家写四点底的字。请同学们注意四点底的第一点是左点，后面三点是右点。

请拿出字帖，把这三个字，描一个，写两个。

（教学反思：小小汉字，奥妙无穷！课堂上，教师要充分发挥主导作用，结合学生的特点，合理利用教材，采用灵巧的策略，调动学生的多种感官，在音韵的美好感受下积极地参与识字教学，呈现充满灵动的课堂。）

▶ **我的教学主张**

课堂教学是学校所有教育领域中最核心、最重要的问题，一切的教育理想和教学目标都必须在课堂教学中落实。一名老师如何让自己的课堂教学有效、有趣，走进学生心里，引发学生学习的乐趣，尤其重要。

孔子曰："知之者不如好之者，好之者不如乐之者。"他的学生深深感到：夫子循循善诱，博我以文，约我以礼，欲罢不能。当教学有趣时，学生的学习便会欲罢不能，这应该就是最高的教学境界了。

荀子也积极提倡乐学乐教："夫乐者，乐也。人情之所不能免也。"人不能无乐，对于一个孩子来说，学习又怎么能无乐？

那如何努力让课堂充满蓬勃的生机？如何激发学生学习的兴趣呢？我想，可以从以下三方面做出努力。

一、构建灵动课堂，享受心灵之乐

灵动，指向师生互动，课堂生成。灵动，即活泼，有灵气，富于变化。学生与老师共同参与、共同创造和谐有趣的教学活动，在思维的碰撞中达成教学相长，师生共长。灵动的课堂就像一首奇丽的诗，一篇跃动的散文，老师与学生沉醉其中，享受心灵之乐。

在于永正老师的语文课上，我们常常会发现学生似乎变了一个人。不爱说话的人，一开口便滔滔不绝，甚至语出惊人；朗读磕磕巴巴的，一经老师调教，便伶伶俐俐、有模有样；作文干巴巴的，在于老师的点拨下，便文思泉涌、下笔有神。这究竟藏着怎么样的教学秘密呢？细细观摩、推敲于老师那些经典的案例，认真阅读于老师那些教海漫记，我们不难发现，在于老师的课堂中，无论是点拨还是引导，无论是提问还是讲解，都充满智慧，饱含激励，灵动自如，让学生感受到了心灵之乐。

"你的字写得真好，有点颜体的味道。""你朗读得真好，准确、流利，一点错误都没有。""你竟然能正确使用分号，说明你的思路很清晰。"课堂上，我也像于老师一样，及时、准确地将鼓励的话语送到学生心里，不是空泛泛的，而是具体指向一个实际的外在行为表现，让学生看到自己的闪光点，看到自己的进步，感受到心灵的愉悦、满足的快乐，让学生对课堂学习产生深厚的兴趣。

《翠鸟》一文中有这样几句话：我们真想捉一只翠鸟来饲养。老渔翁看了看我们说："孩子们，你们知道翠鸟的家在哪里吗？沿着小溪上去，在那陡峭的石壁上，洞口很小，里面很深，逮它不容易呀。"课堂上，一个学生故意压低了声音来读。我笑了笑说："你这么读，让我觉得来了一位有点年纪的渔翁。"同学们都笑了。这个学生立刻会心地学起老人的声音，变粗，变慢，逗得同学们哄堂大笑，于是第二个，第三个，一个比一个"老"，一个比一个读得有韵味。我见好就收，连忙笑着说："不能读了，不能读了，再读你们就变成八九十岁的老人了，就应该退休回家了。"学生又一次大笑起来。在读书声中，在欢笑声中，让学生们感到朗读是多么的有意思。这样的课堂妙对，是一种幽默的艺术，愉悦了学生，也愉悦了自己，激发了学生的兴趣，又调节了课堂气氛，启迪了学生的智慧，让学生在和谐愉悦的氛围中得到发展。

的确，教育是师生紧密合作才能完成的事业，教学不是教师一个人的"独角戏"，不是一出单口相声，一堂好课是教与学交互生成的。在与学生的一问一答中，一应一和中，灵动自如，让学生感受到心灵之乐，这便是我一直追寻的高效有趣的语文课堂教学，这样的课堂才能让学生愿意走进教室，乐于坐在那儿听老师讲课。

二、搭建灵巧课堂，体验思维之乐

有一次，在设计一节习作指导比赛课"介绍我自己"时，我有一个大胆的设想：将课堂戏剧化，开课前来一个精心设计的偶然的生活小插曲，让学生观察体验，然后进行分析判断，学习组织语言，最终用准确生动的话语描述课前发生的事件，这一设计即是充分调动学生的一系列思维过程。比赛那天开课之后，学生着急向我报告，刚刚有人找我，送我礼物，这是一个观察体验的过程，学生按照已有的生活经验来感受。我假装很着急，想知道是谁，学生纷纷举手帮忙，这时他们充分调动自己的记忆，练习的是用语言描述记忆的内容。当前两个学生没说明白时，我便趁机引导学生按顺序有条理地描述那个人的外貌特点，帮助他们记起那个人的模样，这一过程，学生学习了分类、归纳，并尝试推理。在这场有趣的头脑风暴中，学生体验到了思维之乐，自然也能很准确、很完整地描述课前所发生的那戏剧性的一幕。接下来的教学便是水到渠成，学生会进行类比推理，找共同点，进而引发发散性思维，对于如何抓住外貌特点介绍自己也就得心应手了：我的头发有些微卷，大家都叫我洋娃娃；我在班级里个子最高，天塌下来，由我给大家撑着；我有两个可爱的小酒窝，笑起来可好看了……三年级的孩子们一下子打开了话匣子，精彩不断，教学重难点突破了。一个灵巧的设计，就能触发孩子们的兴趣，让他们感受思维的快乐。

又如，那年在沿海片区上五年级口语交际课"我是小小'推销员'"，那天的阶梯教室里坐满了 4 个镇区的老师。我灵机一动，在指导学生学会推销的方法之后，号召全体学生走出座位，向听课老师们推销自己的物品。学生们顿时兴奋不已，既意外，又惊喜，对课堂活动充满了兴趣，有了很强的体验欲望，但同时对学生来说，这也是一个巨大的挑战。如何做到全班学生都能有效地完成这个任务呢？这时，学习小组组长就需要在较短时间内给组员合理分工，把活泼的和内向的同学搭配成小组，这需要组长考虑周到、判断准确。接着，学生们一个个走出座位，迅速找到物品推荐的对象，这也是一系列思维训练的过程：自己的物品适合向哪个年纪的老师推荐？在哪个位置向老师推荐不易被打扰？推荐时该怎样称呼？介绍哪个特点最能打动人……在这种突发的交际活动中，学生的思维能力得到了极大的开发和提高，为他们提供了创造的空间和展示的舞台，真正有效地培养了他们的口语交际能力。他们通过试错、重组，让推销的语言不断准确、生动，同时，也让课堂得到了延伸，学生体验到了前所未有的思维之乐，这样的课堂，学生怎么能不喜欢？

一位好的语文老师，不仅要有深厚的语文功底，更重要的是能带领学生在语文课堂中享受到思维之乐，这样才能有效地激发学生的学习乐趣与兴趣，促进学生全面发展。多年摸索，使我有一点小感悟：把学生当孩子，把自己当孩子，用学生喜欢的方式来教学。走进学生的世界，用他们的视角来看问题，按照他们的喜好来设计教学活动，贴近学生，吸引学生，与学生共同感受思维之乐。

三、营建灵韵课堂，陶醉感官之乐

灵韵，指向课堂音韵。韵，指和谐悦耳的声音。课堂上老师的声音、素材的声音，美妙动听，能让学生陶醉其中。反之，40 分钟的课堂度秒如年。

曾经听过一节一年级语文课，老师素质很高，基本功很扎实。一进课堂，眉飞色舞，拿起话筒，音量开足，我们听课的老师被惊得一愣一愣的，这帮一年级的孩子在声音的轰炸下,渐渐地躁动起来,到了最后半节课,老师开始控制不了学生了……那一节课听得很难受,因为耳朵受不了。

王崧舟老师拥有许多的追崇者,其中一个重要的原因就是听王崧舟老师上课真是一种美妙的享受,那声音非常动听,耳朵感到很舒服,听多久都不累。可以想象,学生也与我们这些追崇者一样,听得很享受。一旦王崧舟老师开始朗诵,那更是一场声音的盛宴。

深知音韵对于创造灵韵的课堂至关重要,我便更加努力锤炼自己的语言,从吐字发音到音质音色的调控,我不断向朗诵大家学习,听高质量的诗歌朗诵会,欣赏高水平的广播电视主持人的讲话;我也不断练习,积极参与一些朗诵表演类的活动。而在课堂上,我不仅力求让自己的语言悦耳,还经常把一些赏心悦目的诗文朗诵视频带入课堂,经常找一些适宜的音乐,让学生配乐朗读,使他们亲身感受音韵的美妙。而对于古诗文的教学,则有更多的音韵素材,可用韵味悠长的古琴曲配朗诵,也能学习古朴典雅的吟诵,还有许多古诗配上了现代曲谱,用清脆嘹亮的童音唱出来,也是吸引学生的极佳音韵,一首古诗学完,教室便时常会响起美妙的童声古诗合唱。经过几年熏陶,我的学生大都特别喜欢朗诵,喜欢把美的声音带入课堂。我也常常陶醉于课堂上孩子们的朗读,陶醉于他们带来的声音的盛宴。我追寻并深深喜欢这样充满灵韵的课堂。

最难忘的是那一堂口语交际课——《丰富的音响世界》,当时一看课题,便甚合心意,我信心满满,一定能寻找到好的声音素材,寻找到好的背景音乐,设计出一堂极有趣且极具音韵美的课。"工欲善其事,必先利其器。"按惯例,我先找了许多优秀的课例认真观看,学习大师们如何让课堂声韵变得美妙。完成了教学设计后,我又一再琢磨课堂上的每一句过渡语,并预设了一些特别的鼓励和评价学生的语言,课的最后还设计了老师的诗歌朗诵。比赛那天,我与学生一起走进了丰富的音响世界,在美好的音韵世界里徜徉……40分钟课程很快就结束,在最后的总结里,很多学生说着同样的一句话:"这节课让我最难忘的声音是老师的声音,是课堂的声音。"

人的快乐始于感官,当口舌遇到美食、眼睛看到美的事物、耳朵听到好听的声音,快乐能够被立即激发。而快乐的心理状态又能够反过来激活人的感官,使其集中注意力,增强其做事情的积极性。声韵美妙的课堂,让学生充分体验感官的快乐,能有效地培养学生的情趣与审美。情趣触动学生的心灵,让学生从中发现美好、追求美好。

做了24年的教师,有一天突然收到一个陌生人加微信好友,备注里写着:陈老师,我是你的第一届学生。心里一怔,数一下,第一届学生,那不是1998年刚刚参加工作那年带的五年级71班吗,激动地马上通过,接着一顿闲聊,从过去到现在,从学校到社会再到家庭,话匣一开,便如流水,最后,她发给我一段话:"陈老师,这些年没跟您联系,但我心里一直记着您,记得您的声音,记得您上课的样子，记得您教给我的方法……"看到这段文字，我很欣慰，更是幸福。学生记得你的课，喜欢你的课，还有什么比这更令一位老师感到幸福呢？

在探求灵动、灵巧、灵韵的课堂教学路上，我将继续幸福地追寻。

▶ 他人眼中的我

教师最佳的生命状态应该是热爱自己的职业，全身心地沉浸其中，乐而忘忧。陈鹏老师就是这样的"乐教"之人，热爱教育，热爱学生，永葆教育的理想与情怀。

因为热爱，她坚持把语文课上出"语文味儿"。她的课堂自然、平实，着重体现语文本身之美，这美，不花哨，不煽情，而是教学手法的美，教学形式的美，让学生在课堂上如沐春风。她尊重语文学习的规律，把"读和写"作为教语文和学语文的根本之法，通过"简简单单教语文"来实现高效课堂，提升学生的语文素养。

因为热爱，她选择把课堂还给学生，把"学生的发展"作为语文教学的出发点和归宿。陈老师善于站在学生的角度，发现和捕捉自身的闪光点，并给予他们充分的理解、鼓励和欣赏，让学生在自主探究的学习中进入豁然开朗的境界，使课堂教学焕发生命力，把语文课堂建造成学生的精神家园。

语文教学之路漫漫，愿陈老师执着于理想，努力于当下。

（东莞市长安镇第二小学语文科组长　夏莹）

如果说，听一堂课，如同赶赴一场宴会，那听陈老师的课，定是赴了一场真正的"良宴会"，其美妙"难具陈"。陈老师声音音质柔美，富有穿透力，在朗读方面的钻研颇深，加之极生动有趣的课堂教学语言，她一开口便有"奋逸响""妙入神"之感。犹记得，陈老师上的口语交际课《丰富的音响世界》，"老师特别喜欢收集声音，今天，邀请大家一起感受声音世界的美妙"，在她娓娓动听的讲述中，听课者奔赴了一场听觉的盛宴，不觉为她的"灵韵"课堂倾倒。随着课堂教学环节的层层推进，则会为陈老师教学设计之灵巧而惊叹，得"识曲听其真"之美好："一声脆响——想象声音里的画面""一段旋律——联想声音里的记忆""几组连奏——述说声音里的故事"……每一个环节的设计既新鲜又亲切，既扎实规矩又张扬个性，一步一个台阶，学生于不知不觉中掌握了表达的技能，水到渠成地达成了课堂教学目标。如果亲临陈老师的课堂，亲耳听见了那些妙趣横生的师生对话，那些自然生成的语言文字训练，那些悉心的点滴学习习惯指导……你便不由自主地会为她灵动的课堂所折服。听陈老师的课，"客心洗流水"，是读了一首绮丽的诗，是听了一曲悦耳的歌，是赏了一幅多彩的画。

（东莞市长安镇第二小学语文教师　吴小玲）

陈老师的课堂，总是轻松、活跃的。她每次来上课，脸上总是荡漾着笑的，言语也如二月春风那般亲昵。"来，我们翻开书本。"一阵和蔼可亲的声音传来，讲台下的学生迅速地将书打开。讲课时，声音如缕缕春风，飘入我们的耳畔。潜移默化间，陈老师的言谈举止，已然是深深镌刻在了我们心里，伴随着我们渐渐长大。

她常常强调习惯："衣领子要翻好""书放左上角""抽屉收拾整齐"……如此的要求，日复一日，年复一年，无不透露出对我们的殷殷关切，而时间也证明了一切，细节决定成败。

她是我们成长路上的一盏明灯，指明了前行的道路，当你迷失在繁乱的岔路时，不妨抬头望一望远处的明灯吧，陈老师会指引着你，向着未来徐徐迈进。

（深圳市富源学校八 A8 班　肖伯涵）

参考文献

［1］赵希斌. 魅力课堂：高效与有趣的教学［M］. 上海：华东师范大学出版社，2013.

［2］于永正. 教海漫记［M］. 增订. 徐州：中国矿业大学出版社，2004.

【点评】

陈鹏老师把自己教学风格关键词概括为灵巧、灵动、灵韵。这就是传说中的"风格就是人本身""人即课，课即人"。这6个字恰如其分地体现了陈老师课堂教学和做人做事的特点。灵巧，指向教学策略；灵动，指向师生互动，课堂生成；灵韵，指向课堂音韵。韵，指和谐悦耳的声音。陈老师课堂上的声音美妙动听，能让学生陶醉其中。情趣触动学生的心灵，让学生从中发现美好、追求美好。

（广东第二师范学院教授　闫德明博士）

精心预设，自然生成

魏秀珍（小学语文）

> **个人简介**
>
> 魏秀珍，女，东莞市长安镇中心小学语文教师，小学一级，教导处副主任。东莞市小学语文教学能手，名优教师研修团导师，长安镇优秀教师、科研先进个人、十大最赞教师和最美教师。曾获东莞市"品质课堂"教学能力大赛一等奖，第三届广东省青年教师能力大赛东莞市初赛二等奖；其课例、论文、微课和教学设计多次获省级、市级、镇级奖；主持并完成了市级课题"互联网+背景下小学语文听力训练策略的研究"，发表了多篇论文。

▶ 我的教学风格

冰心先生说："预设在左，生成在右，走在课堂的两旁，精心播种，随时开花。"教学是一项复杂的活动，它既需要教师的精心预设，又要求教师充分关注学生这个鲜活资源的重要提供者，并根据学生的实际需求随时作出调整，变"意外"为"美丽"。教师只有做到精心预设，直面"节外生枝"，课堂才会真实而有活力。

一、精心预设

"凡事预则立，不预则废。"语文课堂亦是如此。学生的生成要以教师的预设为基础，精彩的生成背后一定有精心的预设。教师只有在预设过程中尽可能考虑全面，才能在课堂上敏锐地捕捉到学生能力生成的契机。因此，"精心预设"是课堂教学的起点，为课堂教学的"自然生成"而服务，使教学由"执行教案"走向"互动生成"，使课堂真正成为学生个性张扬和能力发展的天空。

精心预设是备课基础的预设，是教师在对教学内容的深层次理解和对学生学习时的思维状况认真分析的前提下，对如何开展课堂教学而进行的思考与设计。预设的内容，大的方面包括如何正确使用教材，如何确定课堂核心知识、需要解决的重难点和希望达成的目标；包括课程资源的开发与利用；包括学生的心理特征、认知水平、兴趣爱好和操练能力等诸多内在特点以及学生有可能的创造性发挥或陷入困境的状态等；包括教学组织的形式以及适合这个教学内容的手段或策略；等等。在细节方面，预设的内容可以是一个带动整节课的核心问题；可以是贴切课文风格的教师语言，甚至是一句过渡语、一个手势；可以是某个环节的"事故想象"及相应的对策；可以是启发学生思维的一个引导；也可以是点评的技巧；等等。总之，精心预设就是为学生能力的生成而服务的，是构建高效课堂、生本课堂的基础和保障。

二、自然生成

"自然生成"指的是学生通过动手实践、自主探索与合作交流来获得知识，思维和情感得到发展，综合能力得到提升，是精心预设下的"水到渠成"。"自然生成"的课堂，教师胸有成竹又不机械和僵化，会根据学生学习的实际需要，不断调整动态的发展。此时的课堂，教师与学生在互学互动中不断生成和创造新的情境或问题，焕发出学习的智慧和生命的活力。①

苏霍姆林斯基说："教育的技巧并不在于能预见到课堂的所有细节，在于根据当时的具体情况，巧妙地在学生不知不觉中做出相应的变动。"② 预设和生成是辩证的对立统一体，两者相互依存。没有高质量的预设，就不会有精彩的生成；反之，如果不以生成为目标，预设必然是僵化的、低效的。虽然我们无法预料到教学所产生的成果的全部范围，但只有做好充分的预设，才能"临危不乱"。预设越精心，考虑越周密，自然生成、精彩生成的可能性就越大。

▶ 我的成长历程

在历练中成长

2003年7月，机缘巧合，我来到了东莞长安，成了一所公办小学的语文教师。在这之前，我去中学实习了半年，从来没有接触过小学教育，更没想到工作第一年就要担任一年级的语文教学和班主任工作。面对活泼好动的孩子，面对手中的教材，我的内心是恐慌和彷徨的。

一天，一位老前辈意味深长地对我说："孩子，每次走过你的教室，我都会特意放慢脚步。你上课很有激情，能点燃学生，是教书的好苗子。眼前的困难只是暂时的，多锻炼锻炼就好了。"老前辈慈母般的话语温暖了我，也坚定了我走下去的决心。

一晃，18年过去了。其间，我参加了各级各类比赛，获得了镇级及以上奖项近200项，被身边的同行笑称为"劳模"。而我，就是在这些历练中慢慢成长起来的。

一、依葫芦画瓢

2004年，我第一次参加镇级的"口语交际三个一"比赛，负责其中的上课环节，选的内容是二年级的《保护有益的小动物》一课。第一次集体备课时，我提交

---

① 孙树德：《促进自然生成　构建有效课堂》，载《中国数学教育》2013年第4期。
② ［苏］苏霍姆林斯基：《帕夫雷什中学》，赵玮等译，教育科学出版社1983年版。

的初案被全盘否定，因为没有把培养目标落实到位。科组的老师们带着我一个环节一个环节去设计，通过上课、评课、修改、再上课、再评课……最后，这节课在镇里荣获了一等奖的好成绩。

2005年，我接受了习作教学录像课的比赛任务，也是在同事们的帮助下一次次研讨，一次次试教。我记得其中有一个环节，第一次试教用的是A方案，课堂效果不佳。评课时，老师们提出了B方案。第二次试教之后，大家认为A方案更好。第三次试教，这个环节依旧不够扎实，也不够出彩。大家合议之后，又制定了C方案。可是，C方案依然无法很好地实现预设的目标。后来，大家综合了几份方案的优点，帮我制定出了D方案。最后，我把手上这份教学设计"完美地演绎"出来，获得了省一等奖的好成绩。

2007年，我的识字教学课例《棉花姑娘》荣获了镇一等奖，并在东莞市进行现场教学展示；随后，我执教的阅读教学课例《从现在开始》荣获了镇一等奖……随着参赛次数的增加，获得的奖项增多，我却越来越心虚，因为我开始意识到一个严峻的问题：这些课都是集体智慧的结晶，我只是依葫芦画瓢，并没有多少自己的思考，这对我自身的专业成长是极其不利的。

二、拨开云雾见天日

2008年4月，我代表学校送课到一所民办小学，执教二年级的课例《小白兔和小灰兔》。这节课，我曾经在市组织的活动中展示过，受到了与会领导和同行的好评。因此，上课前的我是信心满满的。按照手中的设计，结束课堂教学之前，我要引导学生向聪明、勤劳的小白兔学习，理解"只有自己种，才有吃不完的菜。"眼看这节课就要完美地落幕了，一个男孩把手举得高高的，双眼充满期待，嘴里叫着"老师，老师！"

我笑着说："请你来补充。"

"老师，为什么一定要自己种，才有吃不完的菜呢？小灰兔也可以有吃不完的菜。"

我一愣，故作镇静地说："老山羊送的一车菜，小灰兔不久就吃完了呀。"

"那他可以去帮小白兔种菜，小白兔也会送他一车菜啊。"

"呃……"我一时竟然想不到应对的话。

"他也可以用别的办法去换取白菜啊。"

"要是别人不送菜给他，他就没菜吃啦。"一个小姑娘反驳道。

"那就说明那个人不善良。"小男孩继续坚持自己的观点。

这时，下课铃声响起，我如释重负，舒了口气："同学们，下课。"

回校的路上，随行的同事们谈起这一幕，纷纷赞扬那个小男孩有自己的想法，很有个性，思维不错……而我却觉得非常尴尬。后来，一位很有经验的教导主任说："其实，这是一个教学契机。巧妙地化解这个问题，就很能体现出教师的专业

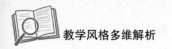

素养。刚刚这位小男孩提的问题是非常棒的，是与时俱进的。但是，与我们这节识字课的目标关系不大。在他说出自己的观点时，不要急着去解释或反驳，可以给予肯定，然后鼓励孩子们下课后与同学或家长探讨即可。在以后的教学中，我们可以预设得更充分一点。"

过后，我上网查阅了很多资料，才知道除了读教材、看教参，真正的好课是需要精心预设的，更是要有精彩生成的。在接下来的日子里，我以课堂为主阵地，主动思考，不断地探索和实践。修改后录制的课例《小白兔和小灰兔》在第五届"全国中小学公开课电视展示活动"中荣获一等奖，还有不少现场教学的课例、设计和论文获得了镇级或市级奖项。

三、双管齐下促提升

（一）科研助力

2014年，我当上了语文科组长，肩上多了一份引领科组发展的职责。回顾自己的成长历程，虽然拿了不少奖，但好像进入了一个瓶颈，无法突破。如果连我自己都不能往前走，又怎么能成为一个好的领路人呢？陷入迷茫之时，我参加了市课题成果分享会。这个活动，让我充分意识到了教育科研对教师专业发展和成长的重要性。虽然之前加入过几个课题组，但一直都是处于被动接受任务的状态，自己没有进行过深度的思考。当年，我以核心成员的身份加入了校语文科课题组，并利用这个机会督促和鞭策自己学习做教学研究。

2017年，我申报的市级课题"互联网+背景下小学语文听力训练策略的研究"立项成功，进行了历时4年的探索实践。本课题中的"听力"，实际上也是教学预设的因素之一。经过科学、有效的听力训练，学生的听力能力得以提高，是有利于课堂生成的。通过这个课题的研究，我对"预设"与"生成"的思考，不再停留在某一节课上，而是有了更深层次的、更系统的认识。同时，借助研究反哺课堂，就这样，我对科学有效的精心预设也越来越上手。2019年10月，在东莞市"品牌学校展示活动"中，我大胆挑战了一节五年级的"快乐读书吧"阅读成果展示课，以小组学习的形式相继开展了"概述故事""人物拼盘""阅读PK""情节再现"和"读有所感"五项活动，引导学生提炼出了"精概述""品人物""重积累""展想象""谈感悟"和"探困惑"六大阅读方法。课堂上，学生围绕各大版块分工合作，大胆表达、踊跃参与、积极展示，引发了听课老师的阵阵掌声。这节课，也受到了与会专家、领导的一致好评。

（二）阅读充电

有人说："读书是教师专业发展的基石和源头活水，如果没有教师的阅读，就没有教师真正意义上的成长与发展。"的确如此！我也非常需要好好读书，读专业的书，读有益的书，还要读学生读的书，不断增加自身知识储备。

小学语文教学目标可以归纳为"人文素养"和"语文能力"的培养。但是，传统的语文教材对于怎样通过教学内容达成这种目标，大纲并没有具体的交代。面对一篇课文，可能会被上成班会课、思想品德课或科学课，就是没有"语文味儿"。为了避免陷入这种困境，让学生的生成有意义，我阅读了王荣生博士的《语文科课程论基础》。王荣生博士从现代课程论的视角，为语文教育研究提供了新的方法、新的框架，为语文教育研究者和语文教师打开了一个全新的视野。读完之后，我对"语文课程内容""语文教材内容"和"语文教学内容"有了一个比较清晰的认识，了解到语文教材里的"定篇、例文、样本、用件"具有不同的功能，在教学中需要有不同的对待。之后，我又读了王荣生博士的《语文课程与教学内容》《语文教学内容重构》《听王荣生教授评课》和《阅读教学设计的要诀》系列丛书，受益匪浅。

除了语文学科方面的专著，我也会读一些通识类的书，如心理学、班级管理方面的书等。2018年，我读了马丁·塞利格曼的《塞利格曼的幸福课》，其中那本《教出乐观的孩子》，让我找到了引导学生走出学习误区的途径，受到很大启发。同时，我还跟学生一起读绘本故事、经典故事、中外名著或是当时比较热门的书。有一年，我和孩子们一起追《藏地密码》，共同分享最喜欢的故事情节，探寻环境描写、细节描写的神奇，真是妙不可言。

近几年，我加入了长安镇的读书班，在闫德明教授的引领下读了一些书，越来越清晰地意识到自己的不足，也更加深刻地感受到教师的底蕴是靠书堆起来的。就如王崧舟教授说的那样："教师专业成长的历程实际上是两个转化的过程，即'读书—底蕴—教学'，从读书到底蕴的转化，是积淀的过程；从底蕴到教学的转化，是创生的过程。"也许我现在还没达到创生的高度，但我相信，通过阅读，我能更好地对课堂进行科学的、充分的预设；通过阅读，我能在具有随机性与偶发性的课堂中敏锐地发现、捕捉和利用动态资源；通过阅读，我能更加合理地处理预设与生成的关系。精心预设，自然生成，我的未来不是梦！

▶ 我的教学实录

紧扣要素巧点拨，自然推进见生成
——《鸭子骑车记》绘本教学实录

一、质疑启思，激发兴趣

师：今天，我们一起来读一本非常棒的绘本故事书。这本书入选了美国纽约公共图书馆"每个人都应该知道的100种绘本"，还荣获了优秀童书奖。它的名字就是——

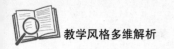

生：《鸭子骑车记》。

师：小朋友们，看到这个题目，你最想知道什么？

生1：鸭子是怎么骑车的？

生2：有几只鸭子在骑车？

生3：除了鸭子，还有其他动物骑车吗？

师：是呀，这些问题都等着我们去解决呢。不过，在阅读一本书之前，我们一定要先看看它的封面，它会告诉我们很多信息。现在请你认真看看，然后说说你看到了什么？

生1：我看到了一只鸭子正在骑车。

师：很好！你留意到了上面的图画，我们还可以留意一下文字。

生2："骑"字那里的"口"是一个车轮子。

生3："记"字那里的点是一只鸭掌呢。

师：你们都是善于发现的好孩子。

生4：最上面还有一行白色的字。

师：哇，你有一双火眼金睛！那行小字就是这本书的作者，他可厉害了，被称为美国天才图画书作家，我们可以叫他——大卫·夏农。为了方便我们中国的小朋友阅读，我国著名儿童文学家彭懿把它译成了中文。

师：小朋友们，老师要告诉你们，绘本故事书里藏着可多秘密了，我们不但要看画面，还要去读文字。下面我们就翻开书，一起去读读故事吧。

二、整体感知，概述故事

师：这本书讲了一个什么样的故事呢？请你说给小组的伙伴听。一个人说，另一个人听。如果没有听明白，可以提问，也可以补充。

师：请问谁来分享？

生1：这本书讲了一只鸭子有一天骑了一辆单车，他遇见了母牛，跟母牛打招呼，母牛"哞——"回答了一声。可她心里想："一只鸭子在骑车？这是我见过最愚蠢的事！"然后，鸭子又骑过了绵羊身边……

师：这位同学，老师要打断一下你。你能把故事的内容记得这么清楚，真的太棒了。要是能用简单一点的话来讲，就更棒啦！你想再试试吗？

生1：想。这本书讲了一只鸭子骑了一辆单车，他遇见了母牛、绵羊等许多小动物。后来，动物们都学着这只鸭子骑单车。

师：你是个善于学习的好孩子！谁还想再说说？

生2：这本故事讲了农场里的一只鸭子骑了一辆单车。刚开始，他骑得不好，后面，他越骑越好，还遇见了很多动物。那些动物很羡慕他，后来都学着他骑单车，很开心。

生3：我想补充。最后，那只鸭子还想开拖拉机呢。

师：哇，你是个细心的孩子，为你点赞！

三、引导发现，发展语言

师：请同学们再去读读这几页故事，在小组里说一说，你发现了什么？待会儿老师请各个小组来分享。

组1生A：我发现这里写了很多动物的叫声。

师：是一起叫的吗？

组1生A：不是，是鸭子跟他们打招呼之后。

组1生B：我发现鸭子很有礼貌，跟别人打招呼时先说"你好"。

组1生A：我还发现了那只猫很懒。

师：哦，你是怎么发现的？

组1生A：他不像山羊和狗那样看着鸭子，他是闭着眼睛在吃东西。

师：你们的发现真有意思。哪个小组来补充？

组2生A：我发现那匹马瞧不起鸭子，因为他的眼睛是斜着的。

组2生B：我发现那只母鸡很害怕，她赶紧往前面跑。

组2生A：因为她怕被单车轧到了。

组3生A：我发现那只山羊什么都吃。

组3生B：那只山羊吃的不是草，是垃圾。

组3生A：那只山羊还想吃车子呢。

师：你们真的太厉害了，还有吗？

组4生A：我发现那只小老鼠的眼睛睁得好大。

师：是呀，为什么呢？

组4生B：因为他很羡慕鸭子，他也想骑车。

师：你们都有一双善于发现的眼睛，真的太棒了！刚才，同学们主要是发现了图画中的很多小秘密。老师告诉你们，文字里也藏着很多秘密呢，看看谁的眼睛最亮。

生1：鸭子都有先问好。

生2：后面还写了那些动物心里的想法。

生3：最前面，先写了鸭子骑到了谁身边。

师：你们真的太了不起了，发现了大卫写故事的秘密。谁能按顺序把3个发现合起来说？

生4：故事先写了鸭子骑到谁身边，然后写了鸭子问好，然后写了动物的叫声，然后写了动物心里的想法。

师：说得非常有条理！要是把后面两个"然后"改成"接着"和"最后"就更棒。是你自己再试一次，还是想请同学来说说？

生4：我自己试试。故事先写了鸭子骑到谁身边，然后写了鸭子问好，接着写了动物的叫声，最后写了动物心里是怎么想的。

师：一学就会，真厉害！

师：现在，我们也来当小作家。请你想一想，鸭子还会遇到谁？故事又是怎样的？记得用下面的模式去说哦。请大家先在小组里说一说，待会儿推荐说得好的同学来分享。

生1：鸭子骑过大象的身边。"你好，大象！"鸭子说。"哞哞——"大象应了一声，可他心里想："要是我瘦一点，也能骑上车了。"

生2：鸭子骑到公鸡的身边。"你好，公鸡！"鸭子说。"喔喔——"公鸡应了一声，可他心里想："骑车有什么了不起，你会打鸣吗？"

生3：鸭子骑过小鸟身边。"你好，小鸟！"鸭子说。"叽叽——"小鸟应了一声，可他心里想："你还是没有我飞得快。"

生4：鸭子骑到兔子身边。"你好，兔子！"鸭子说。"咕咕——"兔子应了一声，可他心里想："哎呀，千万别轧到我！"

师：看来咱们班的同学都是讲故事能手啊，老师喜欢你们！

四、填补空白、丰富故事

师：看，正在大家都以为一切又要恢复平静时，忽然，一大群孩子骑着自行车冲下路来。他们骑得特别快，谁也没有看到鸭子。他们把车停在门前，就进屋去了。哇哦，动物们这会儿在想些什么呢？

生1：我也想骑车。

生2：我好想试试啊。

生3：我可能比鸭子骑得还要好。

师：是啊，这时候，所有的动物都像前面的小老鼠那样，把眼睛睁得大大的，都想骑车。看，他们还真骑起车来了呀！

师：你最喜欢里面的谁？用下面这种句式跟小伙伴说一说吧。

生1：公鸡挑了一辆绿色的自行车，张开翅膀跨上去，骑了起来。他高兴地对鸭子说："原来骑车这么好玩。"

生2：奶牛挑了一辆粉红色的自行车，轻松地跨上去，骑了起来，她兴奋地对马说："你也来试试吧。"

生3：两只小猪挑了一辆双人自行车，他们一起跨上去，骑了起来。他们快乐地对鸭子说："看，我们也会骑了。"

生4：狗挑了一辆红色的自行车，立刻跨上去，骑了起来。他骄傲地对鸭子说："我这也是真本领！"

师：真是太喜欢你们了，不但善于观察，还善于表达，太棒了！

师：现在，所有动物都骑上了自行车！他们在谷仓的空地上骑来骑去，异口同声地说，"鸭子，你的主意真棒！"

师：后来，他们把自行车放回屋旁。没有人知道，那天下午，曾经有一头母牛、一只绵羊、一只狗、一只猫、一匹马、一只母鸡、一只山羊、两头猪、一只老鼠和一只鸭子骑过自行车。

五、回味提炼，升华主题

师：小朋友们，故事讲完了，大家也发现了故事中的秘密。其实，这里还藏着一个大秘密呢！

师：看，这两幅图分别在故事的开头和结尾。你发现了什么？

生1：图上都有鸭子和自行车。

生2：骑车之前，鸭子很想骑。骑了车之后，鸭子在翻白眼。

师：猜猜鸭子为什么会翻白眼呢？

生3：因为他已经会骑单车了，他觉得很简单。

师：是啊，说得真好！你们还发现了什么？

生4：前面的鸭子比较小，后面一幅的鸭子比较大。

师：对呀，这是为什么呢？

生5：前面那个离得远，后面离得近。

师：你还会从方位上去考虑，真了不起！再想想，还有补充吗？

师：看来真的有点难哦。没关系，老师告诉你们：其实，这里的自行车就好像是一项任务，在我们尝试之前，可能会觉得这个任务很难完成，困难很大。但是，只要我们自信勇敢、勇于探索，再大的问题，都有可能解决。这时候，我们再回过头看，诶，原来困难也没这么大嘛！

师：谁来把老师刚才说的话重复一遍？

生1：这个自行车就好像是一个任务，之前觉得任务很大，但后面又觉得任务很小，其实不困难。

师：你比老师说得还要好，更简洁，为你点赞！谁再来试试？

生2：之前，自行车那么大是因为我们以为很难完成任务，后来，完成了任务，就觉得不是那么难了。我们要敢于挑战！

师：你也是个很会学习的好孩子，对呀，大卫·夏农就是想提醒小朋友们，要学习故事中鸭子这种自信勇敢、勇于探索的精神呢。

六、拓宽思维，鼓励续编

师：前面那位同学留意到了故事后面还有这样一幅图——有一天，鸭子居然看到一部拖拉机。你们认为鸭子敢挑战吗？

生1：我觉得鸭子不敢挑战，因为拖拉机太大了。

生2：我觉得鸭子敢挑战。

生3：我也觉得鸭子敢挑战。

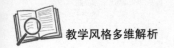

师：你的理由是什么？
生3：自行车已经会骑了，它肯定会去挑战更难的。
师：太棒了，老师也希望大家敢于挑战！
师：其实，这只了不起的鸭子不但学会了骑自行车，还会开拖拉机啦！感兴趣的同学们可以去读读这本《鸭子开车记》。想想，它还可能挑战什么呢？
生1：可能会去开飞机。
师：除了跟交通有关的本领，也许还会做饭了呢。
生2：它可能学会了包饺子。
生3：它可能会洗衣服了。
生4：它可能也会写故事了。
师：哈哈，你们很有自己的想法，真的太喜欢你们了。其实，我们也可以成为小作家哦。请大家发挥想象，编一个故事给爸爸妈妈听。

▶ 我的教学主张

预设与生成并重，让课堂焕发出生命活力

《义务教育语文课程标准》指出："教学是预设与生成，封闭与开放的矛盾统一体。学习，是一种被引导的创造。它不是消极地接受、索取意义，而是积极主动地发现、建构意义，甚至创造意义。"① 因此，教师在教学中既要考虑教学的预设性，更要考虑目标的生成性。只有预设与生成并重，课堂才能焕发出生命活力。

一、精心预设，为生成做准备

语文教学是一个有目标、有计划的活动。教师必须在课前对自己的教学任务有一个清晰、理性的思考与安排，提前预设教学目标，处理好预设与生成的关系，根据教学实际灵活调控，才能促进课堂的精彩生成。

（一）把准语文要素

语文要素作为贯穿统编小学语文教科书的主线，在小学语文教学中发挥着重要的作用。把握准语文要素，必须要从解读教材入手。我们目前使用的统编教材特别重视培养语文核心素养，注重重建语文知识体系。在研读教材的时候，我们可以通过"教师教学用书""单元导语""课后习题"和分布在"综合性学习""习作""快乐读书吧"等板块的"学习方法"或"训练目标"的提示去把握这4个渠道。

翻开教学用书，每个单元前面都有"单元说明"和"教学要点和课时安排"。接着，针对每一课都提供了"教材解析""教学目标""教学建议""教学资源"和

---

① 中华人民共和国教育部：《义务教育语文课程标准》，北京师范大学出版社2011年版。

"教学设计举例"，内容非常详尽。而"单元导语"则对本单元的人文要素、语文要素和学习重点，包括知识点和能力点作出提示。每篇课文后面的习题都是结合相关知识点或能力点去设计的。例如，五年级下册第四单元《军神》一课的习题有：要求学生读出人物说话的语气；从句子中体会刘伯承的内心，再有感情地朗读；从课文中找出对沃克医生动作、语言、神态的描写，体会他的内心变化……这些题目都是与单元语文要素相吻合的。

（二）充分了解学情

每个学生的学习水平和生活经验、认知状态都不一样，每个学生都有属于自己的丰富的心理世界。精心的预设一定是建立在学情之上的活动，是与学生的生活经验紧密结合的行为；是透视学生的理解，洞察他们的思考方式和经验背景之后做出的相应的引导。

（三）预留弹性区间

第一，在学习目标的制定上要体现弹性。除了共性目标外，还要根据学生的个体差异预设不同层次、不同层面的目标，实现因材施教。第二，教学内容的设计要有弹性。教材只是提供了最基本的教学内容，而课堂内容应该是更灵活、更广泛的。教师可以从学生实际出发，进行整合性、创造性地使用教材，延伸教材。第三，教学时间的安排上要有弹性。由于教学活动的探究性和开放性，各个教学环节的用时难以预料，必须为学生的主动参与留出足够的时间与空间，对过程多作假设，如学生会怎么说？我可以怎样引导？要是学生无法与我达成共识该怎么办？此时，我们不妨多些情境的模拟，并思考相应的对策，以便在教学中能够根据学生的表现进行随时调控。第四，练习的设计要有弹性。可以设置"基础题"和"挑战题"，以满足不同层次学生的学习需要。

二、以生为本，让生成有意义

课堂教学是不断变化的动态过程，唯一不变的是以学生发展为本的核心理念。我们的语文课堂应该将促进学生的发展作为出发点和归宿，让每一位学生都能在语文学习中主动自觉地进入丰富多彩的语文天地，感受语文的魅力，体验学习的成就感。在这个前提下，教学才不会偏离航道，课堂生成才会是精彩而有意义的。

统编教材五年级下册"快乐读书吧"需要引导学生去读古典名著，品百味人生。在上这个内容前，我了解到很多学生不喜欢读《三国演义》，觉得这本书很难读懂。为了化解这个困境，我召开了一次"我想这样读《三国演义》"的班级交流会。大家在6人小组里轮流发表自己的看法，由记录员进行记录。合议后，从中选择可行性强的3～5种方式，再进行全班交流。最后，我们梳理出了几种较受欢迎的阅读方式供大家自由选择，包括听书、看电影、看电视剧、看经典故事视频和听评书等。

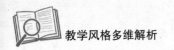

接着,我又抛出了一份任务单——"如果诸葛亮开通了微信,你认为哪些人能看到他的朋友圈?如果让这些人用一句话评价诸葛亮,他会怎样评价?"再让学生在小组里进行讨论:完成这份任务单需要注意什么?最后,大家总结出最重要的一条就是在完成任务单之前一定要先认真阅读,了解发生在他们身上的故事,了解人物性格,还要理清人物之间的关系。

在这个过程中,我以有趣的任务单去驱动学生深度学习,充分调动学生在学习过程中的主动性和积极性,变"要我读"为"我要读"。因此,孩子们在随后的阅读活动中兴致高、自主性强,完成的任务单颇具特色,综合表现非常优秀。

三、善于捕捉,丰富生成资源

课堂上经常会遇到一些意料之外的偶发事件,这里面可能蕴含着可贵的教学价值。如果教师能捕捉住这些教学契机,敏于发现其内在的有效的教学资源,就会将"偶然"生成"必然",将"巧合"生成"适合",营造出一种真实而有价值的课堂情境,将偶发事件开发成为难得的教学资源。

在教《搭石》一课时,我引导学生围绕"一道风景"开展小组学习,探寻搭石之美。经过自主、合作与探究,各小组都有了不错的学习成果。例如,搭石美在它的样态,平整方正,摆放间隔均匀;搭石美在乡亲们的勤劳,只要发现哪块搭石不平整,他们一定会去处理好;搭石美在大家的动作协调有序,就像一幅画卷;搭石还美在人们的互相谦让和互帮互助之中……正当我要带着孩子们进入下一个环节时,一个学生突然站起来问:"老师,要是两个人同时走到溪边,就是互不相让怎么办?"还没等我回答,另一个学生抢着说:"那他们肯定是外地人。"全班哄堂大笑。"为什么是外地人呢?"我追问。这个学生说:"因为本地村民祖祖辈辈都是互相谦让过搭石的,不可能出现这种情况。"另一名学生说:"要是真有这么倔强的人,就让他们僵在那里,吃亏之后就会吸取教训了。"这时,我脑海中闪现出一个念头:语文教学的根本任务是什么?就是培养和提高学生正确理解和运用祖国语言文字的能力。想到这,我马上让学生开展第二次小组学习,结合文中的搭石之美,创编一段劝说词,并模拟情境进行现场劝说犟脾气的路人自觉地让步。通过这个练习,学生的表达能力、思辨能力、表现能力都得到了锻炼。没想到,一个"惊吓"生成了"惊喜"。

四、多元建构,搭建生成之路

《小学语文新课程标准》明确指出:"学生是学习和发展的主体,语文课程必须根据学生身心发展和语文学习特点,关注学生的个体差异和不同的学习需求,充分激发学生的主动意识和进取精神,倡导自主、合作、探究的小组学习方式。"

(一)教师要尊重学生的个性,建立起融洽的师生关系

学生是有情感的个体,而课堂教学是一个师生情感交融的过程。只有充分关注

学生的情感需求，增强学生的情感体验，才能使学生思维活跃，并积极主动地投入到学习活动中。

本学期，由于工作调整，我接手了一个一年级的班级。一天傍晚放学前，一个小姑娘递过来一张画，说："魏老师，送给你。""为什么要送给我呀？"她腼腆地一笑，有点不好意思地说："就是想送给你。""好，谢谢你！"我轻轻捏了捏她的小脸蛋，她开心地回到座位上。

记得开学头几天，一到练字时间，她就半躺在那里不动。我走过去小声地跟她交流，鼓励她动笔写一写。一旁的同桌说："她就是这样的，她不喜欢语文。"我说："不对呀，她刚才积极举手，回答得很棒呢。"小姑娘开口了："哎呀，我就是不想写字，好累啊。""是啊，要把字写好可不容易呢。要是不用写、不用练就能记住这些字的话就太好了。""哎呀，不写的话，我又记不住。""那你觉得怎样做既能记住字，又不会那么累呢？""我不想写那么多。""这样吧，你描一个写一个就好了，但是要把字写工整，可以吗？""好吧。"待她写完，我给她盖了一个章，她笑了。第二天的练字时间，我对她竖了一个大拇指，她朝我咧开嘴一笑，然后认真地"描一个，写一个"，我依旧给她盖一个奖章。没过几天，她练完字后主动给我批改，我一看，呀，今天跟上了"大部队"，描一个，写了三个呢。我拿起奖章，重重地盖了三下。她摸了摸上面的章，开心地跟同桌分享："看，我今天得了三个章呢。"此时的我，也被她的笑容给感染了。

（二）教师要积极构建自主、合作、探究的学习方式，发展学生的综合能力

五年级下册《威尼斯的小艇》一课要引导学生去体会静态描写与动态描写的表达效果。在教学的时候，我让学生围绕下面的问题进行小组合作探究——哪个片段写了静态或动态之美？请你画出来读给组员听，并分享你的阅读感受。课堂上，从个人默读、圈画，到组内朗读、分享，学习氛围非常浓厚。到了全班交流环节，各个小组争先汇报：

"我画了课文的第四自然段。'随着船夫驾驶小艇左拐右拐'，让我领略到了动态的美。"

"'不管怎么拥挤，他总能左拐右拐地挤过去。遇到极窄的地方，他总能平稳地穿过，而且速度非常快，还能急转弯。'读到这一句，我的眼前仿佛出现了船夫驾驶着小艇穿梭而过的情形。特别是那个'挤'字，让我仿佛看到了一幅美丽的动态图。"

"'行船的速度极快，来往船只很多，他操纵自如，毫不手忙脚乱。'这里用了一对反义词，使文字更具有画面感，也让我感受到了动态之美。"

"第六自然段主要写了威尼斯人夜晚的生活。小艇从簇拥，到散开，最后消失、停泊，人和小艇由动到静，形成了一道独特的风景。"

…………

不难看出，在这节课里，学生不是被动的、消极的知识接受者，而是主动的、积极的知识探究者。这种学习方式对提高学生的综合素养是非常有利的。

（三）教师必须要加强学习，扩充知识容量

"要想给别人一碗水，自己首先要有一桶水。"没有雄厚的知识储备，就无法进行精心的预设，在课堂教学中也就谈不上精彩地生成了。因此，教师必须要打下厚实的知识储备，才能在不断生成的课程资源中做到从容应对，放收自如。

▶他人眼中的我

魏老师的课堂如春风拂面，似抒情小诗，让学生享受其中并不断成长。追求路上，她奋斗不息，从口语交际、习作教学、识字教学、阅读教学到读书教学，一直奔跑在教学比赛和研究的征途中。同行的赞誉、家长与学生的喜爱和一项又一项成绩见证了这位平凡奋斗者的不平凡！

（东莞市长安镇实验小学副校长　陈美春）

魏老师的课堂灵动有趣，能够触动学生的心灵，激发学生的求知欲望。魏老师常常主动承担各级各类的公开课或示范课，并将自己的教学思考梳理出来与他人分享，是年轻老师们的"好师傅"，也是大家公认的"劳模"。

（东莞市长安镇实验小学教导主任　唐隆伟）

生活中，她落落大方，散发出无穷的魅力；工作中，她一丝不苟，一心为我们着想；课堂上，她幽默又善于启发，只为让我们把知识掌握得更牢固。她，既是我的魏老师，又是我的"老母亲"。能遇到她，是我此生最大的幸运！

（东莞市长安镇实验小学学生　李昀崚）

魏老师是一位有着一颗慈母之心的好老师。她是学生们口中的"老母亲"，也是良师益友。我的女儿比较特殊，没法与老师、同学很好地交流，但魏老师从来没有忽略过她。只要我的女儿有点滴进步，她都会大力表扬，树立我女儿和我这个陪读妈妈的形象。能够遇到这么有爱的老师，是我的荣幸。

（东莞市长安镇实验小学刘皑霖家长　孙近欢）

【点评】

秀珍老师着眼于语文核心素养的培养，扎根于以课堂教学为主阵地的探究，精于预设，自然生成，已形成了自己较为鲜明的教学风格。她以生为本，研究学情，以学定教，巧设问题，让所教的学生能够就近发展最优发展区，让每个人都能品尝到学习的喜悦；以语为本，回归语用训练，回归语文素养，带动学生在工具性与人文性双线目标上的达成，从可控的预设到自然的生成，享受着师生互动的愉悦的过程。由此看来，有心栽花花必发。

（广东第二师范学院教授　闫德明博士）

心 馨 相 印

王辉敏（小学语文）

> **个人简介**
>
> 王辉敏，女，东莞市长安镇第一小学语文教师，小学一级。东莞市优秀教师，东莞市小学语文教学能手，东莞市名班主任工作室主持人。曾主持市级课题"小学品德与生活课程生活化的实践与研究""小学语文词语辐射式课堂的实践与研究""基于工作室的小学班主任专业成长路径的实践与研究"，参与多项省市课题研究。《让教育与童心共振》《落实阅读策略教学点，助力语文素养提》等10余篇论文发表在《小学德育》《师道》等杂志上。

▶我的教学风格

小学语文教师大多需要担任班主任。在担任语文教学和班主任工作10余年的时间里，我用心地开展教育教学，创新地进行班级管理，着力建设温馨的师生关系，形成了"心馨相印"的教学风格。

"心"包括了老师在专业领域的用心、智慧和引领学生成长的真心，与学生相处的一片童心，也是我的教育初心。我时常想，教育就应该是一条从"心"到"心"的路程。从心出发，在走心的活动中引领学生内心的丰满和成长，才能感受到为人师者的幸福和美好。

"馨"则指温馨幸福的班级文化，心心相印的师生关系。教育教学中，温馨友好的班级氛围是学生自由呼吸、拔节成长的自然空间，温馨和谐的师生关系是开展有效教育教学的前提和基础。在温馨幸福的班级中，师生互相尊重，关系平等，一起致力于成长为更好的自己。在这种温馨友好的班级氛围中，师生是一起前行的伙伴，携手追梦，走向教育的诗和远方。

"心馨相印"是我对完美教师的期许，也是我管理班级的路径。在班级管理中，我推崇师生关系优于一切，善用管理策略来管理班级，让烦琐的班级管理走向高效；我着力磨炼自己的班级管理技巧和艺术，让班级成为每个孩子成长的自由生命场，让班级内流动着温暖的情感、幸福的味道。相遇童心、相处走心、氛围温馨是我的班级管理风格，也是自己热爱教育的动力源泉。

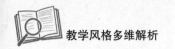
教学风格多维解析

▶ 我的成长历程

三个思考引领我一路成长

我的专业成长经历了三个阶段的思考：怎样成为一名学生喜欢的老师？我的班级应该有怎样的特色？我带领的团队怎样才能与众不同？

思考一：怎样成为一名学生喜欢的老师？

初为人师，怀揣着美好的梦想走上讲台。对于年轻的我来说，做班主任是一个特别令人兴奋的事情。因为前辈告诉我："当老师就要当班主任，才有滋味！"

我身边有很多优秀的同事，有的同事幽默风趣，课堂上不断传出笑声，每次上课，学生都雀跃期待；有的同事德高望重，虽不苟言笑，但课堂上学生专注力强，也能赢得尊重和爱戴。作为新老师，我怎样才能成为一个让孩子们喜欢的老师呢？

有件事情对我触动特别大。一个孩子因为叛逆，经常在家顶撞父母，在学校也会故意做出些出格的事情吸引大家的注意。比如上课故意大声说话，或者在老师讲课的时候发出一些怪声。被很多老师投诉、批评，都没有效果。有一次他和别人发生冲突后，我找他聊天。面对气鼓鼓的他，我就问了一个问题："你觉得周围的人不喜欢你，是吗？"没想到就这一句话问出来，让他向我打开了心扉，向我倾诉了自己的孤独和苦恼。最后，他真诚地说："王老师，所有人都不愿意听我说话，只有你愿意花时间了解我。"在此之后，我和他相处得十分开心。即使仍然会因为一些问题批评他，他也都能心悦诚服地接受。他的转变，竟然只源于一次沟通——我愿意听，他愿意讲。

这件事给了我非常大的启发。当我看到了孩子的问题行为，是否有足够的耐心去寻找孩子行为背后的原因？是否能以一片真心去倾听孩子心底的声音？作为教师，我是否能用一颗童心去感悟孩子的世界？我是否能用足够的真心去叩响孩子们的心灵？师生间友好的沟通，对于班级管理来说实在太重要了！和学生开展心与心的交流，进行不设防的对话，简直就是解决孩子行为问题的"点金石"！后来，在处理班级学生问题的时候，我都愿意花一点时间，把自己变成孩子，用一颗童心先去倾听和理解，自此，解决事情的效率提高了很多，彼此心与心的距离更近了。

后来，我把一些思考整理成一篇论文《让教育与童心共振》，发表在《小学德育》杂志上。站在"童心"的视角，让我收获了初为人师的幸福。

思考二：我的班级应该有怎样的特色？

随着自己不断地学习、探索，在教育教学中，我慢慢积累了一些荣誉。作为年轻教师来说，荣誉的到来，最大的意义是让我知道自己有成为好老师的潜质。坚持阅读书籍、浏览"新教育在线"论坛，让我知道在我目之所及的世界之外，有太多优秀的教师，有太多我未知的精彩。内心对自我成长的渴望促使我寻求一条专业发展的道路。带着这样的期许，我考取了华南师范大学（以下简称"华师"）的教育硕士，得以有机会重回大学校园读书。在华师，各位教授严谨治学的态度让人敬仰，更让我明白"经师"与"人师"的区别，感受到了各位教授作为"人师"身上的魅力和感染力。

教育硕士期间的学习，我训练了自己的思维，开阔了自己的视野。我经常问自己，作为一名班主任，自己的班级怎样才能和别的班级不一样。作为班主任，我是否应该带领孩子过不一样的班级生活？人的需求固然以生物性的需求为基础，但是人的生物性的需求主要通过文化的方式来获得满足。不同的班级文化，给予班级成员以不同程度的满足决定了他们在班级生活质量的高地。那么，哪里才是提高班级生活质量的切入口呢？

在导师的指导下，我慢慢清晰：班级文化绝不是简简单单地美化一下环境，摆几盆绿色植物，张贴几张字画，或者写几句口号。真正的班级文化，应该是能够滋养童心的，是着眼于孩子们幸福成长的。它能够为班级同学提供源源不断的快乐感和满足感，培养学生对集体生活的积极认同感。于是，我从学生心理特点出发，在提高班级生活质量、建设班级特色文化方面开展了一些创新的尝试。

我从班级文化建设为切入口，带领孩子们一起去追寻幸福的班级生活。在广泛地收集资料的基础上，融合自己的思考和实践，我把班级文化的建设分为四个板块，分别是环境文化、活动文化、课程文化、精神文化。这四个板块既是我建设班级文化的步骤，也是建设班级文化的内容。我把班级文化的建设重点放在"精神"的层面，着力通过活动育人、课程育人、情感育人，打造幸福温馨的班级文化。在打造班级特色文化的过程中，我创新地开展了很多班级活动，并且在班级课程以及师生关系方面开展了很多创新的活动。这些活动发展了孩子们的综合能力，促进了师生的情感沟通，营造了温馨幸福的班级氛围。后来，我撰写的论文《提高班级生活质量　缔造特色班级文化》在《小学德育》杂志发表。

对班级文化四个建设阶段的研究和实践不仅让我更加明白了班级管理中班级文化打造的重要作用和影响，更让我清楚，所有的班级文化的设计，都应该从心出发，为孩子的终身成长而服务。否则，班级文化只是停留在固态的环境、制度的设定上，缺少了心与心的交融，就缺少了班级特色的灵魂。

思考三：我带领的团队怎样才能与众不同？

任何人在成长的道路上都离不开他人的引领。如果说工作单位务实创新的科研氛围是我成长的沃土，教育硕士的学习经历为我的专业成长指明方向，那么东莞市教育局开展的"三名工程"就是我成长的助力器。2014年，东莞市首批名班主任工作室主持人黄艳芬老师招募成员、学员，在众多的申请者中，我被黄老师吸纳为工作室成员，并担任指导工作室学员老师成长的工作。黄老师是一位极具人格魅力的老师，她用心为每个成员老师进行成长规划，并为我们每个人积极搭建成长平台。在她的引导下，我看到了一名优秀班主任的发展方向——优秀的班主任应该是

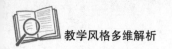

一道光,不仅能照亮温暖自己所在的教室,更能带给追随者无穷的力量。在研修过程中,我积极承担工作室的各种展示任务,获得了进一步的成长。2016年,在当时长安镇教育局和长安镇第一小学领导、同事的支持、帮助下,我参与申报东莞市名班主任工作室,并顺利成为东莞市第二批名班主任工作室主持人。

　　成为市名班主任工作室主持人是一份荣誉,更是一份责任。都说工作室成员"聚是一团火,散是满天星",作为主持人,怎样让工作室每位学员都能有所收获、有所发展,成了摆在我面前的一个重要课题。我经常想,以我名字命名的工作室,怎样才能和别的工作室不一样?我应该怎样有特色地、有效率地引领伙伴们成长?在每周工作室的网络研修中,我发现年青班主任经常在"师生关系"方面出问题。因为缺少策略,在突发事件的处理、学生行为的引导、凝聚班级力量等方面都深感疲惫。师生关系频出问题,增加了班主任管理班级的时间成本,降低了班主任的幸福感,甚至会带来严重的职业倦怠。

　　个体心理学认为:"所有的不幸福都来自不良的人际关系。"为了解决这个问题,我把工作室研修的主题聚焦在"师生关系"。我们通过丰富的读书活动、主题研修去了解个体心理学、领导力、正面管教、教师效能等背后的理念;通过案例研讨、主题沙龙等活动去提升沟通的智慧,习得构建良好师生关系的技巧。同时,我们在工作室积极开展活动体验式班会的实践与探索,通过常规的"致谢"班会,以及主题活动体验班会、针对解决问题的头脑风暴等帮助孩子们在教室里找到归属感和成就感。为了进一步帮助学校年轻教师,我依托名班主任工作室,在校内开展了教师互助小组活动,每周开展一次互助成长活动,针对年轻班主任在班级管理中遇到的师生沟通问题,共同进行研讨,优化解决方案,从而优化了师生关系,帮助了一批年轻班主任的快速成长。

　　主持工作室的经历,让我获益颇多。主持工作室的3年间,让我的视野更开阔,思考问题也更深入。3年间,我借助团队的力量培养了一批优秀的成员、学员。看到工作室里年轻教师成长,我深感欣慰。工作室的研究成果也以讲座等形式在市内外多个学校分享,自己的风格也逐渐在这几年间沉淀、成型。在这几年间,我也在指导他人成长的过程中,体会到了教学相长的幸福感和成就感。而在班级管理中,我更注重沟通技巧和策略的运用,注重从心出发,打造走心入心的班级管理方式,让每个孩子在温馨的师生关系里挥洒童心,尽情拔节生长。

▶ 我的教学实录

【实录一】

立足童心，呵护童心

主题班会：校外实践前的安全（片段）

师：这节课我们围绕《走近春天里》的主题，了解了春天的树、春天的花、春天的气候特点。下节课我们即将走近学校附近的长安公园，一起走近公园里的"春天里"。听到这个消息，你的心情怎样？

生：非常开心。好高兴，真想马上到公园里看一看呀！

师：是呀，这是我们第一次外出开展班本课程活动，而且还是去这么大、这么美的长安公园。大家想一想，我们全班走进公园，如果我们没有准备好，可能会出现什么意外？

生：可能会跌倒，因为有同学可能会太兴奋了，就跑得太快。

师：是的，你首先想到了安全的问题，真细心。老师把你想到的这个意外写在黑板的左侧。我们把它称为"外出的挑战"。还有吗？

生：还有，可能会比较吵。因为我们会和同学聊天。

生：可能会走丢。

生：可能还会产生垃圾。

…………

师：老师把大家想到的问题都写在黑板上了。这也是王老师担心的问题呀。那么，我们能提前想到办法避免这些问题的发生吗？

生：我们需要想办法安静。

师：想想我们能不能约定一个动作来提示大家安静呢？

生：我想到了，我们可以做出"嘘"的手势。这样在互相提醒时也会不发出声音。

师：真好，这个办法我们就叫做"安静的手指"。这是我们想到的好办法，我把它写在黑板右侧的"金点子"里。

生：我想到了一个办法，我们小组手拉手出来，大家互相提醒，这样就不会走丢了。

生：为了不产生垃圾，我为我们小组准备一个垃圾袋……

师：原来大家有这么多的好办法，大家都是解决问题的小能手！

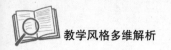

【实录二】

活动走心，赢得孩子

主题班会：不被喜欢的小明（片段）

师：最近，小飞侠班转来了一个新同学小明，这个同学实在有点特别。老师带来了他的画像给大家看。你发现他有什么特点？

生：他好脏。

生：他好丑。

师：小明的同学都不太喜欢他。我们想象一下，看到这样的小明，不喜欢他的同学可能会对小明不礼貌地说什么、做什么。

生：可能会说，"你走开，邋遢鬼"！

生：可能会捉弄他，并且趁他不注意踢他一脚。

生：可能会说，"你真是我们班最难看的"。

生：可能会在他的衣服上画个乌龟。

师：听到这些话，遭受这些经历，都会让小明的心很难过，好像皱成了一团。请同学们每次说一句就捏皱海报一下，直到海报成为一个纸团。

师：现在请大家看，小明的画像已经被我们揉成了一个纸团。小明内心实在难过，他都不愿意继续来上学了。我们能做点什么帮助小明开心起来吗？

（生头脑风暴，说出友好的话，做出友善的帮助。每说一个友好的建议就请学生把纸团铺开压平一点，直到纸团全部展开。）

师：看看铺开的纸，看着小明的画像，有什么发现？

生：小明的画像虽然展开了，但是画面仍然皱皱的，铺不平了。

师：是啊，伤害一旦造成，再怎么修补，都会有痕迹。这个活动，我们学到了什么？

生：（略）

【实录三】

关系温馨，尊重个性

主题班会：有话好好说（片段）

师：不好好说话的影响可大了，我们一起做个游戏来体验一下。看，这是不好好说话的你（出示握紧的左拳头），这是被你顶撞的父母（伸出右拳头）。我们伸出来，现在我们都特别生气，特别生气（营造紧张气氛）。来了，双方都气得不得了，用力，撞（示范两拳相撞）。疼吗？

生：好疼啊！

师：是啊，两个紧握的拳头，在对抗的情况下相撞，带来的就是对彼此的伤害。现在请大家放松一点，把拳头松开，松开，松开，把心敞开。（示范把拳头变成手掌）现在再请大家左右手轻轻地相击。你有什么感受？

生：太奇妙了。当我们把心打开，把拳头打开，就会变成美妙的掌声啊！

师：你们看，这就是换一种方式沟通，当我们把心打开，就能收获好心情。这就是沟通的最基本的方法呀！马小跳最近的苦恼可不少，咱们给他支一招，他该怎么说？

（出示课初对话背景：放学了，"哎呀，我从丁文涛那里借的书哪去了？明天就要还了。怎么办，怎么办？烦死了！"妈妈："小跳，你在想什么呢？快吃饭啦，多吃点。"）小跳应该怎么说？请你来给小跳支一招。

生扮演马小跳：妈妈，我遇到了一个难题，你能帮帮我吗？

师扮演妈妈：好啊，我非常愿意。

生扮演马小跳：妈妈，我借丁文涛的书不见了，明天要还了，怎么办啊？

师扮演妈妈：别着急，我们一起慢慢找找。哈，傻孩子，书不就在电视柜上吗？

师：我看到大家都笑了。谁来说说，这么说话有什么优点？

生：这样说话很有礼貌，也不容易让妈妈生气。

生：这么说话听起来很舒服，也能很快解决问题。

师：对呀，当我们先管理好自己的情绪，就能很快地解决问题。希望大家以后和别人沟通的时候，一定要先注意自己的情绪哦！关于好好说话，大家还有什么建议吗？

生：我知道，如果你不开心的话，可以先深呼吸平复情绪，等情绪好了再说话。

生：我知道，如果你觉得很烦躁的话，可以开门见山，直接告诉对方。这样对方会知道你的坏情绪不是针对他。

师：真了不起，沟通的时候我们除了要关注待解决问题，还要懂得去平复自己的情绪。

师：好好说话，把话说好，是一种技能，也是一个人的修养。好好说话的方法还有很多呢，大家看看自己手中的问题单，小组讨论一下，当你遇到下面的沟通难题的时候，你要怎么说呢？

（出示问题单，请同学们小组合作讨论交流，探讨如何好好说话。小组讨论后，请小组用情境表演的方式来交流。）

小组展示一：妈妈总拿我和别人比

（生1扮演妈妈）妈妈：你看人家玲玲，又听话又懂事，英语又考了一百分。你怎么和她差那么远啊？

（生2扮演女儿）女儿：妈妈，我来给你捶捶背吧，别生气啦！玲玲再优秀也是隔壁阿姨的女儿，世界上只有你自己的女儿最爱你！

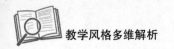

(生3扮演妈妈)妈妈:好啦,好啦,就你嘴巴甜。

师:你们小组有话真会好好说。如果让你们给这个方法起个名字,你们会起个什么名字?

生:哈哈,我们这组给这个方法叫做"糖衣炮弹法"。

小组展示二:我们意见不一致

(生1扮演儿子)儿子:爸爸,我和同学约好了周末去万达玩,你送我去行吗?

(生2扮演爸爸)爸爸:每次都想着玩!商场里好玩,你以后就住在商场里算了!

(生3扮演儿子)儿子:爸爸,我知道你是担心我的安全和学习。不如这样,我就去玩两个小时,到时候我带着电话手表,定好闹钟。时间一到,您就到大门口接我,可以吗?

师:你们小组有话真会好好说。如果让你们给这个方法起名字,你们会起个什么名字?

生:我们的名字是"换位思考"。

小组展示三:面对误会怎么说

(生1扮演妈妈)妈妈出去办事。回来后,妈妈说:老实交代吧,我肯定一离家你就上网了,是不是?别以为我不知道。(其实你真的没上网)

(生2扮演儿子)儿子:妈妈,您误会我了,没有调查就没有发言权。我真的没有上网,不信你过来摸摸电脑主机,主机都是凉凉的,电源都没插。而且你看,你出去的时候我还没有写数学作业,现在我都写完了。

(生3扮演妈妈)妈妈:哎呀!抱歉儿子,妈妈误会你了。

师:试着解决和父母沟通中常见的问题,并给你们说话的方法起个名字。

生:我们组用的方法就是"有理有据",这样,妈妈就会相信我们了。

师:在刚才各个小组的展示中,大家都好入戏啊!你们给出的解决办法也实在有创意!同学们,你们看,当我们学会运用这些方法,和父母好好沟通,我们的生活就会充满笑容和阳光!

▶ **我的教学主张**

以心为径,建设温馨的师生关系

有怎样的教育教学思想,就有怎样的教学追求。班级管理中我怀揣一颗童心走进学生的世界,和学生"同频共感";以走心的活动触动学生心灵,丰富学生的内心体验;以用心的教育智慧,构建温馨的师生关系,让每个孩子感受到班集体的温暖,在教室里获得归属感和价值感,共享成长的快乐与幸福。

一、立足童心：让学生站在舞台中央

作为班主任，要想走进孩子的世界，就要赢得孩子的心。要赢得孩子的心，首先自己就要有一颗真挚的童心。当我们心中有孩子，我们就会在师生相处中懂得让步，给出空间让学生站在教育教学的舞台中央。童心的立场，让我们理解、发现、顺应儿童的自然本性与成长规律；童心的立场，让我们明白热爱孩子的意义，让我们感受到生命成长的美好。在班级管理中怀着一颗真挚的童心，课堂因此弥漫着温情和幸福；在班级管理中永葆一颗童心，班级生活更有温度和厚度。

作为班主任，要以孩子的眼光观察和了解这个世界，想他们所想，急他们所急。当我们走进孩子的世界，我们就会感受到孩子的"真性情""真情感"，同孩子的相处才会充满激情与智慧，我们的教育教学才会真正从儿童出发，为了儿童的发展而开展。童心，不只是一种教育情怀，更是一种教育智慧；童心，不只让我们感受到了教育的快乐，更让我们的教育充满生机与活力，让班级生活生成更多精彩。

作为班主任，我们不仅要当孩子成长的陪伴者，更要当他们的研究者。要求我们从专业的角度去理解学生，引导学生的成长；要遵循心理发展的特点，对儿童的成长、学习规律给予充分尊重，从而提升儿童的综合素养。因为懂得，所以理解；因为理解，所以尊重。只有孩子真真切切地感受到教师是真正懂自己的人，才会"亲其师而信其道"。

二、活动走心：打造我们的精神烙印

"带领孩子过不一样的班级生活"是我带班的目标。班级生活，是由一个个班级活动组成的。班级活动，应注重教室里情感的流动。活动的开展从师生的情感而来，也是师生情感的联结纽带。走心的班级活动，能够走进孩子们的心灵，进而引领心灵成长；走心的班级活动，可以凝聚班级精神，为班集体成员镌上共同的精神烙印；走心的班级活动，注重体验的过程，会尊重每个孩子独特的体验。当我们在走心的活动中以润物无声的方式润泽孩子的心灵，孩子的心灵就会得到丰富，就会得到蓬勃的成长。当我们和孩子一起经历了一个个走心的活动后，成长的主动性会自主萌发，孩子们也会在集体中找到归属感和幸福感。

走心的班级活动，指向与孩子的心灵产生共鸣。与学生心灵无缝对接，像呼吸一样自然而充满魅力。相对于传统的班级活动，走心的班级活动形式是灵活创新的，是注重体验的；内容是丰富的，是贴近孩子生活、指向孩子心灵成长的。当我们把平淡如水的班级常规变成班级生活中的特别时光，班级生活里就多了一份温情；当我们把主题活动设计成一个个有趣的心灵历奇活动，班级活动就多了一份特别的惊喜；当我们把一个个平常的班级日子用心经营，我们的班级生活就充满了诗意和难忘，形成成长中的共同记忆，成为共同的精神印记。

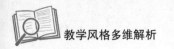

三、关系温馨：建设一间情感温馨的教室

一间装饰漂亮的教室可以复制和速成，但是一间情感温馨的教室的建设却并非一日之功。情感温馨的教室的空间也许是有限的，环境也许是朴素的，但是容量却是无限的。教室里流动的温馨情感，能够给孩子们带来最美好的心灵滋养。情感温馨的教室里，师生关系是平等的、互相尊重的。孩子们的成长是个性的、愉悦的。天地间的所有美好，都能在这里逐一显现，并汇聚成一首美好的生命之歌。

走进情感温馨的教室，温和的风带着幸福的气息而来。每一个孩子都可以在这里获得家的归属感，获得成长的成就感。在这间教室里，可以让教师和学生在充满信任、愉悦、和谐的氛围中学习、游戏、创造；信息与情感、知识与人格充分地交流与交融。在这间教室里，老师和孩子们可以书写出独一无二的班级故事。

在情感温馨的教室里，建设良好的师生关系是班级生活中的一个重要主题。良好的师生关系是孩子们自由成长的基础，也是他们主动成长的力量源泉。在良好的师生关系的基础上，教室里多了一份欣赏，少了一份恐惧；多了一些理解，少了一些叱责。

情感温馨的教室，是允许犯错的教室。在这里，错误是成长的机会，也是师生进行情感联结的机会；在这里，允许不同声音存在，因为每个声音都被倾听，每个感受都被理解、被尊重；在这里，每一次进步都被感谢，因为每个付出，每个努力都会被看见，都会被所有人由衷地喝彩……每时每刻，温暖的故事都在发生；每时每刻，教育的芬芳都在滋养着教室里的每一个人。

▶ 他人眼中的我

王老师永远是先关注我们的情绪。她和我们在一起，关心最多的是我们是否快乐！她就像一个充满爱的魔法师！

在我们眼中，王老师手中有着一根充满爱的魔法棒：合唱比赛前，魔法师会逗得紧张的你哈哈大笑，然后大家一起齐心合力获得比赛的一等奖；和同学闹矛盾了，魔法师会用神奇的力量平复你心中的孤独和忧伤，然后让你和同学和好如初；如果你累了，魔法师会轻轻地摸着你的额头，为你注入爱的力量，让你精神百倍！

这就是我最爱的王老师，一个充满爱的魔法师，一个永远充满正能量的魔法师！

（东莞市长安镇第一小学学生　钱雅琪）

《哈利·波特》这本书大家一定看过，书中的魔法神乎其神。"哈迷"们一定知道，巫师都是来无影去无踪，可我天天都可以在学校看到一个充满魅力的"女巫"。她带来各种各样的新玩意儿，比如情绪温度计，比如班级社团……有了她，我们班变得好好玩！她为我们打开了一扇窗。她没有魔杖，但她却会施展魔法，她是我心中的魅力"女巫"——王辉敏老师。

（东莞市长安镇第一小学学生　梁依琳）

她是"和善与坚定"理念的实践者，是构建师生关系的倡导者，是专业成长的引领者。智慧如她，班级管理中的各种问题都能迎刃而解；热情如她，醉心于班级管理工作的专业能力提升，永远在学习的路上；温暖如她，与人和善，善于沟通，总能在你最需要的时候给予恰当的支持和鼓励。在工作室跟随她学习的时光，我受益良多。

（东莞市长安镇教育管理中心德育专干　蔡秋玲）

她是我身边的一团火，积极、热情、引领我们在班级管理的专业道路上不断前行；她是我眼中的一颗星，善于学习，班级管理理念先进，知识储备丰富；她是我身边当之无愧的人师，她不拘泥于课本，而着眼于带领孩子走向更广阔的天地；她是一个有童心、懂童心的孩子，很多别致、新颖的方法带给我们更多的启发和思考。走近她，你会感受到为人师者的魅力！

（东莞市长安镇第一小学教师　周亚丽）

在繁杂的班主任管理中，王辉敏老师能坚守一片心中的净土，去追寻班主任专业发展的诗和远方。她有童心，能够把学生放在舞台的中央。在班级管理、班级文化、班级活动中，她能够不断地更新理念，开展诸多创新活动，触动学生心灵，体现了她对专业成长的思考和坚守。她以自己的教育智慧，关注和构建温馨的师生关系，营造了适合每个孩子成长的生命场，让每个孩子在教室里获得归属感和价值感，共享成长的快乐与幸福。

（广东省名班主任工作室主持人、东莞市莞城中心小学教师　黄艳芬）

【点评】

辉敏老师以心为径，着力建设温馨的师生关系。"心"包括了老师在专业领域的用心、智慧引领学生成长的真心，与学生相处的一片童心，也是她的教育初心。"馨"则指温馨幸福的班级文化，心心相印的师生关系。立足童心，让学生站在舞台中央；活动走心，打造师生的精神烙印；关系温馨，建设一间情感温馨的教室。"心馨相印"是她对完美教室的期许，也是她管理班级的路径。

（广东第二师范学院教授　闫德明博士）

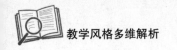

融通小课堂，畅游大语文

肖平（小学语文）

> **个人简介**
>
> 肖平，女，东莞市长安镇金沙小学语文教师，小学一级，教导主任。广东省周奇名师工作室成员，东莞市第二批语文教学能手，长安镇优秀教育工作者、十佳师德标兵。曾获东莞市语文教师素养大赛一等奖，东莞市语文教师能力大赛二等奖，其优质课、录像课多次获镇级一等奖。主持省级课题1项，市级课题2项，多篇论文发表和获奖。

▶ 我的教学风格

2017年，教育部印发了普通高中课程方案，方案明确提出了语文学科的核心素养，主要包括"语言建构与运用""思维发展与提升""审美鉴赏与创造""文化传承与理解"四个方面，这是一种立足于学科知识又高于学科知识的综合素养，是对知识、能力、态度的综合与超越。核心素养视域下，小学语文教学如何实现学科的核心素养？我认为，融通是小学语文教学的重要理念和根本策略。

一、融通

融，融合，是过程，是学习的最佳手段。通过融汇多元的学习素材，提升认知的广度和深度；通过融会多元的学习方式，提升学习的效度和力度；通过融通素养要素之间的联系，以培养完整的人。

通，通达，是目的，是认知的最高境界。通过打通不同知识之间的联系，构建生活与语文的通道，提升认知的系统性、层次性，学得通透，能在语言文字的实践中融会贯通且灵活运用。同时，在学习过程中，通过联通多元学习原理，让学生从学会到会学、乐学、善学，从而实现学法的通达。

二、大语文

"大语文"这个词最早由已故特级语文教师张孝纯老师提出，大语文的"大"是相对于传统语文课而言。传统语文课，更像是语言文字课，学习内容局限在课本上，考试范围也不会超过课本。

打开《现代汉语词典》，语文的意思并不是语言和文字，而是语言和文学，"文"字往大了说还能理解成文化。这样比较下来，传统语文课把语文上"小"了，而大语文更侧重于"文"的部分，把语文教育教学放在中国传统文化之中，承载着提升思维能力、培养审美能力和传承中国传统文化的使命。大语文的"大"体现在以下三个方面。

（一）阅读量大

大语文就是要打破语文的课堂边界，给孩子提供更广泛的阅读机会，读中国的、外国的，尤其是历经时间考验的文学经典。

（二）范围大

传统的语文学习注重听说读写和语言文字的表达，工具性强，而大语文则包括语言文字认知、文学常识、传统文化素养、阅读理解能力、表达能力、写作能力等综合素质。大语文还打破了学科的边界，学习内容从语言拓展到文学、文化、历史、哲学、艺术等。

（三）目标大

大语文教育不仅仅局限于应试、考高分，而是将眼光放得更长远，注重培养孩子的阅读兴趣和习惯，积淀其文学素养，提升其语文思维，致力于让孩子获得更好的身心发展，彰显生命的意义。

融通语文，就是从语文学习的"为什么、学什么、怎么学"三个维度出发，融合学科核心素养、学习资源、学习方式等，实现整个教育结构之间的通达，在小课堂中有更丰富的学习内涵，大语文从而发挥系统的整体功能，促进学生的自我建构和完整发展。

▶我的成长历程

一、从读好一本书到读海量的书

1994年9月我上中学，我的语文老师是一个从中师毕业的应届毕业生。在那个资源匮乏的农村学校里，为了让语文出成绩，她把每一篇课文都扎扎实实地讲细、讲透，我把密密麻麻的笔记记满了整本书，精读课文的课后题也背得滚瓜烂熟。在过去的考卷上，作为学生的我，留下了不错的成绩。那时的我以为，学语文嘛，掌握好课文这一本书，背好要点就可以了。

2005年工作后的我，踏上了乌沙小学的讲台，当我自信地以为教好语文就是教好语文课本的时候，一个叫陈××的女孩却让我不再淡定。女孩的语文成绩特别棒，作文水平很高。但在她五年级下学期的时候，因摔伤了腿，在家休息了3个月没来学校上课。结果期末的时候，到学校测试，语文成绩仍然名列前茅。当我们夸赞孩子在家自觉学习课本的时候，家长却一脸不屑地说，她才没有看课本呢，这3个月读了20几本小说。得到这个消息，我惊呆了。她一节课都没有听，什么笔记也没有做，语文书都没有怎么翻，作文好、成绩好是怎么来的呢？我的自信心动摇了。我不禁想起了每天都来学校认真听我讲每一节课的学生，字词听写、默写被训练得很扎实，课本中的古诗词背默很熟练，课后题答案也背得娴熟，但是一遇到深入一点的阅读主观题、作文题，他们就显得没有灵气了，思维打不开，作文甚至千篇一律。原来，他们的症结在这里，阅读面太窄了，而我认为语文就是背好知识点，其实学生的思维、审美、文化都属于语文范畴的内容，而这些在广泛的阅读中就能找到答案。

2008年，沉思在"如何扩大学生阅读量"中的我，在一次外出学习中，认识了韩兴娥老师和陈琴老师，她们在联合推广经典海读，韩兴娥老师的海量阅读，陈琴老师的经典素读，打开了语文教学的另一扇窗。特别是去了山东潍坊韩兴娥老师所在的学校，我真真切切地感受到了海量的阅读给学生带来的语文素养的质的飞跃。回到学校之后，我马上购买了韩兴娥老师的《让学生走上阅读高速路》，学习她的海量阅读教学方法，后来又学习了蒋军晶老师的《让学生学会阅读——群文阅读这样做》、陆恕老师的《主题阅读教学策略》、李怀源老师的《小学语文单元整体教学构建艺术》，他们使我更坚定地推动学生的海量课外阅读。从自己讲书，到学生推荐书，再到各种各样的阅读实践学习单，再到像模像样的阅读分享交流课堂，一个学期过去了，学生表现出的变化让人惊喜，那些坚持看书的学生学习语文的兴趣浓了，书读多了，学生语言文字积累多了，好的词语、句子、篇章结构、谋篇布局方法等日益丰富，思维能力也增强了。辩论赛上学生张口就来，引经据典，头头是道，对文章的审美欣赏水平也提高了。总的说来，有效的海量阅读提升了学生的语文核心素养。

2013年，长安镇邀请赵志祥老师成立名师工作室，我有幸成了其中的一员。赵老师和他团队的老师为我们带来了绘本、古诗词等方面的教学成果，让我明白了在提高学生阅读量的基础上，如何让他们在阅读的质量上有飞跃。

语文不是只在语文书上，那些有温度的文字在承载着语文。就如鲁迅说的，读书如蜜蜂采蜜，不能只采一朵花，要采过许多花才能酿出蜜来，我算是真正读懂了这句话。

二、从上好一节课到组织一次活动

2006年，我代表学校参加镇里的青年教师阅读教学观摩课比赛，获得了一等奖。通过那次的磨炼，我感受到了一节好的课，教师与学生在课堂上那种心心相印、心理相容的感觉，我也很享受这种感觉。此后的好几年时间，每上一节新课，我都会到网上查找相应的名师教学实录，照着样子到班上来讲。课堂上我讲得眉飞色舞，每一个教学环节都在我的预设中层层推进，学生牢牢地被掌控着，我享受着这种课堂"女王"的感觉。

但这种感觉在一次听课后，消散了。

2013年，我校周芳老师给我们上了一节综合性学习的汇报课。课堂上，周老师只说了一个开场白,整堂课就全部交给学生了。学生做主持,分小组轮流上来展示一个多星期以来小组成员之前合作探究的关于汉字王国的收获,有手抄报、汇报PPT、情境故事表演等丰富的形式。学生在课堂上眉飞色舞,非常享受,仿佛他们自己是课堂的王者。课后,我请教周老师,她的学生为什么这么厉害。她说她们班经常举行这样的活动,让学生组队,选出组长,选好主题,制定计划,分工合作,再彩排,最后展示。在这个过程中,学生的交流表达、合作探究能力大大提升;在群策群力当中,学会听取别人的建议,选择最好的策略,一个活动下来,学生不仅学习了语文知识,更重要的是,其综合素养提升得很快。这可不是一节语文课能教给学生的。

听了她的介绍,我顿时明白了。学生的精彩才是教学的终极目的。光凭老师的讲解,学生学到的东西是很有限的。而开展活动,需要学生把学到的知识转化为能力,并在实践当中灵活运用,解决问题。一个活动融合了多种能力素养,学生得到全方位的锻炼,远远比坐在教室里被动地接受一节哪怕是很精彩的课要强。如何组织好学生的活动呢?我开启了这个阶段的读书之旅,《可见的学习》《核心素养导向的课堂教学》等一系列的书籍进入了我的书单,从中我吸收到了:组织学生的活动,一定要关注学生的核心素养。

2018年,我结识了松山湖实验小学的李芳老师,她在课程开发上颇有研究,给我介绍了钟启泉教授的《课堂转型》、柯清超的《超越于变革:翻转课堂于项目化学习》、段烨的《建构主义学习设计与课程开发等》。在此基础上,我参加了东莞市的未来课程设计大赛,虽然没有取得好的成绩,但在参与的过程中,我越来越清楚地认识到,项目化学习将是未来学习的趋势,学习应该是融合在真实的解决问题的活动当中,能不能设计并组织好活动将来可能会成为一个教师成功与否的重要标准。

为使活动育人的效用最大化,我除了认真组织好语文书中的综合性学习活动之外,还经常设计一些贴近学生生活的综合性学习活动,如义卖方案设计、招聘大会等。在一次次的活动历练中,一大批学生的组织才能得到了锻炼,大部分的学生站在台前不会怯场了,说起话来也更有理有据了,作文素材也越来越多了,学生的核心素养在活动中得到全方位的提升。

三、从设计教学到设计学习活动

2018年,我有幸成了广东省周奇名师工作室的成员。我第一次听周老师上课,是一节关于家的课。这不是一节普通的课。他把两个学期的两篇课文放在一节课一起来教,一篇是《乡下人家》,一篇是《电脑住宅》,通过比较来使学生明白散文和说明文表达的不同。这种在内容上跨越年级的融合,让听课者惊叹不已。更让我深受启发的是,整节课周老师设计了三个学习活动:学生用词语描述家→用一个句子表达感受→这样的家能打多少分,学生根据这些问题支架,合作探究思考,一步一步地把自己的想法表达出来。回想自己的课堂，我想的更多的是我要教学生什么，而很少关注学生需要什么，学生的学习过程中需要搭设什么样的学习支架，能让他自己通过"跳一跳"学到知识。那节课后，周老师给我们开了讲座，他说，体育老师上课的时候，绝不会讲太长时间，他们知道，与其自己滔滔不绝地讲，不如给机会让学生自己去练习、去感受。其实语文学科更是一门实践性学科，更应该是这样的。我们应该看到这些实践性学科的特点，发现学习原理共同共通之处，选择最佳的方式，实现学生语文素养的有效提升。

在此之后的几年，在周老师的影响下，我特别关注学生学习方式的选择，学习了很多变革学习方式的书籍，如《学习方式于学习活动设计》《以学习活动为中心的教学设计实训指南》《小学课堂学习活动设计与指导》《PBL项目化学习设计：学习素养视角下的国际与本土实践》等，从中我明白了，在教学中教师真正要研究的是学生的学，PBL项目化的学习就是融合了多学科的学习知识，在解决问题的过程中需灵活运用，发展学生的多元智能。在训练学生口语交际的时候，我想起了数学解决应用题时用到的公式，公式是思维的高度提炼，我会让学生把自己表达的思维公式提炼出来，让表达更有条理；学习欣赏古诗的时候，我会联系音乐、美术学科欣赏名曲、名画的步骤，从而走进诗人的心中……

▶ 我的教学实录

概述　讲述　转述
——统编教材五年级上册第三单元《猎人海力布》学习活动设计案例

一、教材解读

这一套统编教材采取"人文主题"和"语文要素"双线组织单元，对于语文要素进行了螺旋上升、循序渐进的系统安排。复述在第一、第二学段均有训练。从纵向看，由借助示意图复述，到了解故事主要内容，详细复述到简要复述，再到本学期的创造性复述，统编教材在编排上注重循序渐进、螺旋上升。

这一组教材人文主题是"民间故事"，语文要素是"了解课文内容，创造性地复述故事，提取主要信息，缩写故事"。无论是课文、口语交际，还是语文园地，都有针对如何创造性复述故事的方法提示。如《猎人海力布》借助课后练习，试着以海力布或乡亲们的口吻，讲一讲海力布劝说乡亲们赶快搬家的部分；《牛郎织女（一）》借助课后练习"课文中有些情节写得很简略，发挥想象把下面的情节说得更具体，再和同学演一演"，表演本身就意味着有创造性地复述课文中的内容。口语交际《讲民间故事》和《语文园地》中的"交流平台"是对本单元语文要素如何落实的一个梳理，除了延展更多的民间故事外，还将课文中学到的方法进行了概述。

这一课教材是五年级上册第三单元的首篇课文，讲的是猎人海力布因救了龙王的女儿，得到了能听懂动物说话的宝石，但他不能把动物说的话告诉其他人，否则会变成石头。后来，为救乡亲们，他把从动物那里听到的可怕消息告诉大家，自己却变成了石头。故事赞美了海力布热心助人、舍己为人的高贵品质。学习通过多种形式创造性复述，即用表演方式学习复述形式上的创造，用增枝添叶的方式学习复述内容上的创造，用角色扮演的方式学习复述人称上的创造，用联系前后文内容的方式学习复述顺序上的创造。

二、学习目标

（1）正确认读4个生字，会写11个生字，正确理解"酬谢""牺牲"等词语的意思。

（2）练习默读课文，了解海力布从获得宝石到变成石头的经过，概述课文，体会海力布热心助人、舍己救人的高贵品质，感受民间故事所传递的真善美。

（3）能以海力布或者乡亲的口吻讲述海力布劝说乡亲赶快搬家的部分，学习创造性复述故事。

三、学习重点、难点

学习创造性复述故事。

四、指向复述的学习活动设计

（一）概述：一张导图，两个故事

1. 完成思维导图，梳理故事

默读课文，（出示思维导图，如图1所示）学生利用思维导图，全面清晰地梳理课文内容。

2. 结合思维导图，合并情节

交流思维导图中填写的内容，引导学生合并相关情节，把整个故事概括成三个部分。

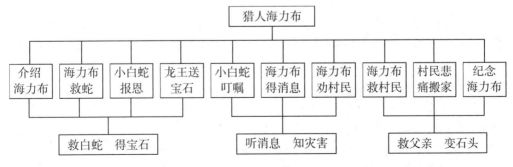

图1 思维导图

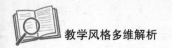

3. 利用导图，概述故事

引导学生说说几件事情的联系和故事中前后关联的细节，引导发现海力布"救白蛇得宝石"和"救乡亲变石头"这两个故事之间的关系，知道前一个故事埋下的伏笔，在后一个故事的发展中一步步呈现出来，在此基础上概述课文。

（设计意图：学习创造性复述，首先要建立在对文本熟悉的基础上，而本文相对较长，对于学生来说全面把握故事情节有难度。基于此，这个活动的设计，需要为学生搭设学习支架，这里用的工具是思维导图。通过一张导图，让学生梳理出故事内容，进而合并相关情节，概括关于海力布的三个故事，进而概述课文。）

（二）讲述：一句话，三句话

1. 熟悉情节，朗读体会

（1）聚焦课文第8～9自然段，学生默读批注最能体现海力布"舍己救人"精神的细节。

（2）全班交流，引导学生关注海力布的语言、神态，关注文中的语气词和标点，体会人物由着急到镇定的内心活动，感悟海力布舍己救人精神的伟大。

出示：急忙、急得掉下眼泪、镇定。

    咱们赶快搬走吧！
    这个地方不能住了！
    赶快搬走！再晚就来不及了！

（3）指导朗读，感受海力布内心的变化，感悟他的精神的伟大。

2. 联想提示，详细讲述

（1）在朗读熟悉情节的基础上，引导学生想象海力布在劝乡亲们搬家时，"急忙、焦急、急得掉下眼泪"背后，海力布究竟是怎么想的？看到乡亲们不愿离开，他的想法、语言还可能有什么具体变化？最后又是怎样决定说出实情的？帮助学生打开思路。

（2）在学生关注乡亲时，引导学生思考：忽然听到要搬家，要离开居住的地方，会怎么想，怎么说？听到海力布说出实情，忽然变成石头，又会有怎样的变化。

（3）出示提示，学生练习"增枝添叶"，由一句话展开想象变成多句话，详细讲述劝搬家和说实情这一段故事。

海力布听到消息后，他心里想：_____

海力布急得眼泪都掉下来了，他心里想：_____

海力布镇定下来了，他心里想：_____

乡亲们听到海力布要他们搬家时，他们心想：_____

乡亲们看到海力布急得掉下眼泪时，他们议论纷纷：_____

乡亲们看到海力布变成石头了，他们：_____

（设计意图：通过概述，为创造性复述打好了基础。这个活动聚焦关键情节，抓住细节，在朗读品味人物形象的基础上，引导学生走进人物的内心，添油加醋地进行详细复述故事，有助于学生对故事思想内容有更深入的理解，这也是在复习第二学段中学会把握细节详细复述的方法。通过教师和学生对一个片段的共同复述，让学生温习了方法，学会了运用，对故事的内涵有了自己的感悟，为创造性地复述打下基础。）

（三）转述：一个故事，三种说法。

1. 范例引路，梳理转述要点

（1）学生扮演乡亲，讲一讲海力布劝说乡亲们赶快搬家的部分。

出示转述引子：那一天，海力布着急地劝我们搬到别处去，我们觉得很奇怪，心想：海力布是我们尊敬的猎人怎么突然要我们搬家啊？住得好好的，搬家可不容易啊……

（2）引导发现转述要点：一是对话的转述，不是简单改变人称，应该整合对话内容，提取核心信息；二是转述人的角度，转述的内容要符合扮演人身份所知道的内容，可以加入合情合理的想象；三是保持故事情节的完整性。

（3）学生扮演乡亲，在引子基础上续讲故事。

2. 尝试运用，学法迁移

（1）学生扮演海力布，以海力布的口吻讲述劝说乡亲们赶快搬家的部分。

出示引子：那一天，我听到一群鸟在那里议论……

（2）扮演石头，讲述来历。

创设情景：有一队游客来到了海力布石头前充满了好奇，假如你就是这块石头，请你写个介绍，既要精炼语言，又要讲清实情的来龙去脉，让游客驻足游览时，能迅速了解海力布石头的来历。

（设计意图：有了对故事情节的清晰把握和人物形象的深入理解，学生对整个故事要表达的内容已经非常清晰。这个环节设计了三个不同视角的复述，让学生既学习了从不同角度看故事的侧重点不同，又在视角的转化中，让学生灵活运用故事中的语言进行了创造性地复述，方法由"扶"到"放"，将创造性地复述学习落到实处。）

五、教学反思

民间故事，是口耳相传的经典，是老百姓智慧的结晶。统编教材五年级上册第三单元，就为我们带来了一个个生动感人的民间故事。《猎人海力布》通俗易懂，情节曲折，内容上紧扣单元人文主题传递真善美，同时是学习创造性复述的绝佳材料。创造性复述包含四个方面的含义，即复述形式上的创造，内容上的创造，人称上的创造，顺序上的创造。

教学中，我搭设层层学习支架，设计了三个板块的学习活动，每个活动都围绕

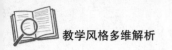

一项目标开展教学，而又环环相扣，复述难度呈梯形上升，层层搭设阶梯，极大程度地使目标聚焦化、学习过程活动化、课堂结构化，突破了创造性复述的难点。融合了如戏剧一样的表演，激活了语文课堂，把课堂的中心给了学生，在自主的言语实践中，学生对课文、对语言有了更深入的理解和认识，综合提升了学生语文能力。

语文教学，要紧紧围绕"发展儿童的言语智能"这个核心任务，凭借教材文本，引领学生围绕语文核心知识，选择、重组语文学习内容，整合、设计语文实践活动，变革语文教学方法，促进学生言语智能的充分发展和语文素养的整体提升。

▶我的教学主张

融通，既是一种理念，也是一种策略。融通理念下的小学语文教学，改变了传统教育单一、割裂、分化的弊端，而是围绕"人"这一发展主体，基于"学科核心素养"这一发展主题，把学习内容、学习方式、学习过程等要素统整起来，实现教育各要素的有效贯通，立体育人，促进人的完整发展。

一、学科知识的融通，学有结构的语文

语文其实是一门有着内在逻辑性、结构性的学科，语文知识之间充满着多维的联系。贯通语文知识之间的联系，不仅有利于知识的理解和掌握，而且对学生核心素养的发展起着重要的作用。

（一）由前及后，纵向融通，有利于明白知识的系统性、层次性

教材中散乱的知识"点"一般不具备知识迁移的功能，只有让学生理解知识的前后联系，经历知识发生、发展的过程，形成知识链，学生所掌握的知识才能得到延展和迁移。如五年级上册第9课《猎人海力布》一文，要学习的语文知识是创造性复述。创造性复述一定是建立在一般复述的基础之上的，二年级根据图文复述，三年级详细复述，四年级简要复述，这些知识点之间是密切联系的，复述的难度也是逐层加深的。所以在教学这篇课文时，就要联系前面所学过的知识，在梳理出文章内容的思维导图的基础上，结合导图的提示，先进行一般复述，再在此基础上创设情境和角色，让学生"增枝添叶"地通过扮演角色进行创造性复述。一步一步搭设阶梯，勾连前面学过的知识，在此基础上学习创造性复述。

（二）由此及彼，横向融通，有利于掌握知识之间的联系和实践运用

教学中，既要尊重不同学科、不同课程的相对独立性，又要注重不同学科、不同课程之间的渗透与融合，了解各学科之间的内在联系，学会从多种视角思考问

题。如在教学《观书有感·其一》这首格律诗的时候，我结合这首诗的押韵，带学生体会张大口的音节"开""徊""来"，在音乐中，这样的声音表达的情绪是由开阔到细腻的，正好与诗中诗人由看到的景到悟到的理是相吻合的，所以在教学中，我引导学生吟诵这首诗，从声律的角度解读了哲理诗蕴藏的情感美、哲理美。

（三）由表及里，内部融通，看到显性知识背后的东西

在确定"教（学）什么"之前先要分析和研究"为什么教（学）"，即通过教学，学生能获得什么，发展什么。只有明确了"为什么教（学）""教（学）什么"和"怎样教（学）"才能真正指向"人"，指向学生核心素养的发展。如部编版教材中引入了大量的小古文，这些小古文到底要教学生什么呢？作为传承到今天的这些小古文，都是我国语言文字中的瑰宝，在"教什么"的问题上，我们除了完成单元的语文要素教学点外，还要有指向小古文的教学内容。首先是文字，文言文是古代的书面表达系统，文言文第一个层面的教学内容就是要在文言的文字上下功夫，对古今异义，难读难解之处要着力，使学生与文言文产生亲切感；第二个层面是文学，文言文的写作章法是极为考究的，法度严谨，起承转合，在教学时要引导学生发现文言文在文学上的独特魅力；第三个层面是文化上的，比起文字和章法，更有魅力的是文言文传承着中华民族的文化，承载着我们这个民族的世界观、人生观和价值观念，所以在教学时更是要把文化的教学考虑进去。有了这些认识，就能看到文言文教学显性知识背后的东西，从而能根据教学内容确定教学的最佳方式方法。

二、学习资源的融通，学有实践的语文

2011版语文新课程标准明确提出：语文课程应该是开放而富有创新活力的，应尽可能满足不同地区、不同学校、不同学生的需求，并能够根据社会的需要不断自我调节、更新发展。应当密切关注当代社会信息化的进程，推动语文课程的变革和发展。语文学习的资源要开发，需要融合多种资源，让学生在语言文字的实践中学习语文。

如在学习中国古诗文的时候，我们就引入了徐健顺教授的《中华经典吟诵》教材和课程资源，把徐健顺教授的吟诵音频、吟诵的系列知识和古诗文的学习结合起来，让学生在吟诵中学习和创作古诗文。

如在学校的义卖活动中，我让学生自己设计班级宣传广告语，并培训"小小推销员"，让学生在义卖的过程中，把学到的知识运用于实践，收到了良好的效果。

我校位于长安镇乌沙社区，该社区保留了比较完整的宗祠文化，李氏宗祠中有非常多的诗词歌赋，在学习《轻叩诗歌的大门》这个综合性学习单元的时候，我带领学生参观宗祠，收集宗祠中的诗词，结合本土的风貌，让学生对诗词的表情达意有了更深刻的了解。

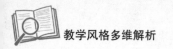

三、学习原理的融通，学有过程的语文

学习不同的学科，不同的知识，表面上呈现出来的学习方式是多种多样的。但融合在一起来看，却不外乎这三个环节：理解—联结—激活。在语文的学习过程中，把握住这三个环节，研究学生的学情，准确把握住每个环节学生的"最近发展区"，搭设合适的学习支架，让语文的学习有过程，成长看得见。

六年级下册第五单元习作《插上科学的翅膀飞》，要写一篇科幻故事，学生会遇到的难点：一是对科幻故事的概念不清楚，二是对科学技术方面的了解不多，三是对科幻故事中想象的程度把握不好。基于这些学情，我需要搭设学习支架，让学生理解科幻故事这个概念，再联结自己的构思，激活写作素材，从而能文从字顺地写出一篇科幻故事。依着这三个环节，我搭设了三个学习支架，支架一是概念支架。我找到三部非常经典的科幻电影《阿凡达》《超能陆战队》《流浪地球》，推荐给学生观看，并引导学生通过比较发现这三部电影的共同点，即以科学技术为基础的幻想故事，都属于科幻的范畴。明确了科幻故事的概念后，再搭设第二个支架，策略支架。有了三个电影的故事框架，如何让学生来搭建自己的故事框架呢？我设计了一个学习单，上面有学生自己构思的故事的框架要素，如时间、地点、人物、科学技术、情节、主题，每个要素下面提供几个选项让学生选择，或者学生自己填空，学生在选择的过程中，联结三部电影，就能打好自己习作的框架。在此基础上，再搭设第三个支架，例文支架。通过出示例文，激活学生已有的故事结构，填入丰满的内容，从而能下笔为文。

习作教学如此，阅读教学也是如此。五年级上册第三单元第一课《猎人海力布》，讲的是猎人海力布因救了龙王的女儿，得到能听懂动物说话的宝石，但不能把动物的话告诉其他人，否则会变成石头。后来，为救乡亲们，他把从动物那里得到的可怕消息告诉大家，而自己却变成了石头。故事赞美了海力布热心助人、舍己为人的高贵品质。这篇课文的重要语文要素是学习创造性复述，基于这个目标，学生必须一步一步来实现。我搭设的第一个支架是思维导图。用思维导图把文章的主要内容梳理出来，使学生理解文章的大意。第二个支架是鱼骨图。让学生找到课文最精彩的地方，如海力布劝说乡亲部分，用鱼骨图梳理双方随情节推动的心理变化，从而更深层地理解人物的形象，是对文意地进一步梳理，联结了前一步所学的内容。第三个支架是创设情境。我创设了两个情境：①学生扮演乡亲，讲一讲海力布劝说乡亲们赶快搬家的部分；②扮演石头，讲述来历。让学生选择其中一个情境来讲，从而激活了学生掌握的故事内容，并能进行创造性地复述。

四、学生素养的融通，学有儿童的语文

尼采说，教育是让人成为人的事业。"培养什么样的人"始终是教育首要、核心和终极的问题。融通理念下的小学语文教学，其目标是指向学生的"语言建构与

运用""思维发展与提升""审美鉴赏与创造""文化传承与理解",这四个素养不是毫不相干,而是相互融合,你中有我,我中有你,立体地呈现在儿童的身上,是不能割裂的,是对"完整的人"更为明确的理解和把握。

如在教学《观书有感》一诗时,如果你的着眼点只是日积月累一首诗的话,可能你的教学目标设定为背诵、默写这首诗就好了。如果你的着眼点是这首诗能提升学生的什么素养,这时你就会发现这首诗除了以背诵形式积累语言之外,还可以在吟诵中感悟诗歌的意境,发展与提升学生的思维能力,在多种形式的诵读中感受诗歌的音韵美、意境美、哲理美,更能在联系朱熹的生平后,感悟诗人生活的理趣,传承中华文化。一首诗能否成为立体育人的素材,主要是看在教学的过程中,教师有没有看见儿童。

▶他人眼中的我

在锤炼语文教学功夫、探求语文学习规律的过程中,肖平老师对课堂、对语文、对生活、对儿童的理解越来越透彻。用功之深,穷理之熟,于是,融会贯通,风格渐显。立足语文实践,着眼语文素养。肖平老师正在小学语文的通衢大道上自在前行。

(广东省周奇名师工作室主持人　周奇)

肖老师的语文教学,有大气象。她以广阔的语文教育的哲学视野,吸收传统和现代语文教育精髓,不断努力尝试从各个教学场域融会贯通,颇有见地。

肖老师的语文教学,有大真诚。走进她的课堂,迎面扑来的是她对学生元气淋漓的真诚,这种真诚充满每一个教学当下,深入每一个学生心灵。

正是这样的气象和真诚,使语文课堂上的肖老师纵横驰骋,细腻灵动,令人动容。也正是这样的气象和真诚,使语文课程中的肖老师,高瞻远瞩,运筹帷幄,令人钦佩。

(东莞市长安镇教育管理中心语文教研员　岳林杨)

肖平老师,是一名务实肯干的老师,做事一丝不苟,一旦有了目标就会全力以赴地去完成,不计较个人得失。她也是一位伯乐式的领导,她善于发现身边同事的闪光点以及教学优势,她能发挥她教学能手的引领作用,帮助身边的老师不断进步,扬长避短,蜕变成一个骨干老师。她犹如天上的北斗星,引领着大家在教学的土地上,耕耘出丰硕的教学成果!

(东莞市长安镇乌沙小学教导处副主任　陈素霞)

她是下属心中优秀的领导者,格局远大,眼光独到;她是学生心中热爱的老师,言行举止细节之中皆睿智;她是同事眼中温暖的伙伴,一路同行,携手成长!

(东莞市长安镇乌沙小学语文教师　乐晓慧)

肖老师的课堂常常是在一个个有趣的活动中进行的，为了小组的活动能完成好，我们都很投入，而肖老师似乎没有刻意教什么，但在活动中我们却学习到了很多。时至今日，在中学我能在8000多人面前主持学校广播站、班级的一些活动，都离不开小学时受到的锻炼。

（东莞市长安镇乌沙小学学生　李晴）

参考文献

[1] 金一民. 融通：小学数学教学的应然走向 [J]. 教育视界, 2016（12）.

[2] 马伟平. 融通：我所追求的语文生活 [J]. 江苏教育, 2015（46）.

【点评】

肖平老师从读好一本书到读海量的书，从上好一节课到组织好一次活动，从设计教学到设计学习活动。她认为，融通语文，就是从语文学习为什么、学什么、怎么学三个维度出发，融合学科核心素养、学习资源、学习方式等，实现整个教育结构之间的通达。在小课堂中有更丰富的学习内涵，从而发挥大语文的整体功能，促进学生的自我建构和完整发展。

（广东第二师范学院教授　闫德明博士）

简　与　真

陈叶云（小学语文）

> **个人简介**
>
> 　　陈叶云，女，东莞市长安镇中山小学语文教师，小学一级。2013年被评为"长安镇优秀教师"，2014年被评为长安镇教育科研先进个人，2018年被评为"长安镇优秀班主任"。2013年至2017年主持市级课题"以属对进行语文基础知识综合训练的实践研究"，并于2017年结题。独立撰写论文《走出低效仿写的语用误区》获长安镇小学语文学科优秀论文一等奖，《属对，提高语言文字运用能力的尝试》《教育的界限》《我们怎样向古人学写字》《好好写好字——从一个语文教师的角度去谈写字教学》等20多篇论文获省级奖。《如何做出喜欢他的样子》《教育，就是影响这一个，再影响下一个》《我和学生一起玩属对》等10余篇教育随笔发表于国家、省级杂志。

▶ 我的教学风格

　　我的教学风格是"简与真"。

　　简，即简要、集中的教学内容。

　　教学内容简要，就是一节课只安排一到两个教学内容，最多不超过3个。

　　教学内容集中，就是一个教学环节确定教什么，就只教什么，不旁生枝蔓。比如一个教学环节要教朗读，那就只是单一地循着朗读这条线去推进教学，让学生逐渐学会朗读这一篇课文，或是学会某一种朗读的方法，而不在教朗读的过程中插入识字、插入写字或者由文本内容而临时生发的其他内容。

　　教学内容简明、集中，目的是让学生学得透彻，更有效地达成学习目标。

　　真，即真语文课堂。语文课的课堂就是用言语实践的途径来提高语文素养，真语文就是把语文课上成语文课，用语文的方法教语文。

　　语文是学习国家通用语的一门课程。语文课程标准明确规定，语文课程是"引导学生丰富语言的积累，培养语感发展思维，初步掌握学习语文的基本方法，养成良好的学习习惯，具有适应实际需要的识字写字能力、阅读能力、写作能力、口语交际能力，正确的理解和运用祖国语言文字"。所以，学习国家通用语就是语文课的唯一任务。

　　小学学习国家通用语的依托是部编版教材，教材的每一篇精读课文后面均有课后练习，阅读课文前面有阅读提示，课后练习、阅读提示均明确规定了本篇课文学习的任务。虽然语文教材上的内容不等于语文教学内容，但语文教材是选择语文教

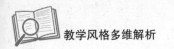

学内容的重要依据,是教学的基本资源,对教学内容的选择还是要坚持"以文本为先"的原则。用好教材课文,扎扎实实地掌握每一篇课文要学的内容,就是语文课要达成的学习目标。

在教学实践过程中,我依托教材,着力研究教材、吃透教材,解决好教学内容的问题。每一节课,我会把教学内容设计得比较简要、集中,从而使学生学得透彻。课堂上,我轻松上阵,以言语实践为活动核心,以语文综合素养地提高为目的。单纯、真实地带学生进行三位一体的语文活动训练,形成了"简与真"的教学风格。

▶ 我的成长历程

纯真,从数学老师到语文教学的转换

一、童孙未解供耕织,也傍桑阴学种瓜

小时候家里有个小商铺。母亲忙的时候,会让我们兄妹中的一个帮忙看守店铺,没被安排看店的就要分担一些家务。为了能抢到看守店铺这个比较轻松的活,我暗暗地训练自己的计算速度:反复练习自己和姐姐的数学课本上的计算题;在母亲售货时,我总在一旁积极地帮忙计算要收和找回的钱的数额。求学时期,我的数学成绩一直都很好,同学遇到不会的题,都会过来问我。我的数学知识就是在向同学讲解的过程中巩固的。中学时期,课间和晚自习,我的座位通常围着一圈求助的同学,我则坐在中间,一边拿着笔在草稿纸上圈圈画画,一边讲解数学难题。这是我们班晚自习的常态。

有了这样的数学成绩和经历,读师范学校的时候,我对数学和数学教法情有独钟。我的数学老师也常常拿一些超出大纲的练习给我做,拿一些优秀教学案例和关于数学方面的书籍给我看,并跟我谈他对这些案例和书籍的看法。他不仅在我所在的师范学校教数学,还兼任师范附属小学的数学教研指导。每隔一段时间他会去一趟附属小学,一般都会带上我和另外几个同学。我们跟着老师,或是观课,或是听他们研讨。一直以来,我都认为我以后一定是教数学的。除了一些爱好,我把我的精力都放在学习数学方面。刚开始参加工作的那几年,我也确实在教数学。而且,我还算教得得心应手,每学期期末考试,我们班的数学平均分都远超其他班。

可是,做了几年的专职数学老师后,在一个学期开学的前两天,学校通知要我到低年级"包班"!就是数学是你教,语文也是你教。面对突然的新安排,我还没来得及感叹和思考,就要拿着语文书进教室了。孩子们等不及啊,怎么办?

向名师取经吧,跟着大咖总不会错的。我抱来一堆全国语文优质课比赛录像光盘,在开学前的这几天不分昼夜地观看、学习。然后,缠着学校里那几位优秀的语

文老师，让她们答应让我进入她们的课堂听课。开学第一天，我就搬着小板凳到这几位优秀前辈的教室去观课。经过一个星期的观察，我发现这些优秀语文老师确实很厉害：课堂内容丰富，录音、图片集、视频，一个接着一个，看得我惊叹不已；老师多才多艺，画画、唱歌、跳舞、弹琴，十八般武艺样样精通；课堂气氛活跃，老师和学生都沉浸在课堂中。

接下来，我用尽"洪荒之力"，按照录像里的那些优质课的样子，搬来各种方法，让学生参与到我设计的活动中。虽然这样的开头辛苦了点，但还好，我已经学得像模像样了。

二、成也萧何，败也萧何

等我上完课后，不知道为什么，我心里有点慌。没有像教数学那样的一个内容一个内容地落实，没有在课堂上进行检测而得到及时反馈，我不知道我的学生实际学习得怎么样。我感觉两脚不着地一般的慌！不安之余，我跑去检查学生的朗读，让学生回答课后练习……我不禁吓出了一身冷汗：课文读不通，字词没掌握，词语不会用，句子不会写……我觉得自己给学生上了"假语文课"！

但是，我明明按照名师那样，把那些精彩、巧妙的教学方法都用上了啊?!

正当我恐慌、迷乱的时候，我在《小学语文教师》杂志里看到了一段王荣生教授评课的文字，"在评价一堂课的教学方法好不好之前，首先要考察它的教学内容对不对"。醍醐灌顶！原来我花了大精力去依葫芦画瓢，生拉硬扯地把别人的教学方法用在我的课堂上，却不思考名师为什么用这个教学方法，而不用那个策略。为了所谓的精彩忙碌半天，得到的却是假的精彩，实际上没有把真正要教的东西教给学生。

我打开教材，重新研读每一篇课文和课文后的练习，对照《小学语文课程标准》和《语文教学参考书》定好课文的教学内容和教学目标，针对教学内容和教学目标选择合适的教学策略。课堂上就按课前的预设，和学生一起进行朗读训练、识字练习、写字练习或是句型的打磨。一节课里，每学习一个点，我们就进行一些相应的练习，把语文知识落实到课堂里，逐一完成。这种感觉有点像在教数学：一节课要教什么，每一个例题要学生掌握什么，一清二楚；教师只要想办法让学生懂了数理，然后进行练习过关，达成目标。这样的教学让我抛弃了花架子，只教语文的教学内容，直追教学目标。轻松上阵的感觉，对于一直教数学的我来说有种亲切的踏实感。最重要的是因为一节课的教学内容比较集中，学生对知识也学得比较透彻、牢固。那个学期的期末考试，班里一共35个学生，竟然有30个语文考了100分。

慢慢地，有老师和专家来视导我的语文课，大家对我的课提出不少异议。印象最深的那一次，在读通课文后，我讲的是比喻句。我先让学生读了好几个比喻句，谈比喻句的特点；然后相继出示一些错误的比喻句，让学生发现写比喻句的通病；

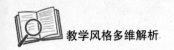

最后，让学生看图写比喻句。评课时，有老师直接指出我这是机械的语文知识训练，是题海教法，不是在语文的情境里教语文。这样训练，使学生只会做练习，而没有全面提高语文素养，不符合素质教育的发展。

老师们指出这些问题后，对于基本没有读过语文课程论和教学论的书籍，教学设计方面的书籍也比较少阅读的我，再次陷入了迷茫。没有理论指导方向，我的语文教学该往哪里走？

三、千磨万击还坚劲，任尔东西南北风

2010年，我读了王荣生教授写的《听王荣生教授评课》。在书中，我再次看到了王荣生教授的那句话："在评价一堂课的教学方法好不好之前，首先要考察它的教学内容对不对；在感受课堂教学的活跃气氛之后，更要关心学生是不是驻留了与教学内容相应的语文体验；我们还有十分的必要，关注语文课程目标的有效达成问题。"

这句话不仅让我坚定了"教学方法服务于教学内容"的做法，还让我明白语文课堂以"练习"的形式和学生进行语文知识的训练并不是错误的。只是语文课的练习不同于数学课的练习，因为语文除了写，还有听、说、读，还有人文感悟。但这些要怎么落实，还得要"练习"。

坚定了做法，从此我就依托教材，着力研究教材、吃透教材，解决好教学内容的问题。课堂上我轻松上阵，单纯、真实地带学生进行积累字词、品味语言、感悟内容、学习写法等语文活动训练，逐渐形成了我自己的教学风格。

▶ **我的教学实录**

《美丽的小兴安岭》教学实录

《美丽的小兴安岭》是部编版教材三年级上册第六单元里的一篇写景的美文。这个单元的主题是"祖国河山"。本单元课文，旨在让学生领略祖国各地美丽风光，激发学生热爱祖国大好山河的思想感情。《美丽的小兴安岭》这篇课文有一道这样的课后练习：

读下面的句子，体会加点的词语好在哪里。

春天，树木抽出新的枝条，长出嫩绿的叶子。

早晨，雾从山谷里升起来，整个森林浸在乳白色的浓雾里。

根据这些课后练习和课文的内容来看，学习这篇课文，就是运用这篇课文让学生练习朗读和词语品析，强化语文经验（认识总分总的文章结构，会总起段），从课文这则具体材料中知道语感，是对言语不经过逻辑分析的一种深刻的直觉。

一、学习目标

（1）认识"融、侧"等11个生字，读准多音字"兴、舍"，会写"脑、袋"等13个字，会写"东北、脑袋"等14个词语。

（2）正确、流利、有感情地朗读课文，能读好文中的长句子。能实现逐步体会"抽出""浸"等词语表达上的好处。

（3）练习分段概括，连起来说，把握课文主要内容，能结合课文内容，说出喜欢小兴安岭的理由。

（课堂上，3个学习目标简要、集中，而且把培养学生符合其年龄阶段的识字能力、写字能力、朗读能力和把握课文主要内容等语文课程的目标分解到课时中去落实，不做与语文学习无关的事。）

二、学习过程

（一）第一课时

1．导入新课

文字简单介绍小兴安岭，认识小兴安岭，出示课题，读课题。

2．学习生字

（1）师：课文的生字词比较多，课前的预习你有没有寻根问底地记住它们？（课件示生字词：小兴安岭、侧着脑袋、欣赏、浸在、乳白色、利剑、树梢、宿舍、显得、药材、膝盖、来临、宝库）请你大声地读一读，不会读的或是不敢确定读音的字，可以翻开书看看上面的注音。

学生自由练习读词语。

①师：谁先来试着读一读。

生1读（全对，声音稍小）。

师：哇，你全都读对了！读得这么好，我想让你当小老师带大家读一次。可以吗？

生：可以。

师：我提个要求，声音稍微大一点，让大家都能听得见。来吧。

生1做小老师带读词语。

师：给点掌声感谢小老师。（生齐鼓掌）

②师：小老师带大家读了一遍了，你现在有信心读好它们了吗？谁来读？

生2读，把"梢"读成了"sāo"。

师：声音大小合适，可有个地方读错了。你们听清楚了吗？哪里需要给他提个醒？

生3："树梢"的"梢"应该是翘舌音。请你跟我读"shùshāo"。

生2：树梢。

师：好极了。听得认真听，读的虚心听取建议，并及时改正。请给她们掌声。

③师：还有人愿意读吗？

生4读（全对）。

④师：全对。看来，你们都认真听别人的朗读了。原来我还担心这个词语你们会读错呢（教师指向"宿舍"），结果你们一个都没错。来吧，大家自信读一读。（生齐读"宿舍"后再齐读全部词语。）

（2）说说你是怎么给生字组词的，再齐读词语。

（3）师：这些是本课要掌握的词语（课件示：东北、红松、脑袋、严严实实、挡住、视线、花坛、显得、苍翠、飞舞、名贵、药材、雪花、树洞、巨大、宝库），请你也来读一读吧。（生练习读后，指名读）

师：这些词语，你有没有不明白的？

生1：老师，我不明白"东北"是什么意思。

师：这个问题问得好。还有不明白"东北"这个词的同学吗？（一大半的同学举起了手）你提的这个问题，有这么多人不明白，证明这是个有价值的问题。（示我国地图，东北地区呈彩色，其他地区呈灰色）东北这个方位是相对于我们地图来说的。我国东北方有黑龙江、吉林和辽宁三省以及内蒙古东，由这四个省区构成的区域，简称"东北"。小兴安岭山脉在这（地图中小兴安岭呈闪烁状）。所以书上是这样描述的，请读。（课件随教师的描述，出现课文的第一段："我国东北的小兴安岭……就像绿色的海洋。"生齐读。）

3. 正确朗读课文，认识总起段、分说段和总结段

（1）师：这句话告诉我们，小兴安岭在……（生1：我国东北）

师：是的，请跟我读这一段（带学生读第一段）。

（2）师：来，我们第一大组和第二大组找个代表来比赛，看看能否把句子读通了。（两个学生比赛读，教师评价优缺点后，学生齐读第一段。）

（3）师：请认真听教师朗读第2、3、4、5自然段，特别是长的句子，老师在哪停顿的，一会你也要练习哦。（教师读后，学生自由练习，再齐读。）

（4）师：第2到5自然段分别写了什么季节的小兴安岭？

生：分别写了春天、夏天、秋天、冬天的小兴安岭。

师：对，而且是挨个儿分别写的 —— 我们把这几段就叫分说段。（教师板书：分说段）

（5）师：第6段比较短，你来练练，看看能不能读好。（学生练读第6段）

（6）学生分两大组赛读第6段，教师评价后，学生齐读第6段。

（7）教师提出概念：这一段就不是分说了，它是在整个儿地写小兴安岭。这样的段，我们叫它总结段。

（8）教师探问：前面也还有一段是写小兴安岭的，是哪一段？

生：第1段。

师：没错。都是整段在写小兴安岭，在结尾的，我们叫……（生齐说：总结段）那在开头的呢？我们把它叫总起段。（教师板书：总起段）

（9）教师指向板书：我们现在可以看一看整篇文章。第一段是什么段？

生齐说：总起段。

师：第2、3、4、5段是什么段？

生齐说：分说段。

师：第6段是什么段？

生齐说：总结段。

师：总起—分说—总结，我们把这种结构形式就叫"总分总"。请读三次。（生齐读三次"总分总"）

师：告诉老师，总起段一般是课文的第几段？

生1：第1段。

师：总结段一般是课文的第几段？

生2：结尾段。

师（笑笑）：可以这样说，其实一般我们叫它"最后一段"。中间的那些段就是——

生齐说：分说段。

（10）师：第18课《富饶的西沙群岛》也是"总分总"的结构。咱们返回第18课，快速浏览课文，找出它的总起段、分说段和总结段。

（11）学生浏览《富饶的西沙群岛》后交流。

（取例文的姿态，就是为了教）

4. 指导书写"脑袋、严实"

（1）师：这节课，我们要写好这4个字。（课件示"脑袋、严实"）请大家找出铅笔和写字本，一边观察一边书空这4个字的笔顺。

（2）学生观察，书空。

（3）师：请一边念笔画名称，一边书空和老师一起写写这4个字。

（4）教师范写，学生书空、念笔画名称。

（5）师：请你们自己练习，把这4个字都写一遍。

（6）学生练习，教师巡视，遇到要指导的弯下腰指导，用手机拍照。

（7）教师把刚才拍的照片投屏大屏幕：这是刚才写得比较好的同学的作品，我们看看他们写得好，好在哪里。

（8）学生自由说。

（9）师：对。你写的字，这些好的地方，你都有吗？再写一个更好的吧。

（10）学生练习书写。

（二）第二课时

1．复习引入

（1）师：上一节课，我们在朗读中学习了课文的生字词，昨天掌握得很好，睡了一觉你有没有把它们丢在梦里忘记了呢？

生笑：没有！

师：我不信！来读读生字卡。

（生齐读生字卡片）

师：都还记得牢牢的。提高一点难度才行，咱们到课文里读。请翻书第81页，齐读课文。

（生齐读课文）

师：再提高一点，这节课上完了，我们马上进行课文词语的听写。有没有信心？

生齐答：有！

师：老师还得提醒你用好我们的识字秘诀：读书要眼不离字，把字字词词句句烙在心上。

（2）师：通过上一节课的学习，我们认识了——（示课件：总起段。学生齐读。）

师：总起段总是出现在文章的哪个段上？

生1：总起段总是出现在文章的第1段。

师：对！总起段在文章的第1段整个儿地描写课文所介绍的内容。还有一段也是整个儿地描写课文所介绍的内容，但它是在文章的最后一段，这样的段叫什么来着？

生2：总结段。（师示课件：总结段）

师：那中间逐一分说的段又叫什么段？

生3：分说段。（师示课件：分说段）

（3）教师过渡：在《美丽的小兴安岭》的分说段，分别写了小兴安岭的春、夏、秋、冬四季。四个季节的小兴安岭，你喜欢什么季节？（学生自由说）四个季节都有同学喜欢，这样吧，我们先读一读春季。

2．学习第2段，初步学习品析词语

（1）师：谁来一个人读读春季部分？其他同学请立书，眼不离字地看着书本，听他朗读，把他读得好的地方都记下，一会要取长补短，读得更好。

（学生1读）

师：正确、流利。谁有信心比他读得更好？

（学生2读）

（2）师：已经听了两位同学的朗读，你有信心读好这一段吗？请大家一起读读春季部分吧。

（学生齐读）

（3）师：你们的朗读感染了我，我也想读读这一段，请仔细听。

（老师故意把"抽出"读成"长出"）

师：你听出了什么问题？

生：老师，您把"抽出"读成"长出"。课文的第2段的第1句应该是：春天，树木抽出新的枝条，长出嫩绿的叶子。

师：谢谢你的及时纠正！（课件示第2段第一句）

（4）师：原来课文是说"树木抽出了新的枝条"，课文不用"长出"，而坚决要用"抽出"，肯定是"抽出"比"长出"要好。说说看，为什么用"抽出"好？

（生静下来，你看看我，我看看你，没有人举手。）

师：没关系，按你的理解说说，或是猜猜也行。

生慢慢举起手：可能是后面有了个"长出"了，所以这里不用"长出"了吧。

（5）师笑笑：孩子们，请瞪大眼睛看老师。看好哦，瞪大眼睛地看（教师快而有力地"抽出"教鞭）

师：现在，你们明白"抽出"究竟怎么个好法儿了吗？

生1：抽出，很快。

生2：抽出，还很有力。

师马上承接：原来抽出这个词能写出树木枝条长得很——快，长得很有——力！这个词儿，用得多好！那这一句该怎么读？

（学生3读，把"抽出"读得稍重）

师：用得好的词就受得住我们读重。来，一起读。

（生齐读第1句）

（语感，会在直观演示上生成）

3．学习第3段，进一步学习品析词语

（1）师过渡：描写小兴安岭的夏季这部分，也有用得很好的词儿哦。请听老师读第3段，边听边想你觉得这一段中哪个词儿也用得很好？（师读第3段）

生：我觉得"葱葱茏茏"和"密密层层"这两个词用得好，让我看到了树木很茂盛。所以，我是这样读这句话的。（生读）

（2）师：不仅说得好，还读得好。还有哪个词儿也用得很好？

生1：我觉得第1句的这个"封"字用得好。（教师示课件：夏天，树木长得葱葱茏茏，密密层层的枝叶把森林封得严严实实的，挡住了人们的视线，遮住了蓝蓝的天空。）都能"封"起来了，这树叶一定密得不得了。

师：好一个"封"字！好一个"密得不得了"。你不仅根据字词的意思，还结合上下文去体会。你都能感觉出作者所要表达的意思。那这一句话，你能读得好吧？

（学生1声情并茂地读）

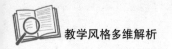

师：给点热烈的掌声。（生齐鼓掌）咱们也一起读读这一句。（生齐读）

（3）师：我还认为这个"浸"字也用得好。（示句子：早晨，雾从山谷里升起来，整个森林浸在乳白色的浓雾里。）

师：结合字义和上下文，说说这个"浸"让你感觉雾怎么样？

生1："浸"让我感觉雾很大。

生2："浸"让我感觉雾很浓。

师：说得好，再聊。很大很浓的雾让你感觉好像……

生3：让我感觉好像在仙境中一样。

师：说得太好了。那谁来读这一句？

（指名读后齐读）

（为什么是引导学生说感觉？学生对言语的把握方式，一定是基于语感的直觉而不是有步骤的逻辑分析：树叶把森林给封住了，让人感觉到树叶特别——密；雾把森林给浸住了，让人感觉这雾很——浓。）

（4）师：看吧，找到用得好的词，结合字义和上下文，这些字就给了我们灵动灵现的感觉。再把这些好词儿读出来，通过这样学习和这样的朗读，你一定能超过刚才老师的朗读。大家来试试看。

（5）学生齐读。

4．学习第4、5段，进一步学习品析词语

（1）师：读得真好！现在，你们再去读第4、5自然段一定会比你昨晚的朗读好。请你在读的时候找到你认为用得好的词，体会这个词给你的感觉是什么，把4、5段练习两三遍。试试看吧！

（2）学生朗读4、5段，教师要抓住这个机会个别指导学生读。然后指名两个学生接读第4、5段，对"没过膝盖"和"当美餐"，纠语音易错处。

（3）师提醒学生：写北风的这个句子，（课件示：西北风呼呼地刮过树梢。）有一个字用得特别好，你认为是哪一个？

生1："刮"字写得好。

师：把"刮"换成"吹"好不好？

生2：不好，"吹"太温柔了。

师：对，"北风呼呼地刮过树梢"让人感觉，北风很——大，猛，烈，冷；有力。换成"吹"，北风就好像不那么——大，猛，冷，有力了。

（4）师：还有用得好的词吗？（学生自由表达，教师相继点评。）

（5）师小结：找到用得好的词，结合字义和上下文，这些字就给了我们灵动灵现的感觉，再把这些好词儿读出来。

（检查生字的掌握，听写。）

> 我的教学主张

一、细化课程目标，达成真语文课程目标

优秀的语文教师上课，都有各自的特点、各自的风格，但那是因为各自的学识、经历、性格等原因自然形成的。这是教学方法的巧妙，而不是语文教学内容或教学目标的变异。学生学语文，重要的是学到国家规范的语文。

《义务教育语文课程标准》明确指出，语文课程要"引导学生丰富语言的积累，培养语感，发展思维，初步掌握学习语文的基本方法，养成良好的学习习惯，使他们具有适应实际需要的识字写字能力、阅读能力、写作能力、口语交际能力，正确地理解和运用祖国语言文字"[1]。

我们知道，《义务教育语文课程标准》对小学语文教学的总体目标和学段目标做出了宏观的规定。要实现其学段目标和总体目标，需要根据教学对象，依托部编版教材，来细化课程目标。也就是在面对具体的教材内容，制定教学目标、教学重点、教学难点，设计教学方法，通过清晰的教学环节，来达成我的真语文教学目标。

如《美丽的小兴安岭》，这是部编版教材三年级上册第六单元的一篇写景的课文。《义务教育语文课程标准》对第二学段的识字与写字、阅读有些这样的目标与内容："有初步的独立识字能力""用普通话正确、流利、有感情地朗读课文""能联系上下文，理解词句的意思，体会课文中关键词句表达情意的作用""能初步把握文章的主要内容"[2]。

根据学段目标和课文的编排意图，我给《美丽的小兴安岭》制定的教学目标有三：①认识"融、侧"等11个生字，读准多音字"兴、舍"，会写"脑、袋"等13个字，会写"东北、脑袋"等14个词语；②正确、流利、有感情地朗读课文，能读好文中的长句子，能逐步体会"抽出""浸"等词语表达上的好处；③练习分段概括，连起来说，把握课文主要内容，能结合课文内容，说出喜欢小兴安岭的理由。

这样的目标很明确，就是按照课程标准的要求，依照年段目标，根据我所教班级的学生实际情况，三位一体地达成本篇课文的课程目标任务，教学生学好语文。

二、教学内容简明、集中，有效达成学习目标

作为教师，我们都希望自己的语文课堂能落实具体教学目标，从而达成语文课

---

[1] 中华人民共和国教育部：《义务教育语文课程标准》，北京师范大学出版社2011年版。
[2] 王荣生：《听王荣生教授评课》，华东师范大学出版社2014年版。

程目标。但是，很多语文教师的课却不能落实语文课程目标。究其原因，一个最大的问题是语文教师所教的内容不能忠实地指向课程目标。

虽然目前我们的语文教材内容确实是能反映、体现课程内容，但教师在实施课程内容时，除了"对现成的教材内容的沿用"，还会"对教材内容进行重构——处理、加工、改编乃至增删、更换"，甚至还会"对课程内容创生"①。这样，就产生了千差万别的教学内容。加上网络上的一些教案和一些教学辅导资料，一节课下来，我们往往是既想识记生字，又想写字；既要生词积累，还要认识并学会运用比喻句、排比句、拟人句……40分钟，竟然有一二十个教学内容，东碰一下，西摸一把，看起来什么都有，结果却是什么都没有教会。

事实上，一节课并不是包含得多就好，而是学得透才是扎实，才是真的实现学习目标。王荣生也说过，"一堂课的语文教学内容相对集中因而使学生学得相对透彻"②。

还是以《美丽的小兴安岭》为例，我全课安排两个课时，第一课时安排3个教学内容：识字、写字、认识总分总的文章结构；第二课时安排两个教学内容：朗读和词语品析。而且，每一个教学内容都专一地开展教学。如在识字认字教学时，读准字音、理解意思、组词说句运用，差不多半节课的时间都是进行识字认字的活动。这样简要、集中的教学内容，老师想教的内容与学生学得的知识就能达成一致。只有学生学得透，才能真正达成教学目标。

三、教学环节有梯度递进，有效达成教学目标

教学内容集中了，我就把一个教学内容分成3个教学环节：发现、总结理解、运用，逐渐推进，让学习有梯度地进行。

以我教《美丽的小兴安岭》中的语感为例。

在教学生品析词语时，我设计的第一个环节是发现。我用直观演示的方式，让学生发现"抽出"这个词能写出树木枝条长得很快，很有力，从而体会这个词用得好的方面。第二个环节是总结理解。在朗读第三段时引导学生通过想象画面，说感受，让学生体会一个"封"字让人感觉"树叶密得不得了"，而"浸"让人感觉雾很大、很浓。第三个环节是运用。运用品析词语的方式体会"刮"，让人感受北风大、猛、冷、有力。

▶ 他人眼中的我

如果你总说你的学生学不透，明明你已经教了，却还有那么多人不会。那你去

---

① 王荣生：《语文教学内容重构》，上海教育出版社2011年版。
② 王荣生：《语文科课程论基础》，上海教育出版社2010年版。

听听叶云的课。一个教学内容从发现、识别，到拓展和运用，叶云不仅用教材教，还在课外找。我只是坐在旁边听都学会了，那些在反复练习的学生肯定已经掌握得牢牢的了。

（东莞市长安镇中山小学教师　莫健饮）

陈叶云老师的课，实在，不花哨。紧扣课标要求，教一个内容绝对会讲透、练熟。

（东莞市长安镇中山小学教师　梁福弟）

一堂课的教学内容集中，这是一节语文好课的最低标准。陈老师根据课文选编意图、结合学生实际、细分课程目标的每一个教学内容就是极其合宜的教学内容。每节课完成两到三个合宜的教学内容，累积起来就能有效达成课程目标。

（东莞市松山湖中心小学教师　刘盛柔）

陈老师跟我父母说，只要学过的知识、做过的题，我一定能记得牢、做得对。其实是，只要陈老师讲过的内容，她一定会有很多的方式让这些内容烙印在我们的心中。

（东莞市长安镇中山小学学生　余品端）

只要陈老师教过我们的，都印象深刻。"武人不带刀"我一下子就记住了"武"字是没有"撇"笔的；"两撇撇回西，一竖竖到底，十四一心想回家"，"德"字这么复杂，陈老师这样的一句话让我从认识这个字到现在，记得一点都不含糊。

（东莞市长安镇中山小学学生　孙梓豪）

参考文献

[1]　中华人民共和国教育部. 义务教育语文课程标准［M］. 北京：北京师范大学出版社，2011.

[2]　王荣生. 听王荣生教授评课［M］. 上海：华东师范大学出版社，2014.

[3]　王荣生. 语文教学内容重构［M］. 上海：上海教育出版社，2011.

[4]　王荣生. 语文科课程论基础［M］. 上海：上海教育出版社，2010.

【点评】

叶云老师把自己教学风格的关键词概括为"简与真"。简，即简要、集中的教学内容，目的是让学生学得透彻，更有效地达成学习目标。真，即纯真、真实语文课堂，目的是用言语实践的途径来提高语文素养。在教学实践过程中，她依托教材，吃透教材，把教学内容设计得简要而又集中，单纯、真实地带学生进行三位一体的语文活动训练，从而使学生学得透彻。

（广东第二师范学院教授　闫德明博士）

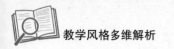

精于"有限"，臻于"无限"

訾羽佳（小学数学）

个人简介

訾羽佳，女，东莞市长安镇中心小学数学教师，小学副高级，办公室主任。东莞市第五批小学数学学科带头人，东莞市第一批小学数学教学能手，长安镇优秀教师、名师，镇教育科研先进个人，长安镇小学数学兼职教研员。主持市级课题2项、镇级1项，参与省级课题1项、市级课题5项，撰写多篇论文和教学设计，其中，《基于"翻转课堂"模式下的小学数学有效预习探究》获市级二等奖，《"五微一体"打造校本青年教师成长训练营》发表在《广东教学》，科研成果"小学数学低年级单元数学游戏的实践研究"获市级教育教学成果二等奖。积极参与教学资源制作，多次获得省市级奖励。

▶我的教学风格

数学是研究数量、结构、变化、空间以及信息等概念的一门学科。数学是人类对事物的抽象结构与模式进行严格描述的一种通用手段，可以应用于现实世界的任何问题中，同时，数学也是学习和研究现代科学技术必不可少的基本工具。数学的教学不仅是数学知识的教学，更包含数学思想的渗透、解题方法的培养，它能让学生获益终生。然而，数学课堂因受时间和空间的约束，呈现的教学内容总是有限的。作为一名小学数学教师，我庆幸自己可以站在数学知识的"起点"，在有限的时间和空间里和孩子们一起用最简单朴素的方式探索世界，探索如浩瀚星海的知识宇宙，与孩子们一起学习、成长。

何为"有限"与"无限"？有限与无限是一组相对的概念，组成反映物质运动在时间和空间上辩证性质的一对范畴。"有限"是指有条件的、在空间和时间上都有一定限制的、有始有终的东西；"无限"是指无条件的、在空间和时间上都没有限制的、无始无终的东西。

我的教学风格是精于"有限"，臻于"无限"。它可以理解为：通过不断更新自己的教育理念、提升教育教学能力，利用好有限的时间和空间，精于发现、精于设计、精于反思，追求学生在知识、能力和情感上的无限成长。以"有限"追求"无限"，将"有限"与"无限"辩证统一起来。让数学课堂焕发生命的活力，让数学的影响力从有限的课堂走向无限的人生，就是我的课堂追求。

精于"有限",臻于"无限"

▶ 我的成长历程

犹记得刚刚大学毕业的我,凭着一腔热血来到这个木棉绽放、玉兰飘香的城市——东莞。虽然语言不同、气候不同、生活习惯不同,但这是一座包容的城市,她让我在这里生根发芽,让我在有限的时间和空间里,探索着无限的可能。

一、导师引领,时有限而毅无限

我是教育学专业毕业的本科生,在数学教学上并没有特别的优势。没有经验,就凭着自己的一腔热血和对教育事业的无限热爱,结合自己学生时代的课堂体会,走上了讲台。永远记得第一次展示课上得一塌糊涂,科组老师的评价委婉而深刻:"訾老师还是不太了解课堂,不太了解学生啊。"这句话深深地触动了我。如何在有限的时间里迅速提升我的教育教学水平,成为我那时必须要解决的首要问题。从那以后,我就开始研究教材、研究教参、研究学生、研究课堂,不断地向老教师请教,听有经验的教师的示范课。感恩彼时的镇数学教研员王志辉老师,他每次都给我一些小小的鼓励,"这次的表达很清晰,教态自然。""这次的教学目标和重难点很明确!"……这些对于一个底气不足的新老师来说都是莫大的鼓励。在学校和科组的鼓励和推动下,我在课堂中不断实践、不断总结,使自己的教学水平不断提高,经过不懈的努力,我有了明显的进步,并在镇和市的比赛中崭露头角。

永远记得我坐了一个多小时的公交车去东莞影剧院听课的情景。那是我第一次听吴正宪老师的课。她灵动鲜活、底蕴深厚的课堂,让我久久不能忘却。我于是下定决心,要紧跟名师的步伐,探求课堂教学的真谛。2012年,我有幸成为"东莞市钟晓宇名教师工作室"的学员。在工作室的研讨活动中,我有了志同道合的伙伴,有了引领成长的师傅,更有了拼搏成长的动力。在工作室的引领下,我在课堂教学、论文写作、课题研究等方面都有了很大的进步。我更加关注课堂,不断提升自己的教学技巧,希望在有限的时间里通过精心的设计和精练的语言,引发学生的思考,提升学生的学习兴趣;希望在小小的教室里,为学生展现世间百态、广阔天地。

在成长的路上,总有停顿,但也总有机会让我再次启程。2016年,我在生育了二胎之后,对于自己的职业发展产生了倦怠之感。不过值得庆幸的是,我有幸参与了长安镇教育局举办的"青年骨干教师培训班",更加幸运的是,有一位睿智的长者闫德明教授作为导师,引领我们开始以阅读的方式汲取力量。于是,我更加关注数学课堂以外的广阔世界,短短一年的时间,我认真阅读了10余本教育教学名著,撰写读书卡和读书心得。从那时开始,我就意识到自己要从一个被动生长的教师,转变为一个厚积薄发、内驱成长的教育者。从那时起,我就更加坚信我的课堂不应仅仅是数学课堂,而应该是包罗万象的知识生发地。

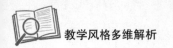

二、课题研究，力有限而意无限

从另一个角度来说，我的成长经历又可以分为"前课题时代"和"后课题时代"。前课题时代的我，不懂课题为何物，敬而远之。虽然在学校大环境的要求下，完成了一个小课题研究，但仍然不可避免的浅显粗陋，羞于见人。

随着教龄的不断增长，内心觉得课题研究越来越重要。正如林崇德所说："教师参加教育科学研究，是提高自身素养的重要途径。"① 机缘巧合下，2016 年我成功立项市级规划课题"小学数学单元数学游戏的实践研究"。在金沙小学科研导师陈志平主任和吴晓燕老师的指导以及课题组全体成员的努力下，我开展了 3 年扎实有效的研究工作，积累了丰富的教学资源，形成了有效的教学策略。并且，我把课题的研究成果成功地推广到兄弟学校，与兄弟学校的老师交流，获得了兄弟学校老师和学生的好评。不仅我的课题成果获得了市科研成果二等奖，我自己也逐渐养成严谨的工作作风和科研意识，学会了用"做课题的思维"来对待工作。

"板凳要坐十年冷，文章不写一句空。"范文澜先生这句对联告诉我们，做课题要踏实肯干，要有坚定的信念和决心。2019 年，我结合自己负责的青年教师校本培训项目，再次成功立项市级规划课题"构建'五微一体'青年教师成长训练营的实践研究"。这是一个学校综合课题，需要我充分考虑各方面因素。从写课题申报书起，我就开始翻阅大量的文献，字斟句酌。在课题参与者上，我精心筛选、积极协商，避免人浮于事；在课题设计上，我逐步落实、分工明确，避免形式主义；在实践阶段，我着重实践、努力创新，避免闭门造车……

我并不是一个善于写作与归纳的教师，但在做课题的过程中，却让我的教育教学工作目标更加清晰，思维更加严谨，视角更加多样化，课题研究带给自己的能力提升是不可估量的。我也并不是一个课题"专家"，但我愿意用自己做课题的故事去鼓励身边的数学教师，为他们的课题提出自己的意见，让他们领悟到做课题的重要性，同时让他们不惧怕做课题，且善于做课题。

三、学校工作，事有限而益无限

作为教师，我兢兢业业地上好每一节课，作为学校的一分子，我也努力完成学校的其他相关工作。学校工作是人的工作，需要情感的链接和共鸣。如何在有限的时间里达到最好的工作效果呢？我认为要真诚、踏实、勤勉，让身边的人信任和信服。

（一）向诚而为，逐信家长

刚刚参加工作时，家长多半是不信任新教师的。为了让家长们放心把孩子交给我，我经常会跟家长聊天，了解每一个孩子的特点。虽然自己那个时候还没有孩

---

① 林崇德：《教育科研：教师提高自身素质的重要途径》，载《中国教育学刊》1999 年第 1 期。

子，但是我会把班上的孩子看成自己的孩子。把教书作为育人的手段，无时无刻不把学生的习惯养成记在心里。一有时间，我就会跟孩子们一起整理书包、书桌，一起玩数学游戏，一起聊数学故事，学习数学家的探求精神。家长慢慢地觉得放心了，愿意接受我的意见，也非常积极地配合我的教学工作。我一直保留着每一届学生的聊天群，也时不时在群里了解孩子们的情况。逢年过节，在群里互报安康，我想这就是教师最大的幸福和财富。

（二）向实而动，逐信老师

在做科组长的几年里，我深感责任重大。我有责任肩负起科组教研的重任。我规划了科组的研究方向，扎实开展科组教研。针对科组青年教师出现的较多问题，首创"数学青年教师成长训练营"，通过构建青年教师成长训练营"微阵地"，开展青年教师成长训练营"微讲座"，制定青年教师成长训练营"微读书分享"实施细则，打造青年教师成长训练营"微引领"研修团队，搭建青年教师成长训练营"微比赛"展示平台等活动，改善青年教师的教学行为，提高青年教师的教育科研能力，促进青年教师终身学习。同时，打造本校骨干教师队伍，我所在科组的多位教师在市镇中获得优异成绩，有6位教师成为市级教学能手。我也希望我身边的同事能把这种互助的精神和态度传递下去，助力青年教师成长。

（三）向勤而发，逐信学校

2020年8月，因为工作需要，我调动至长安镇中心小学，负责学校德育工作。面对完全陌生的领域，我唯有至勤至简，用心完成每一项学校交给我的工作。同时，我也在不断地反思自己的工作方式、时间管理方式，以及与人相处的方式等。我逐渐悟出了常规工作要全面具体，组织活动要思路清晰、大胆创新，与人相处要设身处地、换位思考。这一切都要感谢校长们的时时提点，感恩团队小组的理解互助，感念老师们的多番包容。同时，我也相信自己能很快适应新的岗位，取得更大的进步。

同事经常"笑"我太傻、太实在、太较真……而我却觉得没有功利心地做事才能事半而功倍，事全而数倍，才能"以无招胜有招"。罗振宇曾经说过："认真地做好每一件事，事情的本身可能价值都不大，但是在别人的眼里，我们会收获信任，而信任会带来不可预估的价值。"

▶ 我的教学实录

"认识百分数"课堂实录

师：谁认识老师的名字？
生：什么，什么羽佳。

师：当我们学习一个生字的时候，我们通常要学习什么？

生：怎么写，怎么读，还有什么意思。

师：好的，老师告诉大家，这个字读"zī"。看来我们的数学课还能学习到语文知识呢。其实在学习一些数学知识的时候，我们也需要从读法、写法、意义这几个方面来学习。好，我们开始上课。

（设计意图：将数学知识的学习方法与其他学科知识的学习方法联系起来，让学生意识到认识事物的普遍方法。）

一、生活经验，感悟初识

师：老师前一段时间看了一场电影。因为疫情，我们不能去电影院看电影了，直到今年的7月，才恢复开放电影院，但是为了安全，某一城市要求一场电影的售出票数不能超过全场票数的……，这个数是什么数？

生：百分数。

师：你们认识百分数吗？通过预习，对于百分数，你已经知道了哪些内容？

（设计意图：百分数在日常的生活中运用非常普遍，用身边的热门话题引出百分数，让学生感受到数学源于生活。）

生1：我知道怎么写，比如说45%，先写45，再写一个百分号。这个符号是百分号。

生2：我知道怎么读，先读百分之，再读数字。

师：老师还带来了一些百分数，同桌互相读一读。

师：通过读这些百分数，我们发现这些百分数都读作"百分之几"。

师：刚刚大家都介绍了自己对百分数的认识，说得非常好，那么大家根据自己对百分数的了解，你觉得下面哪场电影是符合要求的呢？（如图1所示）

 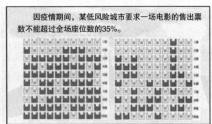

图1 电影出票情况

生：第二个，因为第一个人数太多了。

师：好的，要想知道第二个究竟符不符合标准，我们应该怎么办？

生：数一数。

师：数什么？

生：数一数全场的座位数和已经卖出的座位数。

师：我们可以叫做已售票数和全场票数，然后再把这两个数据进行比较。好的，为了让大家更快速地数，我把它们搬个家。看！你数到了什么？

生：全场座位数是100个，售出票数是35个。

师：所以，售出的票数是全场票数的……

生：百分之三十五。

师：假如用一个小正方形表示一个座位，那涂色的部分表示的是——

生：已售票数。

师：大正方形就是——

生：全场的座位数。

师：所以，35%表示的意义就是已售票数是全场票数的百分之三十五。

师：大家看，这就是我们之前研究分数和小数时用过的百格图。

二、基于图形，探究建构

师：课前，老师让大家自己收集了百分数，你能在百格图上用涂色的方法表示自己的这个百分数吗？好的，请看要求。（如图2所示）

因疫情期间，某低风险城市要求一场电影的售出票数不能超过全场座位数的35%

涂色部分：售出的票数：35
大正方形：全场座位数：100
35%：售出的票数是全场座位数的$\frac{35}{100}$。

动手操作：
　涂一涂：在百格图上用涂色的方法表示出你收集的百分数。
　想一想：涂色部分表示什么？大正方形表示什么？这个百分数表示什么？

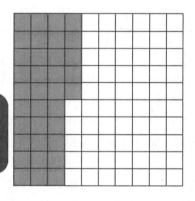

图2　在表格上涂色

师：谁来分享一下你的百分数？

生1：我收集的是衣服上的百分数，这件衣服的含棉量是99%，也就是说，整个大正方形表示的是衣服的材料总含量，其中棉的部分是99，所以涂了99格。

生2：我找到的是75%的酒精。大正方形表示整瓶酒精，其中纯酒精占75份。

生3：……

师：刚才老师在巡视的时候，还发现了一些同学不太会填，没关系，我们继续学习，希望后面的内容能给你提供一些帮助，好吗？

生：好。

师：刚才同学们说得非常精彩，那老师也收集了两个百分数，如果不画百格图，你还能说出他们的意思吗？

生1：70%表示水的重量是人体重量的70%。

生2：36%表示小学生近视的人数是小学生总人数的36%。

师：你属于这36%吗？那你属于里面多少的？

生：64%。

师：是呀，看来我们要好好保护视力。

师：好了，同学们，我们把刚刚研究的这些百分数的意义放在一起比较一下。你发现了什么？想好了吗？把你的想法跟你的同桌说一说。

生1：分母都是100。

师：是呀，怪不得都叫百分数。

生2：都有两个量。

师：有谁想补充一下？

生3：都是一个数是另一个数的百分之几。

师：是的，同学们，这就是百分数的意义，也就是一个数是另一个数的百分之几。

（设计意图：利用百格图，通过数形结合的方法将百分数直观地显现出来，通过追问让学生真正体会到百分数中两个量的"比较"，再让学生在百格图中表示出自己收集的百分数，引导学生找出相比的是哪两个量，这两个量之间有什么样的关系，学生在自主学习、交流反思中完成了部总关系百分数意义地构建。）

师：好了，同学们，通过刚才的讨论研究，我们发现，百分数的意义其实是一种分母为100的分数，那是不是分母为100的分数都可以写成百分数呢？我们来看看这两个题目，哪一个分数可以写成百分数？

生：第一个。第二个有单位，表示具体的长度。第一个表示小红的身高是姐姐的百分之九十八，是两个数量的比较，所以可以用百分数来代替。

师：你理解他所讲的意思吗？还有补充吗？那这组的两个分数，哪个可以用百分数代替？

生：第一个有单位表示具体的重量，不能用百分数代替。

师：你们同意他的想法吗？是的，同学们，这些分数有单位，表示了长度、重量，他们都表示一个具体的数量，所以不能用百分数代替。而这两句话中的分数都是表示一个数是另一个数的百分之几，所以可以写成百分数。正因为百分数是两个数量比较得来的，所以日常生活中我们又把百分数叫做百分率或者百分比。

三、巧设问题，运用提升

师：好了，同学们，现在让我们静下心来写几个百分数，好吗？大家准备好笔，老师说写就写，说停就停。

（学生写百分数）

师：写好了吗？写了几个？假如老师给你的任务是10个，你能用一个百分数来表示你的完成情况吗？

生1：90%，写了9个。

生2：100%，写了10个。

师：老师在学校的时候跟另一个老师比赛，我一口气写了80个，你认为老师完成得怎么样？

生：哇，好多。

师：可是老师要完成的任务是100个，你能用百分数来表示我的完成情况吗？

生：80%。

师：那跟总任务相比，我们谁的任务完成情况更好呢？

生：比较个数老师完成的多，但是好像完成情况还是我们好一些。

师：是啊，在完成的个数和任务总数不同时，如果要比较完成情况，用百分数比较方便，也比较合理。

师：在老师写百分数的时候，我的同事李老师也写了，他写了105个，如果他的总任务也是100个，那应该用什么百分数来表示他的完成情况呢？

生：105%。

师：想象一下，105%在百格图上应该怎么画？

（课件演示，如图3所示）

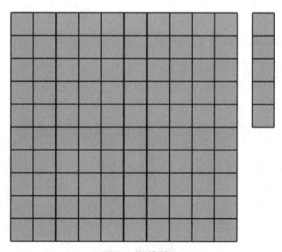

图3 课件演示

（设计意图：书写百分数，并利用课堂生成的资源连续追问，让学生在问题组串中深化对百分数的认识，突出百分数在实际应用中便于比较的优势。）

师：原来大于100%的百分数画在百格图上是这样的。我们研究了这么多百分数，你能用百分数的知识来填一填吗？

①中国神舟系列宇宙飞船七次发射都取得了成功，用百分数表示是（100%）。
②这份文件很快就会下载完了，已经下载了（　　　），还剩（　　　）。
③小明家今年的收入是去年收入的（　　　）。

师：如果第1题，总共是发射了8次呢？为什么不是8%？如果10次成功呢？1000次成功呢？有没有可能超过100%？

生：都是100%。

师：如果老师给第2题分别配上这样的图（如图4所示），你觉得填什么百分数更合适呢？这些百分数会超过100%吗？

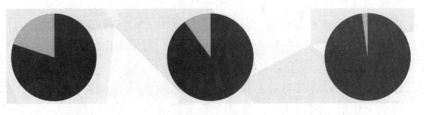

图4　第2题

师：如果老师给第3题配上这样的一幅图（如图5所示），你觉得用什么百分数比较合适呢？

师：是的，像这样的两个量相比较，这个百分数就有可能超过100%。

（设计意图：通过设计开放式的问题，培养学生发散思维，提升思辨能力。）

四、运用所学，回顾总结

师：好的，同学们，上到这里，今天的学习内容就基本学完了，你能说说你都

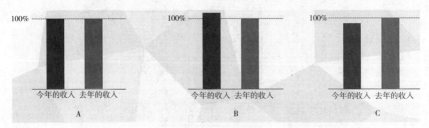

图5　第3题

学到了什么吗?

生:我学会了百分数的读法和写法,还有意义。

师:你能用一个百分数来描述一下你对这些知识的掌握情况吗?

生:90%,80%。

师:好的,希望大家在以后的学习中能够学到更多的百分数知识。今天,这节课我们就上到这里。同学们,再见!

▶ **我的教学主张**

物质世界是有限和无限的辩证统一。世界的整体是无限的,但世界上每个具体事物的存在及其发展过程在空间和时间上又都是有限的。无限由有限构成,有限包含着和体现着无限。有限的课堂是学生系统知识的生发地,更是学生学会学习,提升解决问题能力的练习场。因此在日常教学中,要将有限的学科知识与其他学科和生活场景进行合理地整合,在有限的课堂中生发无限智慧,在有限的时间里孕育学生未来发展核心素养。

一、课堂生成,以有限内容展无限智慧

智慧的生发,需要主动思考,勇于质疑,积极探究。学生的智慧萌发的最重要场所就是课堂。数学课堂不仅要让学生长知识,更要让学生长智慧。我希望孩子们能够充分地、有理有据地表达心声,我期待我的课堂多一点沉思,少一点作秀,多一点思维的碰撞,少一点人云亦云的附和。因此,我非常善于发现教学资源,注重课堂生成,以培养学生的思辨能力。

在"扇形统计图"的一节练习课中,发现有这样一道练习题(如图6所示):下面是国华电器商场2018年10月3种家电的销量分别占本月3种电器总销售量的百分比,请把图形和统计表补充完整并回答问题——如果你是商场经理,根据以上统计,对你有什么帮助?

对于表格中的数据,学生填写并不存在问题,但是对于问答题,很多学生受到以往做题经验的影响,普遍回答:"应该多采购一批空调。"但是我认为,题目中说的是10月的家电销售情况(当然并不排除出题人的笔误),10月在我国已经开始

产品	彩电	冰箱	空调
产量/台	680	420	900
占本月3种电器总销售量百分比			

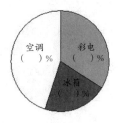

图6 国华电器商场2018年10月3种家电的销量百分比

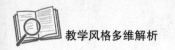

进入秋季,为什么空调的销量还会这么好呢?难道数据告诉我们的仅仅就是这些吗?

于是,我进一步提问:"10月份,天气怎么样?"

生:"开始凉快了。"

这时有一些学生开始发现问题,窃窃私语:"对啊,为什么天气凉了,还能卖出去这么多空调呢?"

师:"对啊,为什么呢?"

生1:"是不是搞了国庆促销?"

生2:"可能是夏天卖不出去的,降价出售了。"

生3:"电器行还有很多其他的家电,应该进一步比较得出结论。"

师:"是啊,同学们,这组数据统计的是出售的台数,并没有显示盈利情况,那么,我们能不能仅仅看到出售的台数就多进货呢?"

生齐答:"不能!"

师:"那如果你是经理,你该怎么做呢?"

生1:"冰箱也是制冷的,但是卖的太少了,可以学习一下空调的销售方法,加大宣传或者搞促销活动,把冰箱的销售量提高一些。"

生2:"进货要多分析、多比较,不能只从卖出多少判断进货量。"

师:"嗯,不错,有想法,看来你们已经能够发现统计数字隐藏的信息了。"

史宁中教授说:"统计与概率领域的教学重点是发展学生的数据分析意识,培养学生的随机观念,难点在于如何创设恰当的活动,体现随机性以及数据获得、分析、处理进而作出决策的全过程。"信息和技术作为现代社会发展的重要基础,数据信息为人们的选择和判断提供了重要依据,"运用数据进行推理"也日渐成为一种重要的数学思维方式,我努力在课堂上给学生提供看、说、想的机会,不能简单地模式化处理练习题,而应该适当引导学生根据日常实际情况进行分析,体会数据中蕴含的信息,鼓励学生掌握数据分析的方法,根据问题的背景来做出适当的判断。这样才能让学生真正学会利用数学解决生活中的问题,从而实现数学的应用价值,增长学生的智慧。

二、教学设计,以有限手段育无限素养

"教书"是手段,"育人"才是目的。数学教学不应该变成固化的解题技巧和熟记解题公式。数学思维,也不止可以用在解决数学问题上,还可以迁移到更广阔的场景中,帮助人们解决小到衣食住行、大到人生抉择的各种生活问题。波利亚曾说:"解题是一种实践性技能,我们可以通过模仿和实践来学会任何一种实践性技

能。"① 我们平时所说的洞察力、判断力、创造力、思维能力等，其实可以通过不断模仿和实践解题技巧来提高。因此，要在有限的数学课堂内，通过精心的设计，帮助学生形成良好的思维习惯，培养学生的核心素养。

（一）创设丰富的教学情境

布鲁纳说过："学习的最好刺激，乃是对所学教材的兴趣。"教师若能寓教学的内容于具体、生动、趣味的情境之中，必然会激发学生学习的兴趣和求知的欲望，产生对知识的渴望。因此，在教学时，我经常会联系实际，创设有趣的生活情境，引导学生积极参与。比如在教学"认识百分数"一课时，我创设了疫情期间电影院的电影上座率的情境，让学生感受到数学来源于生活，从而让学生想知道什么是百分数，百分数究竟表示什么，于是，学生带着对知识的渴望和悬念进入新的探索和求知过程，从而激发学生思考的欲望。

（二）串联问题形成组串

2011 年版课标在总目标中明确强调，小学数学教学要"增强学生发现和提出问题的能力，分析和解决问题的能力"②，要将创新意识的培养贯穿数学教育的始终。而学生自己发现和提出问题是创新的基础，分析问题和解决问题是创新的核心。在数学课堂中，我依据学生心理特点和生活实际，设计"问题串"，将一节课的知识、能力、情感等目标构成问题系列，引导着学生由外而内、由浅入深、由表及里地去探索。在"认识百分数"这一课的练习环节，我设计了写百分数的活动，从写百分数入手，逐步提出"如果这次写百分数的任务是 10 个，你能用一个百分数来表示你的完成情况吗？""如果我写了 30 个，你认为我完成得怎么样？可是我要完成的任务是 100 个，你能用百分数来表示我的完成情况吗？""谁的完成情况更好？"等一系列问题串，最后得出结论：在完成的个数和任务总数不同时，如果要比较完成情况，用百分数比较方便、合理。以此突出百分数在实际生活中的重要作用，提升学生的数学应用意识。

（三）设计开放式的问题

开放性问题指条件和结论不完备或不确定，解题策略多样化的题目，它一般需要学生通过观察、试验、估计、猜测、类比和归纳等才能解决。国际数学教育委员会指出："在数学课堂更多地进行没有固定答案的研讨的趋势，将会使更多的学生首次体验到'科学女皇'赋予该学科的美感。"无疑，把数学开放性问题引入教学中，是提高课堂教学质量的重要而有效的途径，也是全面培养和提高学生的数学素养的重要环节。在设计"认识百分数"的另一组练习时，我通过开放式的问题，如"这些空可以填哪些百分数？""如果老师给你提供了这样的图形参考，你还可以怎

---

① ［美］G. 波利亚：《怎样解题：数学思维的新方法》，涂泓、冯承天译，上海科技教育出版社 2007 年版。

② 中华人民共和国教育部：《义务教育数学课程标准》，北京师范大学出版社 2012 年版。

样填？"让学生进一步加深对百分数的理解，不仅可以为他们后面学习扇形统计做铺垫，还可以引导学生有理有据地表达，培养学生的发散思维。

三、学科整合，以有限知识获无限能力

在教学内容设计上，我突破了数学学科单一的教学方式，将数学知识与德育、英语美术、电脑课进行有机整合，开展项目式学习，让数学的应用价值体现在解决具体的生活问题中。

2019年，我与金沙小学的张腊老师、李碧贤老师，结合数学教学和时下流行的理财教育，创编了儿童财经素养教育系列课程"小小巴菲特——未来银行"。案例主要源于我们发现很多学生缺乏对金钱的正确认识，而且很多孩子存在盲目攀比、奢侈浪费等行为。从长远来看，缺乏消费计划和理财规划的人，也很容易成为"卡奴""房奴""月光族"。课程通过开展"货币小侦探""未来银行""小小CFO（首席财务官）""旅行规划师"及生动的绘本剧表演等单元主题活动，使学生掌握基础的财经知识及理财技能，树立正确的财富观和人生观。

2020年，我结合德育工作，设计了"安全与符号"项目式学习案例。案例来源于日常德育工作，我发现学校的走廊空场是学生课间的主要活动场所，由于小学生天生好动，在下课的时候经常在走廊大堂追逐打闹，因此也造成了很多安全事故。安全标识，是指使用图形、颜色、字母等相结合的方式来表明存在信息或指示安全健康。六年级数学复习阶段，教师会和学生对平面图形相关知识进行归纳总结。在此基础上，我们希望结合心理学科和美术学科上对颜色和轮廓的研究，站在学生的角度设计出适合孩子们使用和观察的安全标识牌，从而培养学生的知识综合运用能力及创新能力。活动一方面可以让学生复习平面图形的相关知识，另一方面又需要学生通过调查研究发现张贴标识的最佳位置，也是对统计相关知识地综合运用，发展了学生的数学素养。通过"安全标识"设计发布会，学生阐述了自己的设计理念、设计过程和张贴场所，还通过投票的形式选出最优方案，发展了学生的语言表达能力。

相信在项目式学习的大背景下，数学学科将会越来越多地与其他学科进行整合。在这个过程中，教师应组织学生广泛开展实践活动，走进实际生活，让学生在活动探究中学会生活、学会做人。

▶ **他人眼中的我**

訾老师是一位善于思考的老师。她的教学形式丰富而有效，善于挖掘身边的生活素材，设计有深度、能引发学生思考的教学内容；练习的设计更是别具一格，让枯燥单调的练习题变成了连成串的珠子，让人意想不到。訾老师深得学生爱戴。在她的课堂里，同学们都能积极投入其中。

訾老师也是一位热心的老师，她是我们的师傅亦是我们的知心姐姐。为人直率、大方的她非常乐意把自己的教学经验和心得分享给青年教师，每当我们遇到困难时，她总能在需要的时候向我们伸出援手，给予我们无限的力量。我们也深受訾老师的影响，把这种乐于助人的精神传递下去，在科组形成了互帮、互助的教研氛围。

（东莞市长安镇金沙小学教师　孙颖湘）

訾羽佳老师曾是我的数学科组长，我对她的印象就是"时间管理大师""美少女战士"和"生活达人"。她是市学科带头人、市教学能手、钟晓宇名师工作室成员、市课题主持人、镇青年骨干教师等，加之二胎归来，她身上的头衔所承载的责任和工作，让我望而生畏。但是，她就像是个资深的时间管理大师，把一切排得充实而井然有序，总是能在有限的时间里完成各种各样的工作。我常和同事打趣，说她是永远鸡血满满、不会喊苦喊累的"时间管理大师"。为什么说她是"美少女战士"呢？那是因为訾老师总是笑容满面，常常"拯救"我们于"水深火热"中。无论哪个同事参加比赛，她都会组建出一个优秀的备课团队，并带领团队加班加点地出谋划策，帮助参赛老师取得成功。我能取得镇、市课堂教学比赛一等奖，确实少不了訾老师的指导和帮助。除此之外，她还关注科组每一位老师的成长和需求，科组的年轻教师特别喜欢找她聊职业、聊生活，她也会耐心地为我们拨云见日、排忧解难。作为科组长，在做一些重要决定前，她也常参考教师们的意见，尽量做到公平、公正、公开，让每一位教师都能获得幸福感和归属感。如此繁忙的情况下，还能每天坚持跑步，这让她永远元气满满。在家的时候她是个好妈妈，她除了每晚陪伴孩子写作业，周末还带他们去踢球、看书、做手工、娱乐等，孩子们多幸福啊。訾老师的朋友圈，除了发布工作收获之外，还捕捉了许多生活的美好，为我们传递无限的正能量。

（东莞市长安镇金沙小学教师　李碧娴）

羽佳是一个"全能小姐姐"，德育工作细致到位，协助班主任备赛创意无限，数学教学认真负责，处处起到带头作用。跟羽佳搭档共事这一个多月以来，我真切地学到很多东西，用一首打油诗描写她：高效又能搞笑，金点子羽佳想，活动方案也能扛，课件设计全搞定，设计师也要叫她强！

（东莞市长安镇中心小学大队辅导员　游苑）

昨天，语涵和我聊天说了一个秘密。她说："我发现喜欢一个人，不管'他'做什么我都喜欢。哪怕'他'批评人的时候也觉得很好看，声音好听。反正就是觉得'他'做什么都是好的，找不出缺点。"天呐，我的女儿莫非早恋了？我按捺住内心的惊讶，故作镇定地问："是吗，你为什么这么喜欢'他'啊，那说说'他'有什么优点啊？"语涵一脸神秘地说："'他'啊，虽然很多时候很严厉，但是更多的时候却很仁慈；'他'很公平公正，'他'总是很体谅我们，'他'很风趣，'他'上课很吸引人，短短的40分钟似乎可以让我们学到好多知识。'他'……OH！MY

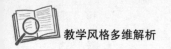

GOD，我实在受不了！"看来这份喜欢还喜欢得很深沉啊。我一听孩子这么说，一下子勾起了我这个老母亲八卦的心："那快说说，'他'是谁啊？让你这么喜欢？"她哈哈一笑："她就是我们的数学老师訾老师啊，我真的好喜欢她啊。"听完，我这个老母亲悬着的心终于放下来了。

（东莞市长安镇金沙小学 2014 级　李语涵妈妈）

【点评】

羽佳老师通过不断更新自己的教育理念、提升教育教学能力，利用好有限的时间和空间，精于发现、精于设计、精于反思，追求学生在知识、能力和情感上的无限成长。以"有限"追求"无限"，将"有限"与"无限"辩证统一起来。让数学课堂焕发生命的活力，让数学的影响力从有限的课堂走向无限的人生。精于"有限"，臻于"无限"。有诗意，有哲理，有浓浓的数学味。

（广东第二师范学院教授　闫德明博士）

寓"有意"于"无意"之中

卢妍博（小学英语）

个人简介

卢妍博，女，东莞市长安镇教育管理中心英语教研员，小学副高级，教研组组长。曾获"东莞市第五批学科带头人""东莞市小学英语第二批教学能手""东莞市优秀教师""长安镇优秀教师""长安镇名师""长安镇优秀班主任"等荣誉称号，同时取得了国际英语教师资格认证，连续4年获东莞市年度考核优秀等次。主持和参与省、市课题8项，参与编写外语教学与研究出版社和上海教育出版社教师用书2本，20余篇论文获国家、省、市奖项，并发表于东莞市小学英语教研网、人民教育出版社网站小学英语栏目、《师道》等网站和期刊。30余节课例、微课获省、市奖励，其中，4部微课作品被人民教育出版社选用，5部作品获省奖励课例，6部微课作品获东莞市特等奖，课例"Recycle 2 – Read aloud"被广东省教育厅评为省级"优课"。

▶ 我的教学风格

作为一名教师，一名教育工作者，我经常会问自己："我在为谁培养人？我应该培养什么样的人？我该怎样培养人？"这是对自己灵魂的一种拷问，同时也是对自己的鞭策与提醒，提醒作为英语老师的我，一定要清楚地知道自己到底应该要传递给学生什么。教育部普通高中与义务教育阶段课程标准修订组核心成员、北京师范大学程晓堂教授告诉我们："英语教育的目的不仅要使学生掌握另外一种交流工具，而且应该通过英语学习达到育人的目的。"很庆幸自己一直朝着这个方向努力着，努力通过自己的用心经营、精心设计让学生们顺其自然、水到渠成地学习知识，努力通过"润物细无声"的教学方式教会学生处理好人与自我、人与自然、人与社会之间的关系。苏霍姆林斯基（1984）说过："教育的技巧并不在于能预见到所有细节，而在于根据当时的具体情况，巧妙地在学生不知不觉中做出相应的变动。"这也是我努力追求的一种教学风格——寓"有意"于"无意"之中。

何为"有意"，即用心经营，精心设计。苏霍姆林斯基在《给教师的建议》中提道："在人的心理深处都有一个根深蒂固的需要，这就是希望自己是一个发现者、研究者、探究者。而在儿童的精神世界中，这种需要特别强烈。"我会在自己的课堂教学中，有意地设计更多的任务驱动学生发现问题、探索问题和研究问题；在班级管理中，有意地放手让孩子们自己去尝试、合作和反思。在教研员工作中，有意地进行问卷调查，根据教师的实际需求组织开展各种教研和培训活动。

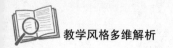

何为"无意",它追求的是一种水到渠成,自然生成的无痕教育,让学生自己去感知、体验,追求一种孩子们在课堂上的真语言、真沟通、真表达、真交流、真生成。

故我的教学风格——寓"有意"于"无意"之中,可以把它理解为精心设计,自然生成;亦可以理解为用心经营,水到渠成。这是我对自己教育教学工作的要求与期待,也是我对工作、生活的态度与追求。

▶ 我的成长历程

生命中的"贵课"

2006年一个寒冷的冬天,东北师范大学的招聘现场摆着东莞市教育局的招聘信息,职业中学、长安中学、第一小学、沙头小学……好多所学校的牌子摆在那里,不走寻常路的我把简历投进了"沙头小学",只因这个学校的名字听起来够"恐怖"、够霸气。经过层层选拔,我幸运地成为现场唯一一个不用到学校面试就可以直接签合同的人。当时校长拿着学校的宣传画册给我看,我耿直地说了句:"画册的图都是可以随便做图像处理的,谁知道你们学校是不是真的这么漂亮!"我放弃了现场签合同,并要求到学校实地考察完再决定要不要签这份合同。估计这样的事情,只有东北女汉子才能干得出来。

一、教师生涯中的第一节课

学校给了我实地考察、参观学习的机会,还安排了英语课给我观摩,之后的合同也顺利地签了。校长问我敢不敢尝试上一节课给大家看,初生牛犊不怕虎的我信誓旦旦地说:"当然没问题。"当时心里还在想:"我堂堂一个英语专业八级的大学毕业生还教不了这群小屁孩?太小看我了吧!"于是,自信满满的我没做过多的准备就潇洒地走上了我人生的第一个讲台,开启我小学英语教师的生涯路。那是一节三年级下册英语课,主要句型是"Where are you from? I'm from..."。当时的我完全不能理解,为什么两个句子能讲40分钟,那么简单的句子随便读几次不就可以了嘛!我走进教室,孩子们投来好奇和期待的目光,他们起初非常地配合,但好景不长,枯燥乏味的教学设计让学生已经没有了耐心,慢慢地开始出现学生的质疑声:"老师,我听不懂你在讲什么。""老师,我不喜欢这个游戏。""老师,你在黑板上写的是什么?"……甚至有学生走出自己的座位,就连玩游戏都没人理我了。莫名的无助感涌上心头,这跟我的想象完全不一样,可以说,这是非常失败的第一课,但它却是我生命中最珍贵的一课。

它让我收起了自己的狂妄自大,开始追求"眼中有人,心中有爱"的自我,开始懂得精心设计每一节课的重要意义。

二、出国学习的一节室外课

2009 年暑假，我通过了东莞市公派出国学习的考核，有幸赴澳大利亚墨尔本进修学习。一个半月的学习时间不仅让我感悟到了异国的风土人情，也让我感受到了"不一样的教育"。通过一堂竹林室外课，唤醒了我对人与自然、人与社会、人与自我的探索。

（一）走进竹林

"Don't cut the trees. Don't destroy the nature. If we don't have the trees, we will die."澳大利亚的一位幼儿园老师告诉我，就连他们这里三四岁的小朋友都会这样说。我有些怀疑，有些不解，为什么这么小的孩子能说出这样的话？为什么他们的环保意识这样深入？是澳洲为了环保，让每个人都要背下来吗？但当我走进一片竹林，听着 Royal Botanic Garden 的讲解员 Catherine 说的那一番话，我开始明白了。Catherine 带着我们走进竹林深处，让我们闭上眼睛，深深呼吸，静静地感受大自然带给我们的不一样的感觉。那是一种幽静、深邃，抑或是一种碰撞、沟通，更像是一种心灵与自然的对话。和谐、微妙的感觉无以言语。大约两分钟后，Catherine 让我们伸出手摸一摸竹子，"rough or smooth"？用脸贴在竹子上感受"warm or cool"？抬手用力握一下，"soft or tough"？用眼睛看一下"short or tall"？……这些都是他与学生共同体验过的。在这之前，我不知去过多少次竹林，看过多少根竹子，但这是我第一次用这种方式感受竹林，也是我第一次知道，原来竹子摸上去是那么的冰冷。突然间，我感觉自己像个残疾人，长着眼睛却不会用它来发现生活中的美，长着鼻子却嗅不到大自然的香，长着双手却感觉不到生命的温度。然而，这里的学生是用心灵感受大自然，用五官去体验大自然的。他们是发自内心地爱上了大自然。在亲近自然的同时，他们也非常自然地学到了很多单词以及不同的表达方式。

（二）走出竹林

走出竹林，想想我们的教育，是否还缺少那么一点点元素，那就是生活教育，澳大利亚的教育并不仅仅是"learning by information"，他们非常注重"learning by doing, learning by seeing, hearing, touching, listening, feeling"。他们会让学生自己去种菜。学生有自己的菜园，他们种的菜旁边还附上说明牌，写有菜名、来自哪国等信息，学生每天吃着自己种的菜，根本不用多教，就能懂得许多知识。这堂走进竹林实践的教学方式给我留下了深刻的印象，也给了我深刻的启发——教育来自生活，更胜于生活。

三、精益求精的全国赛课

2011 年，那是我第一次参加全国录像课的比赛，当时的授课内容是五年级 Unit 6 In a Nature Park，B 部分的 Read & Write。教学目标是让学生掌握基本的阅读

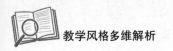

技巧以及写作技巧，让学生熟练地运用 There are... / Are there...? 的句型来描述大自然以及身边的事物。

在自己的精心准备和东莞市教研员的指导下，我在这节录像课中创设了颇具挑战性的辩论环节：老师想建座房子，不知道是建在乡村好还是城市好。让学生给建议。学生积极地为老师提出建议，我随后把热情高涨的学生引入辩论环节，全班同学根据自己的想法和见解分为"建在乡村"和"建在城市"两个小组，并进行了激烈辩论。辩论结束后，我要求学生们根据辩论的内容写一封建议信，用书面英语来建议我把房子建在哪里。这一切的活动设计是那么的精心而又显得水到渠成。第一次试课，学生在辩论环节精彩纷呈，课堂气氛活跃，师生都很享受，于是告知学校可以约拍录像的师傅，一切就绪。带着满满的自信，我走进了录播室，可往往事与愿违，这次录课失败了。学生举手率很低，很多时候听不懂老师的问题，更别说我自认为引以为傲的辩论环节了。同一节课，不同的学生，效果截然不同，我不好意思地送走录像师傅，决定再找一个班尝试，结果效果又不一样了，虽不像第一次试课时那般精彩，但也不会像上次录课那样失败。

"备学生"，市教研员的三个字点醒了我，原来我那么精心准备的一节课，完全没有考虑到学生学习方式具有特殊性的一面。不同的学生在学习同一内容时，实际具备的认知基础和情感准备以及学习水平倾向不同，这也就决定了不同的学生对同样的内容、任务的学习速度和掌握它所需要的时间及所需要的协助不同。

一直以来，我都认为自己可以熟练地驾驭教材，却忽略了学生个体，忽视了课堂中最重要的角色——学生。借班上课的经历让我关注到备课不仅要备教材，更要备学生。因此，我再次认认真真地考量自己的每一个学生，仔细研究每个孩子已有的知识经验和心理认知特点，考虑学生在不同领域、不同学习活动中的"最近发展区"。我发现我的学生仅学习人教版的教材已经"吃不饱"了，我需要给予他们更多。于是，在那个时刻，我开始坚定地走上了英文绘本教学之路，对于课堂的精心准备也有了全新的认识，它应该是学生教学活动的出发点和落脚点。

▶ 我的教学实录

Recycle 2 Period 1 Read aloud
——PEP 三年级上册复习课

一、教学内容

本部分提供的是一个阅读任务，通过一个幽默故事，帮助学生综合复习第 4 至第 6 单元的核心句型。故事发生在树林里，一只小鸟想吃面包，鸟妈妈就去鸟窝里找，小鸟趁妈妈不注意飞到树底下。突然，来了一只大黑猫，幸好鸟妈妈飞过来保护小鸟。文本内容如图 1 所示。

图 1　本文内容

二、教学过程

Step 1　Warm up—Non-stop talking

老师通过头脑风暴的形式，让学生在规定的时间内，迅速思考并说出与给出主题相关的单词。（如图2至图4所示）

T：Boys and girls, let's have a brain storm, I will give you a topic, please keep talking on the topic, and no Chinese, OK?

Ss：Yes.

T：Perfect, let's go.

图2　动物　　　　图3　食物和饮料　　　　图4　数字

T：What numbers did you say? Let's count. OK?

Ss：1, 2, 3…

T：How many fingers?（迅速伸手指提问几次）

Ss：…

T：How old are you?（随便问几个学生）

S1：I'm 8.

T：What foods or drinks did you say?（询问多个学生）

S1：Fish.

T：Have some … Can I have some…?（套用句型提问）

（动物内容同上）

（设计意图：激活背景，复习旧知。帮助学生把学过的第4至第6单元的单词与句子迅速激活。）

Step 2　Lead-in and presentation

a. Predict. What animals are in my story?

（设计意图：通过猜动物，让学生进一步复习有关动物的单词，同时激起学生对故事的兴趣。）

b. Listen and find out.（如图5所示）

通过听鸟叫的声音和鸟妈妈说的"Hey cat, go away"学生可以猜测出故事中有鸟和猫。

（设计意图：通过听故事，让学生初步感知故事，并让学生带着思维去学习。）

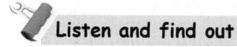

Listen and find out
What animals are in the story?
The cat
&
the birds

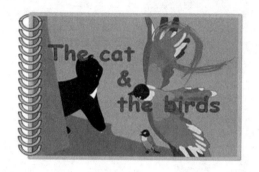

图 5　Listen and find out

c. Listen and choose.（如图 6 所示）

（设计意图：让学生从细节上感知故事。）

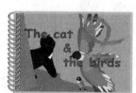

Listen and choose
The cat
&
the birds
1. The baby bird would like some B .
A: water B: bread
2. The baby bird's name is B .
A: Tom B: Bobby
3. The baby bird is A .
A: 2 B: 3

图 6　Listen and choose

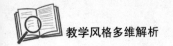

d. Look and say. （如图 7 所示）

老师发给学生的故事书上，有些句子没有贴，同时，故事的后三页也没有钉上。同学们两人一组，合作完善自己手中的故事书。

图 7　Read, stick and order

学生手中的故事书如图 8 所示。

图 8　故事内容

（设计意图：通过挖空、排序的活动，一方面加深学生对故事细节的理解，另一方面对学生是否理解故事本身做一个检测，力图培养学生初步建构文本的能力。引导学生观察、感知故事的重点内容，巩固核心句型。）

e. Watch, imitate and check.（如图9所示）

看故事动画，模仿跟读，并检查自己完善的故事书是否正确。

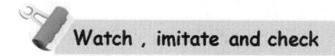

图9　Watch, imitate and check

Step 3　Practice

a. Can you read?

第一遍阅读：正常的文本。

第二遍阅读：被遮住部分句子的文本。

第三遍阅读：全部句子都被遮住的文本。

b. Let's dub.

（设计意图：通过让学生听模仿朗读、分等级朗读到分角色配音朗读，促进学生对故事文本有更深层次的理解，训练学生的语音、语调和朗读技巧，为读后的表演与建构新故事任务奠定基础。）

c. Think and say.

T：How do you think of the cat, the mother bird and the baby bird?

S1：I think the baby bird is naughty.

T：Why?

S1：因为她不听妈妈话，自己跑到树下面玩儿去了。（因不会英文表达）

T：Oh, you think he shouldn't play out without mother's permission.

T：Have you ever gone outside without mother's permission?

S1：Yes.（学生很不好意思地回答）

T：Will you go outside without mother's permission?

S1：No.

T：Why?

S1：妈妈会因为不知道我去了哪里而担心我。（因不会英文表达）

T：Oh, yes, mother will worry about you if she doesn't know where you are. So you won't do that. Nice boy.

T：Any other ideas? What about the mother bird? The cat? How do you think of them?

S2：I think the mother bird is brave.

S3：I think the cat is smart.

……

（设计意图：通过让学生分析故事里面的人物形象，促进学生对故事文本有更深层次地理解，同时用提问的形式，激发学生内心深处的真实想法和真实表达，激发学生的批判性思维能力。）

Step 4　Production

a. Let's act.（如图10所示）

图10　Let's act

寓"有意"于"无意"之中

Choose and act

Choose 1: The cat and the birds.
选择一： 猫和鸟
Choose 2: The wolf and seven lambs.
选择二： 狼和七只小羊
Choose 3: Little Red Riding Hood.
选择三： 小红帽
……

图11　Choose and act

b. Choose and act. （如图11所示）

Choose 1：The cat and the birds.

Choose 2：The wolf and seven lambs.

Choose 3：Little Red Riding Hood.

……

学生可以选择自己喜欢的情景，用学过的句型自编故事。（教师在黑板上将可以用到的句子板书，并给出示范。）

（设计意图：将4～6单元重点句型学以致用。）

Step 5　Sum-up and Homework

a. Sum-up.

（1） PK Time. （学生将课上获得的评价磁卡在规定的时间内连成句子，如图12所示。）

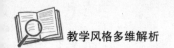

图 12　连成句子

（2）Show and check.（读出每组连好的句子，小组点评，如图 13 所示。）

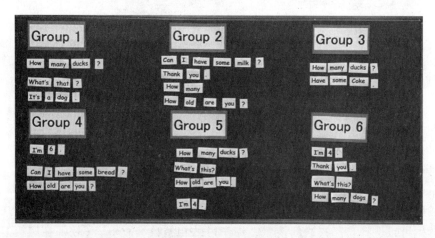

图 13　Show and check

（设计意图：通过单词 PK 环节，检测学生对本课所学知识的掌握情况，巩固加深对 4~6 单元重点句型的印象。）

b. Homework.

Make a mini-book about your story.

▶ 我的教学主张

我的教学主张是用心经营课堂。教师应该怎样去经营自己的课堂？每一堂课下来是"盈利"还是"亏损"？学生是否与你无话不说？学生喜欢你吗？你会像朋友一样对待他们吗？你教会了孩子们什么？这些都是值得每位教师思考的，也是我在教学实践中不断问自己的问题。用心经营课堂，用心去沟通、去倾听、去传授、去点亮，我们会收获不一样的爱，感受孩子们绽放出来不一样的美。这也是我所追求的"有意"与"无意"的教育。

一、用心沟通，"有意"倾听，收获"无意"的爱

教师和学生应做到心与心的沟通，像朋友般地互相理解与尊重。

亲其师、重其教、信其道。这是社会存在的现象和规律，教师亲切和蔼的情感首先给学生以安全感，从而产生信任感、亲近感。学生往往是先喜欢老师，再喜欢老师所提供的教法，然后接受学习的内容。老师要以尊重的、接纳的、了解的、协助的态度来对待学生，要以真挚的情感，从尊重学生的人格出发，做到以情感人。要尊重学生，用他们可接受的话来走进他们的内心世界。

一个合格的教师不仅是信息的传递者，也是学生倾诉心里话的对象。倾听学生的想法、需求、情感、与人的关系、价值观等，设身处地地从学生角度出发，了解学生真实的内心世界，找到问题所在，这也是教师采用什么样的教学方法和班级管理方法的入手点。在我所教的班级里有这样一个学生，从开学以来，每次留作业他都没完成，我多次把他留下来批评，可还是没效果，我很生气地问他："你为什么回家不听录音，也不让家长签名？"他眼泪都快流出来了，说："老师，我没有妈妈，没人给我买录音机。"我问他，"那你的爸爸呢？"他停了一会儿说："我不敢说，怕他打我。"当时，我对这个学生所有的不满都变为了心疼。多小的孩子，多可怜的孩子，如果我早一点心平气和地与他沟通，也不会让孩子这么为难。于是，我们约定每天他早来10分钟，读给我听，然后我给他签上我的名字，他很开心，看到他在不断地进步，我也很欣慰。这是情感的力量促使我不得不改变我原有的教学方式。这种教学方式的改变对于我和学生来说，我们在教与学中都在"有意"与"无意"之间发生了新的飞跃，我们一起享受着和谐的教与学的快乐。

二、灵活应对，用心体会，收获生成之美

叶澜教授在她的"新基础教育"中提出了课堂动态生成的观点："教师只要思想上真正顾及了学生多方面成长，顾及了生命活动的多面性和师生共同活动中多种组合和发展方式的可能性，就能发现课堂教学具有生成性的特点。"

例如：某老师在复习有关季节的内容时，与学生的对话如下。

T：What's your favorite season?

S1：I like winter.

T：Why do you like winter?

S1：Because I can make a snowman.

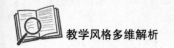

T: Hello, ... do you like winter?

S2: Yes, I do.

T: Why?

S2: Because I can make a snowman.

T: Now please talk about your favorite season with your partner.

学生自由交谈后，老师让三组学生展示了对话，结果两组学生都说喜欢冬天，而且喜欢的理由都是可以堆雪人。为什么学生的回答是这样的单调乏味？这样的对话只是停留在句型操练的层面，缺乏自主思考和感情。课后，我与几个学生进行了如下交流：

T: Which season do you like best? Do you like winter?

S1: Yes, I do. My birthday is in winter.

T: What can you do in your birthday?

S1: I can eat birthday cakes. Yummy!

S2: I don't like winter. It's too cold. My mother's leg hurts.

T: I hope your mother will get stronger.

T: 那么，上课时你们为什么不这样回答？

同学们对此的解释是：用课本上的句子回答又简单又不会出差错；不管我们怎么回答，老师对我的回答是不在意的；英语课上的问题，只要用老师提供的图片或句型随便说说就可以了。由此我们可以发现，很多教师上课时心里想的并不是学生，而是自己的教案，并没有认真倾听学生的话语。学生感到不被重视，从而产生了假对话。

在此后的一段时间，我特别注意师生的对话，发现了一些真实有意义的对话。如某老师在教六年级上册"What are you going to do?"时与学生的一段对话：

T: What day is it today?

S1: It is Thursday.

T: What are you going to do on the weekend?

S1: I am going to the Chang An Park?

T: How are you going there? By bus?

S1: No, we are going by car.

T: Is your father going to drive the car?

S1: Yes, I am going with my parents. We are going to have a picnic.

T: Wow! It will be funny.

老师通过与学生的悉心交流，及时捕捉学生回答中的信息并进行了反馈，从而有效开展了真实交流，促使语言内化。我们要善于倾听学生的回答，从中捕捉有意义的信息与学生进行交流。这样才能为课堂注入真情实感，与学生开展真正的交流。

寓"有意"于"无意"之中

三、融入生命教育，滋润童心，点亮生命

印度伟大诗人泰戈尔说过："教育的目的是应当向人类传送生命的信息。"但在21世纪拥有了高度物质文明的今天，一些现象也常令我们不安：社会上出现虐待生命的现象，有的人会因自我愿望未得到满足或遇到挫折就厌倦生命而自杀，有人因别人妨碍了自己而杀人，等等。究其原因，就是有些人不懂得生命的珍贵，不知道珍爱自己，不知道珍爱别人及生命。那么，如何将生命教育自然而又贴切地融入英语教学中呢？曾经有人说在其他学科，如语文、政治、历史、生命科学等学科中，渗透生命教育还是很容易的，在英语学科中怎么去渗透呀？英语本身就是西方文字，教师的任务是在教学生掌握语言知识和技能的同时，帮助学生更多地了解跨国文化。但是，我在仔细挖掘教材后，就会发现其实在人教版英语教材中可以渗透生命教育的内容还很多。比如，在讲PEP天气的内容前，我首先给学生提出如下问题进行讨论：①不同的季节天气是怎样的？②有没有感觉到冬天越来越暖？为什么？在讨论中，我听到了如下的句子：Many people cut the trees, the weather is warmer and warmer.（许多人砍伐树木，天气变得越来越暖。）听到这里，我终止了讨论，放了一个全球变暖、冰川慢慢融化的片段。画面中人们乱砍滥伐，过度用水用电，等等，冰川慢慢融化，海水倒灌，淹没了城市、村庄……学生们很震撼，在接下来的天气教学中也听得格外认真。最后回到前面的讨论，启发学生——保护环境就是保护自己的生命。

生命教育的实质是什么？就是要使课堂充满活力，使人受到感动，使内心变得善良、温柔、细腻；就是要引导和教育学生珍惜生命，享受生命，激扬生命；就是要努力让学生学会感动，学出意义，学得快乐。这样，我们的学生才能真正成为生活的强者，将来才能担负起振兴中华的艰巨重任。

以心灵赢得心灵，用人格塑造人格。教育来自生活，更胜于生活。让我们以一颗爱心去感染、教育学生，使学生走出学校、走向社会、走进生活，让英语课堂焕发出生命力吧！只要我们善于发现，敢于创造，我们的学生定能插上知识的翅膀，飞得更高，望得更远！

▶ 他人眼中的我

从陌生到熟悉，从相识到相知，得经过多少严峻的考验。短短几年，我们确实共同经历了不少不一般的往事，但每次只要有她站在身边，无论多难的任务最后都能完美收工。有担当、有作为、有思想、有行动、有交代，让她成为小英团队值得信任的模范；善思、善学、善用、善改、善变，让她成为我们之中的佼佼者；敢想、敢做、敢当、敢创，让她成为我们之中的胜利者！严谨细致、井井有条、勤奋上进、聪慧理智、善解人意，是我对她这位东北妹子的羡慕和嫉妒。

（东莞市教育局小学英语教研员　张凝）

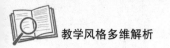

她是典型的东北姑娘，为人善良直率，待人热情，绝对"滴水之恩，涌泉相报"的践行者。

我和她的缘分始于 2010 年。记得那时候，是我非常冒昧地打电话给她，向她咨询参加公派赴澳选拔考试的事情。说到冒昧，是因为在这之前我们并没有任何工作或者生活的交集。让我没想到的是，她毫无保留地告诉了我该如何准备以及选拔考试的流程。从那时起，我们就开始了长达 11 年（依旧在继续）的友谊。

她是一位有专业精神的英语老师。她勤于钻研，善于发现，对于英语教学，总是有自己独到的见解。她从不刚愎自用，而且乐于和同伴探讨研究以及倾听别人的意见。灵动又有深度的课堂设计、润物细无声的课堂教学、亲和力极强的教学风格，让每一位听她课的学生都收获满满，也让每一位听她课的老师都受益匪浅。

她还是一位接地气、没有"架子"的英语教研员。作为一名年轻的镇英语教研员，她总是急老师之所急，想老师之所想。不论是比赛活动还是教研培训，她都能第一时间站在老师的角度进行思考和计划。这几年，她多次为老师们申请和安排了高质量的教学研修活动。老师们有比赛任务的时候，从备课到安排晚饭，事无巨细，她都跑前跑后，不辞辛劳地为老师们做好各方面的保障工作。最早到场的是她，最迟离开的是她，备课组长是她，当司机的还是她。为了工作，她牺牲了无数陪伴家人和孩子的时间，但是她依旧无怨无悔，毫无怨言地做着这一切。

很庆幸，有这样的领导和伙伴，相信长安的英语教育可以在她的带领下，越走路越宽。

（东莞市长安镇中山小学副校长　张颖）

她是我眼中的"拼命三郎"，对工作精益求精、一丝不苟。她对自己的要求近乎苛刻，无论什么时候，只要接到上级的任务，哪怕是不眠不休，她都会按时、按质、按量地完成任务。作为学科带头人，她培养青年教师更是不遗余力，为了让青年教师上好课，上出精品课，她手把手教，毫无保留，甚至老师们会收到她凌晨 3 点的留言，大家都说留言中字字都是爱。作为教研员，她更是全身心投入到每一场活动中，尤其是每年的英语口语大赛和教学能手比赛，长安的选手因为骄人的战绩被称之为"梦之队"，其实辉煌背后的努力和汗水才最珍贵、最让人感动。很愿意做她教育路上的同路人，一起去拼搏，一起加油！

（东莞市长安镇第一小学英语课组长　许彤）

有人说教师是引领学生的领路人，那教研员就是我们教师的启明星，指引着我们一路向前。我是长安镇中山小学的一名英语教师，很幸运，我身边就有这么一颗启明星，指引着我一路成长。

作为教研员，她坚持课堂教学是她的工作主阵地，作为长安英语教师教学的专家引领者，她立足于课堂教学之中，潜心研究，积极带领教师投身于教学创新和探索中，促进教师的专业成长。

她经常到各校听课，和大家一起探讨课堂教学，鼓励大家积极开展英语研讨活动和对英语教学大胆创新。还记得3年前她到我校来听课指导，她很耐心地听我叙述了整节课的思路和每一个环节的设计意图。她首先用带着光的眼神看着我，肯定了我的努力，让我充满了自信。接着，对我的课从教学目标的确立，到学生思维的构建进行了点评，并指出我们英语课堂的教学目标不能仅仅体现在语言知识技能层面，还要发展学生高阶思维，提高学生核心素养，渗透人文主义情感价值观。鼓励我们在英语课堂中大胆运用新的教学理念，大胆运用信息技术来辅助教学，如微课等。

卢老师不仅仅是英语教师专业成长路上的启明星，她更是我们一线英语教师的暖心大姐姐。她经常会跟老师们沟通，了解老师们的需求和困难。当她知道有个别青年教师缺乏自信，害怕上公开课时，她会积极鼓励，暖心指导；当她得知有英语研讨任务的老师压力大，紧张焦虑时，她会耐心沟通，爱心关怀，并最大限度地给予支持和帮助；当她知道我们有部分英语教师课题研究薄弱，缺乏开展课题研究的经验时，她便邀请东莞市科研专家曾水平老师到长安进行专业而又接地气的有关开展课题研究的讲座，让在场的老师们受益匪浅。通过此科研讲座，我有了很多的灵感，明确了课题研究的方向，开展课题研究的积极性大大提高。充满爱心和耐心的卢老师用她的真心付出换来了所有英语教师对她的尊重与信任。

卢老师说过："听了一节好课，发现了一个特别有潜质的老师是幸福的；自己的思考被证明是正确的时候是幸福的；能够获得老师们的信任与尊重是幸福的。"这就是长安镇英语教研员卢妍博老师。

（东莞市长安镇中山小学德育主任　黄芬）

Miss Lu是我曾经的班主任，我们班同学都喜欢叫她Sister Lu或者Mother Lu。我们喜欢上英语课，Miss Lu经常在课上带我们玩各种各样的游戏，我们边玩边学，总觉得英语课的时间过得好快。

（东莞市长安镇金沙小学学生　陈家琪）

我好喜欢卢老师给我们讲的英文故事，更喜欢story time之后的表演环节，我们班同学各个都抢着表演，经常有听课的英语老师说我们班的同学都是"戏精"，其实我们是因为一开始的"班级公约加分制"激起兴趣的，但后来就变成了习惯，就算不加分，我们也抢着去展示自己。现在想想，卢老师为了我们的英语学习，还真是煞费苦心。"Miss Lu，遇见您是我们的幸运，我可能不是您最优秀的学生，但您永远是我心目中最优秀的老师！"

（东莞市长安镇金沙小学学生　王宏宇）

参考文献

［1］陶行知. 陶行知教育名篇［M］. 北京：教育科学出版社，2013.
［2］金延风. 自主与引导：基于自主学习的课堂教学引导策略研究［M］. 上

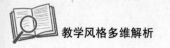

海：华东师范大学出版社，2004.

［3］中华人民共和国教育部. 义务教育英语课程标准（2011 年版）［M］. 北京：北京师范大学出版社，2012.

【点评】

妍博老师在自己的课堂教学中，会有意地设计学习任务，从而驱动学生发现问题、探索问题和研究问题；在班级管理中，有意地放手让孩子们自己去尝试、合作和反思；在具体的教学过程中，她追求的是一种水到渠成、自然生成的无痕教育，让学生自己去感知、体验，追求一种孩子们在课堂上的真语言、真沟通、真表达、真交流、真生成。寓"有意"于"无意"之中，精心设计，自然生成。这是她对自己教育教学工作的要求与期待，也是对工作、生活的态度与追求。

（广东第二师范学院教授　闫德明博士）

务本·求真

陈海燕（小学英语）

> **个人简介**
>
> 陈海燕，女，东莞市长安镇中心小学英语教师，小学一级，副校长。曾获东莞市优秀教师、东莞市小学英语首批教学能手、东莞市小学英语学科带头人、全国中小学外语教师优秀园丁。参与省、市、镇级课题研究8个，均以优秀成绩通过结题，20多篇教育论文与教学设计在省、市评比中获奖。曾编写《南方新课堂·金牌学案》辅导用书。多次参加镇、市、省、国家级教学比赛，均获一等奖，共30项，包括广东省课堂教学评选一等奖、第八届全国小学英语优质课堂教学评选一等奖；先后受邀赴广西桂林、浙江杭州、四川成都等地讲学授课20多节，讲座10余场。

▶我的教学风格

"孩子们喜欢什么样的课？"这是我执教以来一直在思考与探索的问题。我上过热闹非凡但华而不实的课，上过简朴真实却生动高效的课，上过只关注学生知识与技能的课，还上过知识与方法、思维与情感并重的课。在课堂教学上，我有过失败的迷茫，也有过成功的喜悦。这些年的教学经历赋予了我对人与事深度思考的习惯，让我逐渐清晰了自己的课的特点，找到了自己的教学风格。我的教学风格是"务本·求真"。

"务本"在字典中的解释是"致力于根本"。"务本"在教育中即"以学生为本"，是教育的核心理念，是教学的底层逻辑。学生是教育过程的主体。教育要面向全体学生，要"为了一切学生，为了学生一切，一切为了学生"。了解每一位学生的发展需求，尊重学生的个体差异，从学生的实际出发来设计教学活动，营造自由、平等、民主、和谐的人文环境，采用相应的教学策略与方法，让学生成为学习的主人，帮助学生得到最大限度的成长。

"求真"一词在字典中注解为"追求事物发展真理所在及客观规律"。"千教万教，教人求真；千学万学，学做真人"，这是陶行知先生教育的目的观，也是求真教育的真谛。求真教育，是遵循教育发展规律和人的身心发展规律，回归教育本真，通过有效的手段引导学生真思、真学、真做，获得真知识、真才能、真道德，成为一位全面发展的人的教育。求真，是育人的过程，也是育人的目标。

"务本·求真"的教学就是尊重学生成长规律，尊重教育规律，尊重学科知识内在规律下的、以培养全面发展的人为归宿的教学。教师营造爱与尊重的课堂氛

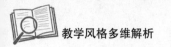

围，创设真实的学习情境活动，巧用问题为教学主线，引领学生自主探究、合作研讨、迁移运用、评价提升，让学生做教、学、评的主人，在情境活动体验中、问题解决中、合作创新中发展综合语言运用能力、思维能力，全面提升学生的核心素养。

▶我的成长历程

影响我教学风格的人与事

我的英语课，给人的感觉是"真"：老师亲和、真切；学生自信、敢想敢说；课堂自然真实、轻松愉快。不过，我今天的教学风格不是一蹴而就的，而是在教学中不断学习、思考、实践，渐渐成长、慢慢成熟的。回忆这17年的过往，我非常感谢在求学和工作路上遇见的那些人和那些事，感谢他们对我的影响，让我的教学风格从模糊到清晰。

一、立志成师：真情实意唤真爱

云能推动云，树能摇动树……教师如果付出真心实意便会唤醒学生的真爱：爱老师、爱学习、爱生活。在我的求学路上，有很多老师的真情付出给了我温暖感动，给予了我教育路上的启示与影响，特别是以下这3位老师。

难忘邢老师和她的微笑。在小学老师中，最令我难忘的是脸上总是挂着笑容的邢宏鹰老师。邢老师是我小学五六年级的班主任兼语文老师。那时她近50岁，但每天打扮得很精神。个子不高，圆圆的脸上有一双大大的眼睛，目光温和，总是笑着给我们上课。那温暖的微笑从未离开她的脸，在我的记忆里她从未发过脾气。班上偶尔有调皮捣蛋包闹事，她也总是带着微笑解决"矛盾冲突"。她常笑着说，"和为贵，君子动口不动手，我们坐下来好好谈谈"。如遇实在谈不拢的情况，她便说："双方现休会，3天后再谈。"但往往不到3天，闹矛盾的同学便和好如初了。同学们都觉得没有邢老师解决不了的矛盾。我因喜欢邢老师的微笑，爱上了语文，还立下了人生的理想目标：长大后，我也要做一个像邢老师那样爱笑的老师。现在，我成了老师，一直努力践行着"微笑，是最好的教育"。特别是在处理学生产生矛盾、打小报告的问题上，我常学邢老师的这一做法，屡试不爽。犯错的学生，多数情况下，不用等我开口讲道理，便在我的微笑前脸红、低头、认错，还自己想出纠错的法子。这就是成长中的孩子，他们之间有什么大不了的矛盾？老师的微笑，是一份对孩子的理解和体谅，不仅能让学生的气消了一大半，还能让学生的心因为老师的心平和而平和。

也忘不了肖毅老师和她煮的粥。肖毅老师是我初中的语文老师兼班主任。她是新疆人，身材高挑，皮肤白皙，面带微笑，像极了青春偶像剧里的女主角。我们怎么都不相信，肖老师教我们时已近40岁！岁月怎会如此厚待她？我想，应该是她有一颗深爱孩子的心。初一入学军训后不久，不知什么原因，我开始连续低烧。但自己不想落下功课，瞒着同学和家人留在学校上课，没有请假回家休息。肖老师目光敏锐，不到一上午的时间，她便发现了我在"强打精神"，马上把我带去医院检查，打点滴，连着一周陪着我。学校宿舍不让学生在上课期间私自留在宿舍，她便把我接到她的宿舍休息。一下班，她便跑回来给我熬粥。至今，我的脑海里仍留着她在厨房里熬粥的背影，还有晚饭后她给我补课的场景。病好后，我越发喜欢语文，每天都期待肖老师的课，期待见到面带微笑的她。其实不只是我受到了这样的优待，其他的同学也一样。这也是我们班的同学喜欢上肖老师的语文课，喜欢围在她的身边的原因。苏霍姆林斯基说："没有爱，就没有教育。孩子会因为喜欢某一教师而喜爱他所教的课程。"肖老师爱生如己，用爱感染每一位学生，用爱点燃学生心中求知的火焰。做一个懂得爱的老师，这便是她给我的激励。

特别忘不了的还有 Linda 和她送的笔记本。读大学的时候，我遇见了 Linda，我的英语口语老师。Linda 是一位美国人，当时她 52 岁，虽然白发苍苍，内心却是童心未泯，常和我们打成一片。大一那年，她给我们上了第一节口语课后，便把我找去，送了我一本紫色封面的笔记本："Write down anything you see and think every day. Share with me once a week."我问她为什么，她说因为喜欢我。多年后我才知道，那是因为善于观察的她发现了我在班上口语表达较弱，于是想让我通过写英文日记来提升语言表达能力。每到周末，她还约我去爬山，聊我笔记中的所见所感。无论我说得好与坏，她总是热情地点赞："妙极了！""你的见解与表达很地道！""我在你这个年纪的时候，怎么就没有这么棒的想法？"我很感激她耐心的倾听、激动人心的鼓励，还有如此艺术地把"芝麻"当"西瓜"夸，让我越来越敢开口说英语，并且越说越好。在 Linda 的耐心指导下，我专四、专八的口语成绩都拿了优秀。大学毕业时，我告诉她，我要去做一名小学英语老师，做像你这样有耐心、有方法的老师。她一如既往地鼓励我："You will be the best teacher！"

老师无意之间流露出的内心情感会润物细无声地影响着学生。教师付出真情，必唤醒学生的真爱。感谢我的老师们点燃了我成为教育工作者的火苗，更加感谢他们潜移默化地影响了我的教学风格。

二、渐成风格：真实不虚育真人

对我的教学风格产生直接影响的是毕业后工作中遇到的同事、前辈，在教研教学中给予我指导的教研员们，还有那一节节让我深刻反思的公开课。

"你的课的问题恰恰出在一个'顺'字上。"这是 2006 年省小学英语教研员郭植梅老师对我说的一句话。2004 年毕业后，由于英语口语较突出，我被安排参加各种赛课，还小有成绩。2006 年，郭老师到长安指导教学工作，我再次被安排上一节公开课。我上了一节自认为是可以优秀成绩通过的公开课：教学设计环环相扣，教学用具精心剪裁，教师用语精准无误，学生们的发言积极，问题回答很流利，一切在我的预设中。郭老师听了我的课，先肯定了我上课的优点——行云流水。然后指出，这节课的问题正是出在这节课的优点上。"太顺了！""教师没有真正教学生，学生的学习没有真正地发生。教师忙于展示自己的教学设计，学生忙于展示背好的答案。这是一节40分钟的教与学的秀场。"我红着脸，辩解了一句："因为是公开课，我才这样演绎。平时的课，我不会这样上。""那你平时的课怎样上？""我会时刻关注哪些学生没掌握，然后多讲几遍。""那就对了，那才是真实的课堂。无论是公开课还是常态课，只要是课，我们就要真实地教，让学生真实地学。"

从那以后，我谨记郭老师说的"真实是课堂的第一要义"，也一直在日常教学、教研活动、教学比赛中实践。慢慢地，我从镇一等奖到市一等奖，从市一等奖到省一等奖，从省一等奖到全国赛课一等奖。对我来说，各级比赛是成长的机遇，如果没有这样的机遇，我恐怕不会被大家所认识，也成不了大家赞誉的"教学能手"，受邀到大江南北上课。但不久，我遇到了自己教学中的瓶颈：同一篇课文的教学设计，我在此地上得生动甚至是轰动，而到彼地却上得沉闷甚至吃力。

"静下心来，研究学生，真正读懂学生。"东莞市小学英语教研员张凝老师给我提了宝贵的建议。那一段时间，我谢绝了讲学邀请，静心反思，潜心学习，在理论书籍中思索，在课堂实践中探索，研究英语教学，研究儿童心理。经过自己的闭门沉寂，痛苦思索，我发现原来自己追求的是教师所谓的教学艺术，忽略了"学生为学习主体"的研究。我花时间琢磨如何"先声夺人"，而不去考虑如何激发学生的学习兴趣；花时间琢磨如何设计高明的问题凸显课堂的深度，而不去考虑学生心中会有什么疑问；花时间琢磨如何运用巧妙的教法教得有趣，而不去考虑学生适合的学习方法……只研究教师、教材，而忽视了学生主体性研究。反省之后，我的书柜里多了学生主体性研究的书籍。备课时，我慢慢学会了把自己放在学生的位置，想象他们在学习时会遇到什么问题。我逐渐减少了自己讲课的比重，留出更多的时间让学生去探究、试错乃至让学生教授学生。从学生的本位出发，课堂有了真爱：学生真学、爱学，教师真教、乐教。我渐渐领悟到好的教育是以学生的自主学习为核心的。英语教学与英语教育是完全不同的领域。我的教学又走入了"柳暗花明又一村"的新天地。

三、走向成熟：真学真做求真知

"做一个善于学习研究的专业型老师。"这是原长安镇英语教研员谢文莉老师对年轻教师的期许。在她的理念指导下，长安英语教师有了许多"请进来，走出去"的学习机会。每一年的暑期都有英语教师教学技能培训。在培训中，我开始接触各类独具特色的教学法：龚亚夫教授的多元目标，王蔷教授的分级阅读，沈峰老师真实问题在教学设计中的运用，林红老师的任务型教学，李剑春老师的新教材分析，田湘军老师的教师素质提升秘诀与精彩课例，张凝老师的骨架文本教学法，五构课堂教学，澳籍教授的骨干教师基本功培训……我学习了各式教学法的优势以及体验式课堂的魅力；赴港学习，让我感受到故事教学法的魅力；赴英学习、赴澳学习，让我见识到异域教学的差异、中西教学的魅力所在。这些思想反哺我的英语教学，内化成我的教学实践，影响着我的风格形成，帮助我从追求形式到追求内容，从注重表象到注重本质，从求顺到求真。

"勤读书、勤思考、勤写作，你才会教得明明白白，成为真正的明师。"这是长安骨干读书班指导老师——闫德明教授在2017年读书班成立时说的一句话。记得他说这句话的时候，脸上挂着和善的微笑，但眼神坚定而严肃。正因为有他这份和善而坚定的指导，我与读书班的小伙伴们开始教学生涯的再次成长与飞跃。我走出只读英语学科论著的"舒适区"，开始读大教育观的"杂书"：《给教师的建议》《民主主义与教育》《陶行知教育名篇精选》《儿童的人格教育》《自卑与超越》《正面管教》《未来学习》《学校如何运转》《教育常识》《人是如何学习的》《人类简史》……书不仅要读，还要会读。闫教授的超链接读书法和读书分享指导，让我们学会了深度阅读，学会了读书迁移，学会了自我成长，同时也教会了我如何带学生阅读。我还因此有了"课内海量英文阅读"的教学研究与成果。

教育理念的洗礼，同行专家的指导，读书学习的点滴积累，都拓展了我的教育视野，明晰了教学研究的路径与方法。我开始习惯关注课程大观念的思考，也关注课时小目标的达成，教学的思想随之更丰盈，教学实践更真、更有效、更有趣，教学风格也日趋成熟。

▶ 我的教学实录

I Am Angry 课堂实录

一、教材内容

Listen and learn.
听录音，学课文。

Lisa：What's wrong, Tony?
Tony：I am angry. I want to cry and yell.
Lisa：Why is that?
Tony：They don't want me on their team.
Lisa：Really?
Tony：They say I am silly. They play tricks on me!

Lisa：Well, just walk away.

Tony：And?

Lisa：And find someone else to play with.

Tony：I am really mad. I want to hit them and throw things at them.

Lisa：Don't get so angry Just go jogging or kick a ball.

Tony：That's not helpful.

Lisa：Give it a try. I will run with you.

Tony：Thank you, lisa. I do feel better.

Lisa：Good for you. Now let's kick the ball together.

二、教学过程

(说明：实录中的 T 代表教师，Ss 代表全体学生，S 代表单个学生，"－"表示拖长音，"..."表示省略。)

Step 1 Warm-up and Revision

(真实情境，启疑导思，渗透学法)

T：Hello, boys and girls.

Ss：Hello.

T：Very, very happy to see you again! Let's look around! Wow, so many teachers! How are you feeling?

S：I feel excited.

T：You feel excited to show yourself? Good for you! What about you, little girl, how are you feeling?

S：I feel interested.

T：You feel interested? Interested to...

S：Interested to see so many teachers.

T：Right, so many teachers. What about you, little boy? How do you feel with so many teachers and a beautiful teacher Heidi?

S: It's my honor to be here.

T: Are you excited?

S: Yes.

T: Does anybody have different feelings? Like feeling angry today?

Ss: No!

T: Of course not. How can you feel angry with such a beautiful teacher! But do you feel angry sometimes?

Ss: Yes.

T: Is it a good feeling?

Ss: No.

T: Of course not. It's not a good feeling. So let's learn to do something when we are angry. Today our topic is...

Ss: I am angry.

T: Good job! I am angry. （教师贴标题）

T: What do you often do if you are angry? You please.

S: I often want to hit something.

T: Hit something?

S: To make me feel relaxed.

T: Me too. When I am angry, I want to "sh sh sh"（教师做击打枕头的动作）hit the pillow. And what about you?

S: When I am angry, I want to throw something.

T: You want to throw something?

S: Yes.

T: Well, yes, when we feel angry, we lose control of our body and might do some thing crazy just like someone would...

Ss: Cry and yell.

T: And?

Ss: Kick the trash bin. Stamp the feet. Throw things at people.

T: Are these good things to do?

Ss: No.

T: Why not?（教师引导，学生建构）You please.

S: These are bad things to do because sometimes we could hurt some people.

T: Yeah, if we hit people, we may hurt people. What about you?

S: When we do like this, we may hurt their feelings, other people's feelings.

T: You are so sweet. You care about other people's feeling. Thank you. And what

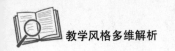

about your opinion? When we kick the trash bin, what will happen?

S: Of course, we will destroy something.

T: Right, we might destroy the trash bin. And you?

S: We can't do like this, because it is impolite.

S: I think it's not a good thing because if we do like this, we might hurt our friends, too.

（设计意图：在轻松自然真实的闲聊中滚动复习旧知，并揭示本课时的教学主题，引导学生初步感知愤怒时的一些不理智行为带来的不良后果，为本节课的教学做好准备。）

Step 2 Presentation and Practice

（问题引领，合作探究，发展思维）

T: Thank you for being so nice. You are all right. They are don'ts. We can't do this when we get angry. But I know a boy named Tony. He really wants to do something like these. Take a look. How does Tony feel today?

Ss: Angry.

T: Right. He has a very angry face. Why does Tony feel so angry? Could you take a guess?

S: Maybe Tony's friends think Tony is very stupid and don't let him to play with them.

T: That is an interesting guess. Maybe you are right. Let's listen and find out why Tony feels angry. Are you ready to listen? Let's go!

T plays the tape.

What's wrong, Tony?

I am angry. I want to cry and yell.

Why is that?

They don't want me on their team.

Really?

They say I am silly. They play tricks on me.

T: So why does Tony feel angry? You please.

S: Because his classmates play tricks on him.

T: That hurts. Any other answers?

S: Other people think Tony is silly but Tony doesn't think he is silly. So he might be angry.

T: That hurts again. You please.

S: Like Lisa said, Tony's friend don't want him on the team.

T: Yes, that's really annoying. No wonder Tony is so angry. And he wants to hit people. But take a look, does Tony feel angry at last? (逆向设计, 利用结果设疑)

Ss: No!

T: Why not? You please.

S: Look at the picture. Tony is really hot and tired. I guess maybe he do some sports?

T: I agree with you. You are good at reading pictures. Who makes Tony do some sports?

S: Lisa.

T: That's a good answer. Why doesn't Tony feel angry? Why does he do some sports? You can discuss it in your group. Two minutes. Let's do it.

T: Have you finished?

Ss: Yes.

T: So what's your opinion? You please.

S: I think Lisa gives Tony some opinions that make Tony feel happy.

T: What kind of opinion?

S: Do some sports or play games.

T: I agree with you. I think Lisa probably gives him some advice. But what is Lisa's advice for Tony? Now, please take out this worksheet and let's listen and tick out Lisa's advice for Tony. Ready to listen?

Ss: Yes.

T: Here we are.

Well, just walk away. And find someone else to play with.

I am really mad. I want to hit them and throw things at them.

Don't get so angry. Just go jogging or kick a ball.

That's not helpful.

Give it a try.

I will run with you.

Thank you, Lisa. I do feel better.

Good for you. Now let's kick the ball together.

T: So that's the audio. Do you want to try one more time? To check your answers.

Ss: Yes/No.

T: No?

Ss: Yes.

T: Some say yes some say no. It's good to be careful all the time. So let's try again, ok? You can check how many pieces of advice carefully. (T plays the tape again)

T: So how many pieces of advice did you get?

Ss: Five.

T: Five. I agree with you. I get five too. What are they? This handsome boy, please.

S: Kick a ball.

T: Kick a ball. Agree?

Ss: Yes.

S: Run! Find someone else to play with.

S: Go jogging.

T: Go jogging? This one?（教师故意弄错，有意引起学生的注意）

Ss: No.

T: This one?

Ss: Yes.

T: What does go jogging mean?（在需要时教生词）

S: Run slowly.

T: You know it! Great!

S: One more. Walk away.

T: Thank you. So these are Lisa's advice. Anyone has different opinions?

Ss: No.

T: I have these five pieces of advice on my worksheet, too. I am not pretty sure if we get the right answer. Let's watch the video and check. Would you like to read with it?

Ss: Yes.

T: I'd love to hear your lovely voice. (T plays the video, Ss read along after the tape. 教师在答案处停下来对答案)

T: So they are...

Ss: Walk away, kick a ball, go jogging, run, find someone else to play with.

T: Do you find someone to play with when you get angry?

Ss: Yes.

T: Who do you find? You please.

S: I will find Mike to play with.

T: Do you find your parents?

S: Yes, sometimes I will find my parents.

T: Good for you. So, what do you think of Lisa's advice? Are they useful?（培养学生的批判性思维）

S: I think it is a way of relaxing.

T: Right, it is a good way of relaxing. And you please, Lisa's advice...

S: Useful.

T：Why?

S：I think Lisa's advice can let people to calm down.

T：It helps people to calm down.

S：And don't be so angry.

T：Which one?

S：Like go jogging. When you run, when you are running, you may just run and not think about any other things. So you'll calm down, I think.

T：Oooh, I understand what you said. When you run, you run away your anger. This is a very very good way. And you, please!

S：I think these are really helpful because you can't hit somebody, it is not good for you. And this can also make you calm down and very good for you.

T：Better than hitting...

S：People.

T：So Lisa's advice is...

Ss：Useful.

T：Are they? All of them are very useful. What does Tony choose to do at last?

S：Tony chooses to run at last.

T：Do you agree?

Ss：Yes.

T：Anything more?

S：Tony chooses to walk away.

T：Why do you think that?

S：Because Tony walks away and runs with Lisa.

T：That's a good point. What else?

S：Tony chooses to find someone else to play with.

T：Who does Tony find?

S：Lisa.

T：Lisa. Do you agree?

Ss：Yes.

（设计意图：用多模态、全感官的任务，唤起学生的好奇；以递进性问题为主线推进文本的深层学习，培养学生的语言综合运用能力的同时发展学生批判、决策等高阶思维；自主探究、小组合作等多层次、多角度的学习方式，促进学生智力因素与非智力因素的和谐发展。）

Step 3 Production

（小组协作，学以致用，提升能力）

T：Tony finds Lisa to play with and run together. I guess maybe because he is

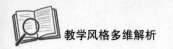

sporty. These are only five pieces of advice. Can we give Tony more advice? Do remember he is sporty.

S: Tony can play basketball.

S: Tony can play football, because he is from Brazil.

T: I see that you have a lot of ideas. Why not tell your group members and tell me later? You have three minutes. Let's go! （小组活动，教师巡堂指导）

T: So ladies and gentlemen, are you ready to share your idea?

Ss: Yes.

T: You please.

S: I think he can play tennis because one, he is sporty. So sport is very good for him. Second, he said he wanted to hit someone, but if he hit the ball, it's better than hit people.

T: Yes, playing tennis is better than hitting people.

T: I like the way you talk. You give reasons with "first and second". （信息反馈语）So all of you agree I write "play tennis" on the blackboard, right?

Ss: Yes.

T: And play tennis. （教师转身板书）Sorry, I forget tennis. How to spell? （教师适时示弱，给学生创造更多的学习机会）

Ss: t-e-n-n-i-s.

T: Thank you. What else? You please.

S: Also Tony can listen to some romantic music like piano or violin because everyone likes music.

T: I guess you love music. I love music, too. Listening to some romantic music, is this a good piece of advice?

Ss: Yes.

T: So listen to... （板书）

Ss: Music.

T: Music is great. What else? Sarah, you please.

S: I think Tony doesn't need to pay attention to the people that say he is silly. （学生有自己的思考）

T: That's a smart way. Don't pay attention to what they say. Just walk...

S: Walk on your own way.

T: So we can have a word to say it "ignore" it. You are great! Great answer! And you please, what's your way?

S: He can play badminton.

T: Why?

S: Because he needs to use the energy to hit the ball. And he can feel well.

T: So play badminton, (板书) right? Another good advice! More to say?

S: He says that he wants to hit people, so I think he can box.

T: Boxing? I love that!

S: So he boxes, he also calms down and hits something.

T: This is a good way to get off anger. So boxing. (板书)

See! We have many ways to hep Tony feel better. Tony is angry at first, but now he wins so many pieces of advice. He feels...

Ss: Better now.

T: Yes, that's what we have learned today. Could you tell me what you have learned from Lisa and Tony?

T: I am very happy to see so many hands up. You can share it in your group.

T: Ready to share with me now?

Ss: Yes.

S: When we are angry, and we should do some sports for calm down and relax ourselves.

T: Wow, when we feel angry, we can do something good! What about you?

S: I learn that when I get angry, I should do my hobby, because I think hobby can make me calm down and let me get interested in my hobby.

T: What's your hobby?

S: My hobby is playing ball games and doing homework.

T: Do homework? That's a good hobby. I love the hard-working student! What about your opinion?

S: I learn something. I learn to get ways to relax from Lisa because when you are angry, not every people will come to relax. You have to find your own way. So when are angry, we have to find to do and make us better.

T: Good, brilliant idea. What else?

S: When we are angry, don't hit someone.

T: Yes, don't hit other one. And when our friend gets angry, we can give some...

S: Suggestions.

T: Right. That's what a friend does. When you need help, he or she is always there for you. So this is what we learn from Lisa and Tony. We learn how to help our friends...

Ss: How to control ourselves?

T: Yes, very good for you. But life is not always perfect. Something in life will make you feel very angry. And what should we do when we feel very angry? Like me, when I am angry, I can't do bad things. I should take a deep breath and go shopping or sleep.

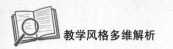

What should you do when you get angry? (回归学生的生活)

S1: Well, I am a food eater. When I feel angry, I will eat a lot of food. So that's why I am so fat.

T: Come on, you are strong. I don't think you are fat. But don't eat too much, because it's not good for your stomach and your health. I think maybe you can do some homework just like him. You have any suggestions for him?

S2: I suggest you listen to some quiet music not rock music.

T: Do you like quiet music?

S1: Yeah.

T: So, thank him.

S1: Thank you.

T: Can you ask him what he should do when he feels angry?

S1: What should you do when you feel angry? (to Student 2)

S2: I should play basketball and I think it's the way to feel relaxing.

T: So you have any more ideas to give him? (to Student 1)

S1: Maybe you can read the book and learn the knowledge. And also you calm down. I think that's great.

T: Do you think it's helpful?

S2: Oh, I don't like reading books.

T: So you can give him some more advice. (教师对第一位学生耳语)

S1: Maybe you can see a movie like comedy.

T: Oh, comedy!

S2: Yes, that's helpful. I love comedy.

T: Thank you. You see, you have your own way now. Many people hands up. I guess you have your own way to control your anger. Why not share it in your group? Tell your group workers what you should do and give advice as friend. Let's go. (小组活动)

(教师巡堂指导 T: Wow, you have a good habit. You take note! S: It's my... T: It's useful...)

T: Hello, ladies and gentlemen! May I have your attention again?

Ss: Yes.

T: Thank you! Be quiet. And very interesting, three groups, they take notes while they are listening. (教学机智) That's a very good habit! I love that! And does any group want to come here and share your opinion? Your group? The first one, please come here. Would you like to come here? With your group workers. Yes, let's go!

Ss: Yes.

S1: If I, if I am angry, I may tell jokes. Because all the people love that, I will be happy. All the people will be happy, then I will not be angry. And I will make my own not angry with reminder. So I will not be angry.

T: You just find a happy secret. Thank you. Do you have more suggestions for him?

S2: I think you can play chess too because it is good for your brain and it can help you to forget something make you angry.

S1: Thank you. If you are angry, what should you do?

S2: I must be calm down. What about you, Bill?

S3: I should go jogging.

T: Go jogging. You love jogging.

S3: Yes, it can make me calm down.

T: Yeah, hit two birds in one stone. And you?

S4: I should read books. I like books because the story is interesting and I feel relaxed.

T: Interesting stories always make us laugh.

S4: What about you, Stephen?

S5: When I am angry, I will play the piano, make my brain calm down.

T: You can play the piano?

S5: (Nodding.)

T: Wow, cool!

S6: When I am angry, I just let it go. I don't want to think about it.

T: Don't think about it! That's really cool! Very good, all of you have your own way to deal with anger. But sometimes when you are really angry or very very angry, you will forget what you just said. So I have a thought. And also a little surprise for you. Take a look in your desk. That's a "NOT ANGRY REMINDER" for you. Write down what you just talked. And it might remind you when you get angry. Are you ready for that?

Ss: Yes.

T: You wanna play some music when you are writing?

S: Yes, of course.

T: Of course! I will play some for you. If you need tips, you can read your worksheet or ask me for help. （音乐起）

T: Good job! You've put down your pens. Does that mean you are ready to share?

Ss: Yes!

T: Mike, you are the first one to raise your hand. So take your microphone and come here. Let's welcome Mike to share.

S: When I am angry, I should play the piano. It can control my mind. And also I should read books, whatever history, geography, is ok. I can learn knowledge from reading books.

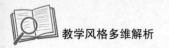

T: Wow, that's a smart way. Books make you smarter and smarter. And you please. Come here. Share your "Not Angry Reminder" with us.

S: Well, I really have a magnificent and useful idea. In our own worksheet there has Heidi wechat number. I should add Heidi wechat with her. If we are angry we chat with the pretty and kindly teacher.

T: Oh, that's so sweet and touching! Thank you. I am very happy to hear that! You have many ways to control your anger. Well, that's all for today. And we are running out of time. You can keep finishing your "Not Angry Reminder", and share it after class. This is also one of the homework.

(1) Read the dialogue after the MP3 and record it. If you want me to hear your lovely voice, you can send it through this wechat number.

(2) Put your "Not Angry Reminder" on your desk or somewhere you like to remind you.

This is my wechat number. If you need my help, you can talk to me. I hope all of you can stay happy and healthy. Thank you very much. I really enjoy the class with you. Thank you!

（设计意图：设置真实的生活化任务，激发学生用适合自己的方式表达情绪、管理情绪，培养学生综合语言运用能力的同时，促成学生情绪管理的人文素养形成。）

▶ 我的教学主张

人民教育家于漪曾说："教育绝不能高高在上，一定要目中有人，走进学生的世界。"一个学生就是一本丰富的书，一个多彩的世界。教师除了读懂、读透教材，还要懂得解读学生这一本本生动活泼的无字之书，了解他们的情感世界、知识世界、能力世界，用爱与方法在关键处引导，让教育教学在学生的世界里真实发生，扎扎实实助力学生的终身可持续发展。这，也是我追求的本真教学。

一、用爱筑就师生关系，开启学生英语学习的情感世界

没有爱，就没有教育。《学记》言："亲其师，信其道。"教育学首先是关系学，如果教师不爱学生，那么，教学还没开始，就已经结束了。在冰冷压抑的环境中，学生的个性自然得不到释放，只有在关爱宽松的氛围中学生才能展示真实的自我，实现真正的学习成长。关爱每一位学生，是英语教师教学的态度，也是英语教师的专业能力。

关爱学生，意味着尊重学生成长规律。因为每一个学生的成长历程都是独一无二的。英语教师既要具备积极的心理品质，能自觉调控自己的感情与态度，还要懂

得"蹲下来"读懂学生。学生是有尊严的个体，教师要放下架子，与学生平等相处，倾听他们的心声，尊重他们的思想，允许他们用不同的节奏去探索和获取知识，用自己喜欢的方式学习和成长。教育教学要着眼于学生的长远发展。面对在成长路上犯错的学生，教师要懂得用成长型思维把差错化为成长的教学资源，在分析问题时，多从学生的角度想一想：如果我是学生，我想怎么做？我是否得到了老师的尊重与信任？把这一个个成长路上的"事故"变为一个个美丽的"故事"。

二、设置真实学习任务，构建学生英语学习的认知世界

真实的英语学习强调教师从语言的知识体系出发，关注学生已有的知识储备、生活经验与新语言之间的联系，设计相关的问题链与活动，促进学生已有知识与生活经验的迁移，完成新知的建构。英语教师要善于在问题、活动、文化上做文章。

以问题为主线，触发学生的多元思维。问题是维系课堂教学所有环节和步骤的枢纽，也是激发学生参与课堂学习生活的主要手段。英语教师要提高自己的问题意识，关注问题的思维系统性和发展自己的提问水平。在日常教学中，英语教师要读懂课标，读透教材，掌握教材整体与部分之间的关系，了解学生的"最近发展区"，围绕大观念提炼基本问题，遵循布鲁姆认知领域的目标分类，在教学中设计有层次的、有具体指向的识记类问题、领会类问题、应用类问题、分析类问题、评价类问题和创造类问题，帮助学生完成低阶到高阶的深层思考，提升学生的思维品质。

以活动为载体，提升学生的语用能力。活动是人类存在和发展的基本方式。教学则是帮助儿童满足自身成长和社会发展需求的活动。英语是交际工具，具有工具的活动属性。英语学习活动是英语课堂教学的基本组织形式，是落实课程目标的主要途径。英语教师需根据学生的认知水平和学习内容，创设情境，设置活动，将学习与意义探究融为一体，让学生通过参与、体验、探究、内化、表达等具体活动，习得语言知识，运用语言技能，发展综合语言运用能力，同时发展自主探究与他人合作能力。

以文化为核心，丰富学生的精神世界。英语课程具有工具性和人文性双重属性。《义务教育英语课程标准》清晰阐述了英语课程的目的，即在发展学生综合语言运用能力的过程中，培养学生良好的道德品质和社会适应能力，增强文化理解，认同文化差异，初步具有全球视野，促进科技创新和跨文化人才的培养。教师要有一双"文化眼"，不能只关注单词与语法，而忽视语言背后的文化，要抛弃"碎片化"教学，挖掘教材主题与主题之间、单元与单元之间，单元内大小目标的联系与其中蕴含的文化内涵，"讲了什么？""怎么讲？""为什么要这样讲？"，从"人与社会""人与自然""人与自我"等层面对执教内容进行分析，结合学生特点，将其表层信息升华为普适的人生命题，从而提升学生的人文素养，促使学生全面和谐发展。

三、采用多元评价方式，优化学生学习生活的能力世界

真实有效的学习离不开评价，好的评价能给予学生源源不断的能量与学习的动力。美国心理学家加德纳的多元智能理论认为人有八种智能：语言智能、人际关系智能、音乐智能、自我认识智能、身体运动智能、空间智能、逻辑数学智能、自然智能。每个人各有所长，不能单独从一个方面去评价学生技能的高低，而应综合各方面内容对学生进行评价。

英语学习的评价要高频化。多一句表扬，就多一个好学生。英语教师要善于发现每一个学生的闪光点，善于发现激励的契机，常把鼓励挂在嘴边、露在脸上，或积极肯定，或循循善诱，或幽默点拨，或点头微笑，一句话，一个举动，都有可能成为"寒夜里的火把"温暖学生的心田，点亮学生的光点，使其渐渐成为一束光，最终成为独具个人魅力的闪亮之星。

英语学习的评价要多元化。评价主体除了教师，还包括家长、同伴和学生个体，以增加评价的客观性。例如，课堂上的听说读写可以让学生互评、小组评价，让学生在评价中相互学习、鼓励、赏识；课堂外的朗读可以不定期加入家长的积极评价，以增进家校沟通，促进学生与家长间的了解，帮助学生获得更多的支持，提升他们学习的自信心与内驱力。

英语学习的评价要多样化。评价可采用形成性评价与终结性评价相结合的方式，除了标准化英语学科测验，还可以用课堂记录表、书面报告、口头汇报、实践作业等方法，对学生活动过程中的学习状态、成长状态、个人情感、态度、策略、问题解决能力进行评价。多样的评价既关注过程，又关注结果，使学习过程和学习结果的评价达到和谐统一，让每一位学生得到不同的反馈，得到不一样的成功体验，让每一位学生发现自己的优势智能领域并加以挖掘和发展。

▶ 他人眼中的我

海燕的英语专业素养高，谦虚好学，善于思考并付诸行动。她对英语教学与教育的本质有自己的理解，不仅重视学生在课上的培养，还重视学生在课外的成长。重视学生的实践，善于挖掘学生的潜能，课堂高效有自己的方法，所带班级学生英语素养高，深受学生的喜欢与家长的好评。作为一名学科带头人，海燕积极上研讨课、开讲座，是一位值得老师们学习的好榜样。

（东莞市长安镇教育管理中心英语教研员　谢文莉）

我和大家一样，特别喜欢海燕，因为她阳光灿烂的笑颜总是给我们带来温暖。我们看着她一步步成熟、一步步成长起来：从普通教师、集团名师工作室主持人，到英语科组长、主管学校教学的副校长，无论哪一个角色，她总是能快速找准定位、明确职责、确定方向，然后努力地学习、思考并带领团队教师积极实践。

海燕在高度的使命感和责任感引领下，用她强有力的专业，身体力行的实干和阳光热情的态度，真诚地带动着学校年轻教师快速成长，相信经过一段时间的积淀，我们会看见一个更加睿智、聪慧的海燕。

（东莞市长安镇中心小学校长　钟晓宇）

陈海燕老师对待生活积极乐观，对待工作认真努力，对待学生关爱有加。我每天刚上班时，她就早已进入工作状态；我下班时，她仍旧在教研或在批改学生作业、备课，她是"忙碌姐"，但从来没有听到她的任何一句埋怨或喊累。她的教学或亲切自然、简约大方，或热情洋溢、充满童心。对年轻教师的培养，她总是一丝不苟，听她说话就像是在听故事。喜欢这么一位亦师亦友的同事——Heidi（陈海燕老师的英文名）老师！

（东莞市长安镇中心小学英语教师　谢凯欣）

Heidi 是一位有魅力的老师。课堂上，娓娓而谈教知识；谈笑时，轻松闲聊道经验。她执教十多年，仍保持着对教育、对学生的赤诚之心，喜欢她的这份对教育的敬畏之心。Heidi 喜爱读书，对教学、科研有自己的见解，并积极带着工作室的伙伴们一起实践，用行动潜移默化地影响大家，引领更多的小伙伴走上专业阅读之路。

（东莞市长安镇厦岗小学英语教师　杨胜连）

Heidi 老师是我最喜欢的英语老师。她的课都十分生动有趣，能把同学们吸引住。她还很喜欢带我们唱英文歌，所以我们班的同学英语发音都很标准！她从一年级起就带我们读绘本，现在带我们读英语名著，所以，我们班的英语阅读能力都很强。我很佩服 Heidi 老师，长大以后，我也要像 Heidi 老师一样，做一名好老师！

（东莞市长安镇中心小学学生　秦雨萱）

Heidi 是我们心中的"漫画"老师。她有一双迷人的大眼睛，只要谁在她的课堂上不听话，她便用大眼睛盯着那个人，只要十几秒，就能让全班同学安静下来。她有一对浓浓的眉毛，看起来很聪明。她有一个能说会道的嘴巴，有时能把同学们弄得哈哈大笑，也能让同学们鸦雀无声。

Heidi 老师特别爱笑，开朗，她的课堂是活泼有趣的。

Heidi 老师每天都很美丽，喷着淡淡的香水，温柔可爱，但有时会很严厉。

（东莞市长安镇中心小学学生　郭雅姿）

Heidi 在我心目中是一位小仙女，漂亮、可爱、有才、懂生活。我喜欢看书，Heidi 老师也喜欢看书，还经常和我们分享她的读书心得；我喜欢旅游，Heidi 老师也喜欢旅游，还经常和我们分享他的旅行见闻与趣事；我喜欢美丽的衣服，Heidi 老师也喜欢美丽的衣服，她每天都很美。正是因为 Heidi 老师，我开始喜欢上了英语。我不仅仅是喜欢 Heidi，更喜欢 Heidi 的教书方式：轻松、有趣、生动。Heidi 老师很 nice，我们犯错时，总是给我们讲一堆道理，给我们灌"心灵鸡汤"。

我希望自己上了初中还能常有机会看到 Heidi 老师，也希望 Heidi 老师永远 18

岁，越来越年轻、可爱！

（东莞市长安镇中心小学学生　梁宏扬）

参考文献

［1］陶行知. 陶行知教育名篇［M］. 北京：教育科学出版社，2013.

［2］霍华德·加德纳. 多元智能新视野［M］. 杭州：浙江人民出版社，2017.

［3］中华人民共和国教育部. 义务教育英语课程标准（2011年版）［M］. 北京：北京师范大学出版社，2012.

【点评】

海燕老师曾上过热闹非凡但华而不实的课，也上过简朴真实却生动高效的课；上过只关注学生知识与技能的课，也上过知识与方法、思维与情感并重的课。她有过失败的迷茫，也有过成功的喜悦。这些年的教学经历，赋予了她对人与事的深度思考习惯，让她逐渐清晰了自己的课堂特点，找到了自己的教学风格——务本、求真。勤读勤思，不断精进，务本求真，是海燕老师给我留下的深刻印象。

（广东第二师范学院教授　闫德明博士）

寓教于"聊"，因"聊"定学

古醒庆（小学英语）

> **个人简介**
>
> 古醒庆，男，东莞市长安镇厦岗小学英语教师，小学副高级，副校长。东莞市小学英语骨干教师，东莞市小学英语教学能手，长安镇名教师，长安镇先进教育工作者，长安镇科研先进个人，长安镇兼职英语教研员，长安镇优秀教师，东莞市张凝名师工作室成员，东莞市谢纯财名师工作室导师。从教19年来，曾获东莞市小学英语优质课比赛一等奖；课例"My favourite season"获广东省小学英语录像课例二等奖；主持东莞市"十二五"基础教育科研课题"运用听力训练提高小学生英语学习技能的实践研究"，并顺利结题；3篇教学设计在人教版PEP官方网站上发表；10余节英语优课、微课设计获东莞市一等奖。

▶我的教学风格

教育是一门教学相长的艺术，教师在成就孩子的同时也成就了自我。从事英语教学19年，我努力打造自由、开放、灵动、即时生成、智慧闪现的品质课堂。五年一阶梯，且教且思且成长，我逐渐形成了富有个性的教学风格——寓教于"聊"，因"聊"定学。

聊的本意为"聊天、闲聊"，广义是指以轻松随便的方式，不受拘束地谈话；狭义是指交流，即围绕着一个或几个中心话题展开言论。

寓教于"聊"。课堂上的聊天不是漫无目的的闲聊，不是简单机械的一问一答，不是脱离现实的表演，而是真实的、开放的、带有任务指向的语言交流。具体解读其层次：①聊进去。课堂上，改变传统一问一答的教学模式，化"教"为"聊"。围绕学习主题，将静态、刻板的知识点，活化成真实、生动、富有生活气息的言语交际情境，引导学生在自由、轻松的氛围中，熟悉言语规律，自然习得语言技巧，追求在聊中"润物无声"。②聊出来。进一步搭建富有趣味性的"聊天"活动平台，引导学生以个人或团队的形式参与其中，学以致用，将所习得的语言技巧灵活运用到具体的语境中，使学生能自主、自如地交流、表达，实现知识的有效内化、迁移和运用，最终沉淀良好的英语素养。

因"聊"定学。教师要改变一成不变的教学框架，突破刻板固定的流程，在聊天学习中，应密切关注和尊重学情的变化，抓住教学契机，灵活巧用课堂的即时生成，及时调整学习内容、教学策略，重组学习方式，开展更深一层的顺势而聊。

①深度学习，引导学生突破学习瓶颈，扎实学习成果；②延伸拓展，推动思维的碰撞和发散；③以点带面，实现团队学习的相互影响，共同提升。以"聊"定学，是教学为学生主体发展服务，是教学方式灵动、开放、高效的最佳体现。

寓教于"聊"，因"聊"定学是我的英语特色课堂组织形式，因真实而灵动、因灵动而开放是我追求的课堂生成结果。两者相辅相成，化有形于无形。"聊"是为了学生在英语课堂上学得轻松、用得真实、说得自然。

▶ 我的成长历程

倾心热爱　锐意追求

2002年7月，怀着对教师这个职业的向往，我踏上了讲台，开启了从教之路。我毕业于广东外语艺术职业学院，原名广东外国语师范学校（以下简称"省外师"）。省外师是广东省教育厅的直属师范学校，录取的都是广东省各市县初中毕业成绩名列前茅的学生，很多毕业生都在当地充当英语教育改革的先锋，如在第一届全国小学英语课堂比赛中拔得头筹的鲍当洪师兄。在省外师的5年时间里，我们学习英语基本功，学习课堂管理，学习教学设计，练就了一身过硬的教学基本功，为日后的工作打下了坚实的基础。正所谓师傅领进门，修行靠个人，在长安这块教育热土上，我开始了自己的教育修行。

一、菜鸟阶段：为热闹而教

我刚进学校的时候很有优越感，因为科组里除了科组长安老师是英语专业毕业的以外，其他老师都是兼职教英语的。那时的我，就是一只不知天高地厚的"菜鸟"，我坚信自己一定能自由翱翔于属于自己的那片天。

所谓"亲其师，信其道"，我简单地认为只要学生喜欢我，就会喜欢上英语课，就能把英语学好。那时的课堂华而不实，纯粹是投学生所好。他们喜欢玩游戏，我就在教案里多设计几个游戏；他们喜欢唱歌，我就把英语单词编成歌曲教他们唱；学生喜欢动，我就多利用TPR（全身反应）教学法；学生不喜欢做作业，我就少布置点。课堂上掌声、欢笑声、争论声，"声声不息"，甚至出现过好几次因为太过吵闹而影响了旁边班级的上课。课后，一堆学生围着我，好像还有许多说不完的话，那种众星捧月的感觉，不禁让我飘飘然。

然而，浮躁的人总是容易被现实打脸，一眨眼到了期末，在期末质量考查成绩出来的那一刻，我被当头一棒！我所带班级的平均分为全年级最低，另外两个班的平均分比我班的平均分多了五六分，更令我难以释怀的是这两个班的英语都是由一位数学老师兼带的！那几天的我走在校园里都不敢抬头望同事，家长的电话、领导的谈话、个别同事善意的调侃，接踵而来。从那刻起，我开始静下心来重新审视自己的课堂：热闹有余而深度不足，导致孩子们的基础知识掌握得不牢固。

这一个学期，虽然我在成绩上没有交出一份满意的答卷，但是课堂上的激情、机智和掌控技巧还是给我后来的教学奠定了一些基础。

二、修正阶段：为模式而教

"三人行，必有我师焉。"为了让自己有更快的提升，我开启了听课学习模式，只要有空就去旁听其他老师的课。除了听英语课，我还听语文课、数学课，听完课后还会虚心向上课的老师请教。在听了几节同年级那位数学老师的英语课后，我才发现，她的课堂常规特别好，孩子们做事很有逻辑和方法，学习都是有板有眼的，难道这是数学老师教英语的优势？更重要的一点是她非常关注中下生，课堂提问都是以中下生为主。这样一来，她把"底"给兜住了，下限控制好了再拔高孩子们的上限，平均分自然就高。可细想一下，这不是我理想中的英语课堂啊，我所追求的英语课堂应该是活跃的、灵动的，于是我开始找一些优秀教师的录像课例来学习，边看课例边做笔记，然后移植到自己的课堂上。我还用录像机把自己的课拍下来，课后对着自己的课程视频进行分析，从站姿、口头禅、课堂用语等方面去修正、去改变。经过一个多学期的观课、植课、反思和总结之后，我对各种课型的设计和组织都有了自己的理解，也逐渐形成了具有自己特点的教学模式。

"No pains, no gains."契机发生在2004年，东莞市举行小学英语优质课比赛，我作为青年教师被学校推了出来。在长安镇的初赛中，我以第一名的成绩出线，并代表镇到沿海片区比赛，在片区比赛中我又斩获桂冠，将参加东莞市的终极对决。最后，在市赛的12位选手当中，我排名第三，荣获一等奖！第一次参加比赛就获得东莞市的一等奖，给镇和学校带来荣誉的同时，也为自己的教师生涯增色了不少。从那时起，因享有"东莞市优质课一等奖"的荣誉，我更加严格要求自己，努力钻研教材和教法，不断实践、反思、总结和创新，后来还参加广东省的英语录像课比赛，获了省二等奖的成绩，虽然不是最高奖项，却又一次在片区掀起了不小的波澜。正因为在教育教学方面的出色表现，我于2005年被评为长安镇首批名教师；2006年8月至10月，被选派到英国伦敦学习英语教学法，经过不断的学习和实践，我的课堂有了质的飞跃，也有了1.0版本的教学风格雏形。

三、定型阶段：为发展而教

教师的成长需要自己的努力，也需要借助外力的帮助。在我的教学风格定型阶段，有幸遇到了两位导师，一位是沈峰老师，一位是张凝老师。

（一）课堂形式的升华

真正让我的课堂形成个人特色的是在2011年。我听了江苏省特级教师沈峰老师的一节对话课，题目是"Planning for the Weekend"，听完这节课我才真正领悟到英语课的真谛——自然、自在和自如。这种课堂的状态就像全国优秀外语教师徐永

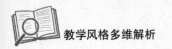

红老师说的:"让英语教学如呼吸般自然。"这就是我一直所追求的课堂:真实的情景、真实的互动、真实的交流、真实的产出。英语课堂就应该像我们平时的聊天一样,没有拘束,只有自由、畅快的交流。从那时候起,我的课堂不再有刻意的设计和花哨的活动,取而代之的是有意义的、真实的互动和交流。

(二)学生思维的发展

让我的课堂更加出彩、更富有深度的是东莞市小学英语教研员张凝老师。我有幸加入了她主持的名师工作室,在工作室跟岗研修期间,我听到最多的就是"思维"这两个字。她经常提醒我们不能只为教材而教,要为学生的思维发展而教,要在课堂上培养孩子们的核心素养。那个时候的我,就像是站在了巨人的肩膀上,跟着张凝老师,有很多机会跟国内的英语教育大咖们学习,比如龚亚夫教授、程晓堂教授、王蔷教授、李静纯老师、郝建平老师等,他们都是英语教育界的权威。在他们身上,我学到了很多高端前沿的教育教学理念。我的课堂也从一个相对固定的模式慢慢变得纵深化,课堂上低阶思维活动在慢慢较少,高阶思维活动在逐渐增加。同时,我还有机会到云南文山、广西贺州、浙江杭州,以及广东的中山、惠州、河源、肇庆、云浮等地去给当地的英语老师们做教材分析和教法指导,每个学期还会参加东莞市骨干教师的送课到校活动,正是这一个个讲座、一节节公开课,让我的课堂再次得到了锤炼和升华,也受到了很多同行的赞誉和肯定。在这个阶段,我共有10多节英语优课、微课获得了东莞市相关比赛的一等奖。

▶ 我的教学实录

躬行实践　提升品质
—— PEP Book 8 Unit 4 Part B Let's talk

一、教学内容

本节课属于对话教学,对话教学的重点是培养学生运用单元的核心句型和表达法进行英语交流的能力。因此,整体教学设计思路以如何促进学生有效的听和有效的说为出发点,从六年级毕业季这个话题入手,课堂一开始,老师就创设了制作毕业纪念相册这个情境,并通过展示自己过去与现在的对比照片给学生做示范:聊聊自己过去和现在的变化。在真实的语用环境中,通过和学生聊天的方式整体输入语言,很好地突出了核心语言的语用功能,在文本解读环节巧妙运用 skeleton 骨架文本教学法,引导学生小组合作,通过观察、分析、比较等思维方法理解核心语言的 meaning 和 form,较好地完成了文本的解构。在输出环节,运用过程性文本重构和创造性重构,帮助学生聊聊自己以及周围事物的变化,从教材走向学生的生活实际,鼓励真实、自然的表达。

二、教学过程

Ⅰ. Greetings and lead-in

1. Free talk & watch a short video.

T：Hello, boys and girls! How are you today?

Ss：I am fine. Thank you. Mr. Gu.

T：What is the date today?

Ss：It's April 12th.

T：Well, imagine, three months later, that is July, you are going to say goodbye to your primary school, your teachers and your friends. How do you feel?

Ss：We are sad.

T：I am sad, too. I made a class album so that I can remember you. What's in the class album? Some old photos, of course. Do you still remember six years ago, the first day you went to school? Let's look at the old photos.

Ss：OK!

（设计意图：借助毕业季这个话题播放学生刚上小学的一些照片，引入聊天话题，作情感铺垫。）

2. Try to say.

T：How do you feel after you saw the photos?

S1：I feel happy.

S2：I feel sad.

S3：I feel interesting.

T：Do you have any changes?

Ss：Yes!

T：What are your changes? You can share with your classmates.

Ss：I am taller/ stronger... now.

T：Yes, before, you were smaller and shorter. Now, you become taller and stronger.

（设计意图：采用问题链，让学生发表自己的初步感想，初步尝试用简单的句型聊聊自己的部分变化。）

3. Talk about the teacher's changes from the old photos with the help of the key words.

T：You change a lot. What about me? Look, I also put some old photos in the album. Look at these three photos of me. How do I change? Do you think I change a lot? Look, here are some key words about my changes. Can you try to say something about my changes?

Ss：You had short hair before. Now your hair is long. / You looked quiet before.

T：Yes, I am active now. I think I change a lot.

（设计意图：教师通过跟学生们自由聊天，通过回顾学生自己刚上小学时候的

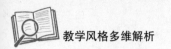

照片来创设情境,由尝试聊自己的变化以及老师的变化引入话题,帮助学生们做好认知上和语言上的准备,为接下来的对话学习做好铺垫。)

Ⅱ. Presentation

1. Let's try.

Mike's friends are visiting his home. They are also talking about their changes.

1st listen: Whose changes are they talking about?

T: I am so different now. What about Mike, John and Chen Jie? Do they change a lot, too? Look, they are talking about their changes, too. Let's listen: Whose changes are they talking about?

Ss: They are talking about Mike's changes.

2nd listen: Listen and circle.

T: Right, they are talking about Mike's changes. Did Mike's hobby change, too? What grade was Mike in? Let's listen for the second time.

录音原文:

Mike: Chen Jie, do you want to see my old photos?

Chen Jie: Let me see. Oh! Haha! Your hair is so long.

Mike: That was five years ago. Now it's short.

(设计意图:教师播放两遍录音,通过听力活动引出 Mike 和 Chen Jie 谈论旧照片的对话,帮助学生获得 Let's talk 板块的人物以及场景信息,自然引入人物过去和现在的变化这个话题,为进入正式的对话学习做好准备。)

2. Look and predict.

T: So we know some of Mike's changes. Look at these two pictures. What other changes does Mike have? I will give you some tips: we can talk about people's changes with a mind map: the appearance, the character, abilities and so on.

S1: I think Mike was quiet before. Now he is active.

T: Well, you view the pictures carefully and think wisely. Good job!

S2: From the pictures I think Mike liked pink before. But now he likes blue.

T: Very good guessing!

(设计意图:通过引导学生们观察图片,并进行大胆预测和设想,能有效地激发学生们的求知欲和表达欲,思维导图的运用则能更好地帮助学生发散思维,有效处理信息。)

3. Skeleton: Read, think and say.

T: Look, I record their dialogue. But 4 sentences are missing. What are they? The first sentence: Who can try? Why do you think so? Any different ideas?

Ss: I think sentence 1 is...

T: Very good guessing. But why do you think so?

Ss：Because he says "Before I was..."

4. Skeleton：Discuss and say.

T：I don't know the answers yet. Let's discuss in groups.

5. Skeleton：Listen and check.

T：Now let's listen to the dialogue once, and check "What are the missing sentences?". Listen to the missing sentences again and speak out the sentences.

（设计意图：延迟对答案，设置有目的的、有效的听，利用骨架文本，通过掏空关键句型，引导学生关注句子之间的逻辑联系以及句子的结构和时态变化，拓展他们的思维。）

6. Skeleton：Try to write.

（请学生尝试写出挖空的句子，补全对话，给出 8 个含有干扰项的句子作为提示。）

T：Children, you have did a very good job. This time, can you try to write. Some of you need help. Here are some tips for you. You can choose the sentence to fill in.

（设计意图：引导学生从学习句子的意义 meaning 到 form 的过渡，所给的干扰项既为学困生的学习搭建脚手架，同时也引导着学生对一般过去时和一般现在时的关注和区分。）

7. Watch the video and check.

Now let's watch the video and check your answer with your partners. If you got all the correct answers, raise your hands. Wonderful！

Ss：I get all the right answers.

Ⅲ．Practice

1. Try, listen and imitate.

（设计意图：鼓励学生先根据课件上课文的朗读标志猜猜这些标志是什么意思。尝试让他们自己读，进而对比模仿跟读课文录音，提醒学生注意朗读技巧：按意群停顿和连读。）

T：Now it is time for us to listen and imitate. First, look at these marks and listen：what do these marks mean?

Ss：I think the marks tell us the rising tones and the falling tones.

T：Good. Can you try to read with the help of the marks?

（设计意图：通过模仿正确的语音语调，在朗读中渗透朗读技巧的训练。）

2. Role play.

教师和学生之间，男生和女生之间进行角色扮演。

（设计意图：通过角色扮演，帮助学生们更好地理解和把握语言的使用情境，为接下来的自由运用提供示范。）

3. Dubbing.

教师播放课文录像，引导学生对着课件上的动画进行配音，请学生表演展示。

（设计意图：通过设计配音的活动，激发学生们的表现欲。）

Ⅳ. Production

1. Group work：Suppose you are Jack and Linda，make a similar dialogue about your changes.

（设计意图：改变对话中的人物，假如你是图中的Jack 和 Linda，请模仿课文说说你们的变化，可参考图片中的关键信息。）

T：From this dialogue, we know how to talk about our changes. Now, I would like you to make a new dialogue. One is Linda and one is Jack. Remember：These key words and the mind map can help you.

（设计意图：通过过程性文本重构，进一步引导学生运用核心语言讲述自己或他人的变化，为后面的创造性重构作铺垫。）

2. Happy sharing：Talk about the changes in you or around you.

（设计意图：同时给出学校的变化图及所在城市的变化图，复习滚动 A 部分对话的内容，给出 word bank 支持，学生自由选择一个方面进行讲述。）

（1）Use your photos to talk about your changes in your groups. Then share in class.

（2）You can also talk about the changes in your family, your school or your city.

T：Changes are all around us. Everything changes, now this time, let's talk about our changes with our photos. You can choose to talk about changes in you, or changes in your family, your school or the changes in our city. First, talk about in your group. Anyone like to share?

S1：Hello, everyone. I would like to talk about my changes. I was very short and thin before. Now I become very strong because I play basketball with my dad every day. When I was young, I was very quiet. Now I like singing.

T：You change a lot! Do you like your changes?

Ss：Yes!

T：Wonderful!

（设计意图：与本节课的开头进行呼应，从谈论老师的变化，学习对话中人物的变化，再到学生谈论自己或者周围的变化，每一个流程都水到渠成。同时，为了训练学生善于倾听别人的信息以及采取批判性思维处理信息的能力，鼓励学生对自己或周围的变化作出简单的评价，让这节课有了更加丰富的生成。）

3. Sum-up.

（设计意图：由前面学生讲述自己及周围事物的变化自然引出本节课的情感教育点。）

Whether we like it or not, changes happen every day.

They are all around us.

Have an open heart to face the changes.

V. Homework

1. Make a mind map about your changes and talk about them!
2. Write down the changes in you or your family, your school, your city!

▶ 我的教学主张

真实为基　灵动为魂

一千个读者就有一千个哈姆雷特，一万名教师就有一万种教学主张。我的英语课堂，因真实而灵动，因灵动而开放，因开放而生长。

一、幽默为引，"聊"中激趣，以"真实有趣"奠定课堂底色

真实有趣的课堂，能使学生的自尊、自信、愉快、惊喜等情感因素在英语学习中得到积极的体验和最大的满足。

有时，教师一个生动形象的比喻，犹如画龙点睛，能帮助孩子打开智慧之门；有时，教师一个恰如其分的幽默，像一杯清新的甘泉，能引起孩子们会心的微笑，给人以回味的留恋。一个具有高超教学艺术的老师，肯定会利用各种手段去激发学生的学习兴趣。

在课堂上，我常采用一些幽默的方式去激发孩子们学习的兴趣。搞笑的面部表情、夸张的肢体语言、音调的升降、语速的快慢，以及现实中的段子，都可以成为我吸引学生注意力、调节课堂气氛和进入主题聊天学习的"武器"。

（一）肢体动作活化教材

比如在学习 animals 这个主题时，我会聊着聊着突然一边做动作一边发出"喵喵喵"的声音，教材中静态的单词和图片变成了活灵活现的声音，很自然地就把 cat 这个单词引出来了，接下来便顺理成章地用英语和学生聊猫的大小、颜色，聊谁家里养了猫等话题；也可以弯腰，手臂下垂模仿 elephant，惟妙惟肖的动作马上引来了孩子们的模仿，还可以跟学生聊地球上最大的哺乳动物是什么等话题。像 bird、monkey、dog 等单词都可以利用肢体语言去吸引学生，让他们在"学中做，做中聊"，自然习得语言。

（二）风趣语言适时提醒

要学生保持 40 分钟一直集中注意力很难，特别是在天热的时候，难免会分心或者打瞌睡。这个时候，一些风趣的语言能成为课堂气氛的调味剂，可帮助老师迅速拉回学生放飞的思绪。当我发现有同学走神时，我会"旁敲侧击"，先叫他旁边

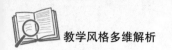

的同学回答问题，回答完之后，我再次叫他的名字，等他要站起来时，我却突然附加一句"左边的同学"。让左边这位分神的同学惊了一下，注意力马上被拉回来。这些教学机智都是在平时的教学中慢慢积累起来的，在适当的时候拿来使用还是非常奏效的。

（三）搞笑段子化难为易

在课堂上难免会遇到一些难点或者瓶颈需要突破的时候，我会巧用生活中的一些搞笑段子去帮助学生解决问题。比如，我会用"heart flower angry open""good good study, day day up"去帮助学生记住"angry"和"up"的意思。又比如，学生区分"ey"和"i"的发音有困难，我便和学生聊这么一个段子：一天，有位女士不小心把钥匙 keys 掉在了地上，刚好被一位男士捡到了。这时，女士急忙对着男士说："Give me the kiss. Give me the kiss."那位男士犹豫了一会，便亲吻了女士两下。结果女士生气了，直接给了男士一巴掌。这个男士心里就纳闷了，明明是你叫我亲吻你，结果又生气，还打我。这时，女士抢过男士手中的钥匙，气冲冲地走了。这时男士才明白，原来女士是想说："Give me the keys."。因为发音不准，而闹了个大笑话。学生们在笑完之后，也就把这个难点给记住了。生活中的段子有很多，假如我们老师在生活中能多用心，把一些段子适时地搬到自己的课堂上，一定会起到画龙点睛的效果。

（四）真实对话引发共鸣

在课堂中，我会根据学生现有的英语水平，从他们的生活实际出发，与他们建立真诚、信任的关系，设计真实有效的任务。我深切地感受到：英语课堂不是要求按照剧本表演，而要关注学生的学习体验及其真实感受；师生互动对话要真实，而不是出现如"How are you?"这样的问题，永远都是"I'm fine, thank you. And you?"的回答；也不是老师站在前面对着全班同学说："My favourite season is summer."等到下一个环节学生问老师："Do you like summer?"老师却不假思索地回答："No, I don't like summer because it's too hot."等前后不统一说法的情况。只有真实的交流才是贴近学生实际，才能引起他们的共鸣，才会生成许多教材以外的惊喜。

二、问题导思，"聊"中解惑，以"开放灵动"筑就课堂灵魂

一个好的问题，一个恰到好处的悬念可以引发学生主动去思考、去学习。不同形式的问题式聊天可以帮助学生解决学习中遇到的疑惑，最终灵活运用语言。

（一）师生互动聊，拨开云雾

设置悬念是我课堂上常用的一大法宝。课前，我会围绕一节课的教学主题，重新整合教学内容，事先酿成一个悬而待解、富有诱惑力的问题，以牢牢抓住学生的

期待心理，调动学习主动性和积极性，吸引他们去深入学习来解开这个富有诱惑力的疑团，并在解开这个疑问的同时感知、接触新知，让学生以饱满的、积极的态度去学习新知。课中，我和学生们会围绕着相关话题，结合问题链进行互动式的聊天，在聊天中不断地解决他们心中的疑团，让知识在问答之间流动，让学生在聊天之中自然习得。比如在谈论"last holiday"话题的时候，我会先用 what, where, who, how 等引导的问题链和学生聊"yesterday"，聊"last weekend"，最后自然过渡到聊"last holiday"。这些问题贴近孩子实际，对彼此曾经去过的地方、做过的事情都感到很好奇，那种聊过之后的羡慕、认同、期待的心情和感觉洋溢在课堂之中，妙不可言。

（二）生生合作聊，内化交流

课堂最精彩的部分是在学生们提问题的环节。爱因斯坦说过，问一个问题比解决一个问题更重要。在平时的教学中，我鼓励学生结合着课堂所学，向同伴提出几个问题，目的是检验他们是否已经掌握了所学的知识。当学生们能够围绕着本节课的主题提出自己的问题的时候，证明他们是有经过思考的，而思考的过程就是学习的过程、能力培养的过程和思维发展的过程，在同伴合作问答聊天中掌握知识。在学完"time"这个主题后，我会鼓励学生就时间这个话题提问题，我记得有位学生对她的同伴提出了一个问题："My dad is in New York now. Can I make a phone call to him? Why?" 就因为这个问题，我们接着聊到了各个地区的时差，聊了经度纬度、聊了东西半球，这节课的生成远比仅学习几个时间的表达词语要多得多、好得多。这就是会提好问题的魅力！

（三）生本对话聊，挖掘人文

学生课前的准备和预设能够让他们在学习过程中集中火力解决问题。因此，我会让学生们准备一个设疑本，在课前根据教材中的文本和图片提出自己的疑问，并把问题写到设疑本上，然后自己先在课本中找答案，能找到答案的就在设疑本上的问题后面打钩，找不到答案的就把问题带到课堂上去验证、分析，最终得到正确的答案。我还会随机找一些问题，请班上的其他同学回答，让问题成为他们深入学习的桥梁。这种生本问答方式，可以培养学生们的自学能力。

三、情境促说，"聊"中运用，以"生长发展"达成课堂追求

学习最高的层次就是能融会贯通，灵活运用。学生如果能把课堂上所学到的知识运用到不同的场景里，就证明他们已经把知识内化成自己的东西了。

课堂上，我通过聊天创设真实的情境，让孩子们自主运用所学的语言。同时，我还鼓励孩子们在课后把学到的英语知识运用到现实生活当中。

（一）和家人聊，做英语小导师

学习金字塔最顶端的层次是能教别人或者马上能应用。在学完新单词或对话

后，我会鼓励学生们回到家跟自己的家人聊一聊。比如学完了家具类的单词，我会布置孩子们把制作的单词卡贴到家里对应的家具上，然后向自己的家人进行介绍。同时，他们还可以利用这些单词卡教父母或者弟弟妹妹认读。

（二）找老师聊，做英语小主人

我鼓励孩子们在校园里遇到老师时，要尽量用英语跟他们打招呼、问好。比如学完了学校场所和教室摆设类的主题之后，我甚至鼓励孩子们去找校长聊一聊，用英语给出自己的一些建议。从小就培养他们主人翁的意识，为学校的发展出谋划策，这也正是体现了核心素养里面的必备品格。

（三）与同学聊，做英语小伙伴

同伴之间的聊天是最有共鸣的，他们之间有聊不完的话题，虽然还不能完全用英语聊天，但培养他们的英语意识和英语思维是非常有必要的。课堂上，我会尽量地创造语境，鼓励他们用英语进行交流，同时，我还会鼓励他们分组结对地创编英语对话、表演英语故事、改编英文歌曲等。

（四）遇外国友人聊，做英语小使者

我非常喜欢某个孩子跑过来告诉我她昨天遇到一位外国人，还用英语跟外国人交谈，或者听到某个孩子假期回来学校告诉我，她去了国外旅游，还能自己用英语买东西、做事情。能利用难得的机会跟英语国家的人聊天，既说明了他们具备了一定的英语听、说、读、写能力，也是一种自信的体现，甚至还能向外国朋友介绍中国文化。

（五）对自己聊，做英语小作家

在学生们具备了一定的英语听、说、读能力的时候，我会鼓励他们尝试写英文日记，坚持把自己一天的经历和想法用英语写下来，就像用英语和自己的朋友聊天一样。长此以往，孩子们英语写作能力肯定会得到很快的提升。

▶ 他人眼中的我

如果没有记错，古老师已经为长安的教育事业奋斗 19 个年头了。在我看来，他不仅是孩子们心中的好老师，同事心中的好领导，也是我心中的好搭档。在他担任镇小学英语兼职教研员的这段时间里，无论镇里面的大事小事，只要需要他帮忙，他总是二话不说，随叫随到，他用他的行动温暖着身边的每一个人。

作为一名英语老师，他始终以"让每一个学生学有所长"为己任，努力在教学实践中走出一条富有特色而又卓有成效的育人之路。他追求课堂的真情景、真语言、真沟通、真交流、真评价、真生成，他喜欢和孩子们在课上真情地互动，他的课堂总是那么"自然"——知识习得于自然，课堂生成于自然，情感升华于自然。每每听到他的课堂上孩子们爽朗的笑声，真情的流露，都不禁在心中为古老师点赞。

（东莞市长安镇教育管理中心英语教研员　卢妍博）

他，高大帅气，幽默风趣；他，亲和温暖，循循善诱。我，是他的小徒弟。他，是我英语教学路上的引路灯。聆听他的课例和讲座，如沐春风、灵感迸发。指导我备战比赛时，他既是良师，更是益友。他，待学生如朋友；他，以润物细无声的方式，帮助学生开启智慧的大门；他，以开放自由的课堂，滋养学生的成长。

（东莞市长安镇乌沙小学英语教师　卢颖锋）

他，喊我一声大姐。从他踏入学校成为一名教师起，我就感受到了他的温润儒雅，坦诚好学，务实进取。

同行19年，我见证了他的成长和进步：脚踏实地，从一名普通的年轻教师，成长为东莞市教学能手、长安镇名教师，硕果累累。镇英语优质课第一名，沿海片区优质课第一名，市优质课第一名。专题讲座、名师引路课、镇开放课、新教师指导课、校外青年教师比赛课、校外帮扶送课，到处都有他的身影。

他乐教、善教，他风趣幽默、循循善诱的个人魅力，使得每节课的课堂气氛轻松愉悦，朝气蓬勃。他的课有趣、高效，是个技术派，深受师生喜欢！他的课，总能以学生为主体，巧妙渗透核心素养，环环相扣，教学流程无痕衔接，课堂有层次、有深度，课课是精品。

（东莞市长安镇实验小学英语教师　安俊杰）

风趣豁达，知性解意，他以英语的热情圆融教学！

坦荡正直，务实求真，他以中文的方正解读人生！

（东莞市长安镇实验小学语文教师　王晓娜）

记忆中，我最喜欢上古老师的英语课。

还记得小学时的英语课，那曾一度是我期盼的。昏昏欲睡的下午时光里，每次上课他发现我们心不在焉时，总是会讲一些能引起我们兴趣的笑话，让我们瞬时兴奋起来。接着极其自然地转移话题，把我们带入课堂正轨。他那双仿佛能洞悉一切的眼睛也一度让我敬佩。我知道，这些的背后，是他对教学的热爱和丰富的教学经验积攒而成。

他幽默风趣的教学方式也是我最喜欢的。他从来不会直接给出答案，而是用启发的方式，让我们自主思考，最后才神秘地揭开谜底。我很享受这个过程，因为我真的发现自己在进步。他还常常向我们传授一些独到的英语学习的"武功秘籍"，让我们如获至宝。

如今，我已是一名中学生，每当回忆起过去，更能体会古老师的细致入微，循循善诱。感谢您，我的老师！

（东莞市长安实验中学学生　黄柳媚）

参考文献

[1] 中华人民共和国教育部. 义务教育英语课程标准（2011版）[M]. 北京：

北京师范大学出版社，2012.

[2] 霍华德·加德纳. 多元智能新视野 [M]. 北京：中国人民大学出版社，2012.

[3] 闫德明. 如何形成教学风格：名师典型案例的多维解读：综合卷之一 [M]. 广州：广东高等教育出版社，2016.

【点评】

醒庆老师的课，你感觉不到在上课，而是感觉师生在聊天。寓教于"聊"，因"聊"定学是他的英语特色课堂组织形式，因真实而灵动、因灵动而开放是他追求的课堂生成结果。两者相辅相成，化有形于无形。"聊"是为了学生在英语课堂上学得轻松、用得真实、说得自然。

（广东第二师范学院教授　闫德明博士）

乐美·乐情·乐趣

吴晓燕（小学音乐）

> **个人简介**
>
> 吴晓燕，女，东莞市长安镇金沙小学音乐教师，小学副高级，德育主任。广东省美育骨干教师培训授课教师，东莞市名师工作室主持人，东莞市优秀教师，东莞市音乐学科教学能手。主持省、市4个立项课题，参与8项市立项课题。课题研究成果荣获2011年广东省中小学教育创新成果二等奖、2012年东莞市普通教育科研成果一等奖、2013年广东省第八届普通教育教学成果二等奖、2015年东莞市中小学校本课程建设成果评选活动"教材成果"类一等奖、2016年广东省中小学教育创新成果二等奖、2018年东莞市优秀教育教学成果一等奖、2019年广东省教育教学成果（基础教育）二等奖、2020年东莞市优秀教育教学成果三等奖、2021年第五届广东省中小学校本课程建设成果评展二等奖。编著《快乐识谱音乐教程》《趣味图谱教学法》等4本音乐校本教材，开发创编《奇妙的音乐王国》《七个快乐的音符小仙女》《音符的一家》《有趣的节奏世界》4本音乐故事绘本。受邀开展20多个省、市级教师培训专题讲座，在《中国音乐教育》《广东教育》《师道》等刊物共发表10篇文章。执教课例、优课、微课、教学设计、教学论文、指导学生比赛等荣获省级和市级一、二等奖100多个奖项。

▶ 我的教学风格

一、"乐美"，音乐是美育的熏陶

音乐是美育的重要组成部分。美可益智，美可冶情，美可促进学生创造性思维的发展。我力求我的音乐课堂美美的，美的演唱、美的演奏、美的欣赏、美的舞蹈、美的律动、美的表演、美的活动、美的语言、美的心灵……在音乐课堂上以"审美感知"为核心，使学生在各种音乐实践活动中提高音乐审美能力，学会感受音乐美、鉴赏音乐美、创造音乐美。为使学生得到音乐美的陶冶和塑造，使人和谐地全面发展，我的音乐课堂始终是美美的。

二、"乐情"，音乐是情感的教育

乐由情而发，情由乐而动，音乐与情感有着密切联系。黑格尔称"音乐是心情的艺术"，所以音乐最能直接地表现和激发人的情感，最有力地拨动人们的心弦。我在音乐教学中强调"以情感人，以乐动人"，抓住音乐艺术情感性，以情感动孩子，以乐感染孩子。让学生在浓厚的情感教学氛围里，在音乐与师生的情感互动中，激发情感、体验情感、深化情感、表现情感，在音乐情感教学中引导他们感受暖暖的音乐课堂。

三、"乐趣"，音乐是兴趣的激发

音乐教育家卡巴列夫斯基说："激发孩子对音乐的兴趣，这是把音乐的魅力传递给他们的必要条件。"音乐课应充分发挥音乐艺术特有的魅力，音乐教学中"兴趣"起着至关重要的作用。我紧紧抓住"课堂"这块主要阵地，在不同的教学阶段，根据学生身心发展的规律和审美的心理特征，以丰富多彩的教学内容和生动活泼的教学形式，激发和培养学生的学习兴趣，最大限度地挖掘学生的潜能。同时，有目的地对学生进行音乐素质的培养，使"趣味""快乐"贯穿教学过程的始终，让学生在音乐课堂中主动参与、积极体验，让学生始终"乐乐地"学习音乐、享受音乐、感受音乐的魅力。

▶我的成长历程

有人说，教师是辛勤的园丁，培育美丽的花朵；也有人说，教师是蜡烛，燃烧自己照亮别人；还有人说，教师是人类灵魂的工程师，塑造学生的精神世界。我觉得，教师是一个永远与学生一起成长的人，教师与学生是一对相互依赖的生命，一对共同成长的伙伴。为人师者的幸福，不仅是在于学生的进步与生长，还包括教师自己的充实与成长。

时光如梭，转眼20载，当我回首走过的路，有很深的感触，仿佛一切就在眼前，成长就在一瞬间。20年课改、20年风雨兼程、20年饱经洗礼，我有幸成为东莞音教大家庭中一员，坚定的信念伴随我在这片莞邑热土上踏实了成长的足迹。

一、"青涩的毛毛虫"：五年磨炼期

2000年7月，刚走出象牙塔的我，青涩、稚嫩，带着懵懂与忐忑来到东莞，踏上了心中神圣的讲台。初为人师的我只身一人来到陌生的东莞为梦想而打拼，感受到了东莞这座城市的包容与开放。第一次踏上讲台，用青涩的声音和孩子们唱着"do、rei、mi"，享受着课堂的快乐……面对一双双专注的眼睛，我那紧张、稚嫩的神态还历历在目。

但是，初生牛犊不怕虎，正因为我未踏上过"真刀实枪"的讲台，便格外有一份敬畏之心。彼时唯有付出更多努力，以勤补拙。为了上好每节课，我把大量时间与精力用在了备课上，每节课用心手写教学详案，细致到每一环节、每一句话，课间、夜晚、周末，教材、教参、备课本几乎不离手……有了翔实的课前准备，完整、规范的课堂实施便得到了保障，基本的教学能力在实践中得到锻炼。

而后，在就职第一个月的新教师汇报课中，收获了同事、领导的一致好评；第二个月代表综合科组参加学校优质课竞赛获佳绩；第三个月承担了执教镇教学研讨活动课例的任务；第二年承担了市教学研讨活动课例的执教任务；第三年参加了东莞市 2003 年中小学音乐优质课竞赛获三等奖，辅导学生比赛、撰写的教学论文和教学设计分别荣获了市镇的一等奖和二等奖。由于前 3 年对工作的热情、执着、投入和认真，让我获得一定的成绩，也因为偶然的机遇，我从原来的小镇调到长安镇工作，由此有了一个更大更好的成长平台，让我由"青涩的毛毛虫"慢慢进行着蜕变……

二、"蜕变的蝴蝶"：十年积累期

2003 年，我来到长安镇沙头小学工作，工作单位的转变、学情的变化给我的教育教学工作带来了新挑战。"教活教材、活教学生"，为了上好每节课，我购买并阅读大量的教学参考书、杂志，勇于打破经验束缚，敢于接受新思想，尝试新教法。我认真钻研自己所任教的学科，围绕音乐课课程标准，积极探索教学活动的新思路、新方法；努力创设宽松、愉悦的学习环境，以学生为主体，教师为主导，采用灵活多样的教学方法，注重培养学生的学习兴趣、学习习惯和学习能力。通过不断地思考、实践、反思，我慢慢形成了自己的教学风格，不但赢得家长和同行们的认可，也得到专家和领导的肯定，曾多次承担省、市、镇级展示课任务，并多次获市、镇优质课评比一等奖。

2007 年，我申报了我的第一个音乐课题"小学'班级音乐会'的实践研究"。自从开始走上科研这条路，我就开始像毛毛虫蜕变成蝴蝶那样，让我的教学生涯多出了五彩缤纷的色彩。在教育这一主阵地，我开始成了一名研究型教师，在实践教学中坚持读写思、思练读，教育教学理论等都成了我不断汲取的营养。我将一线课堂中的思考、实践、反思及时进行记录、总结，记录一线教学中值得回味的小插曲，记录值得探讨的新思想，记录值得珍藏的小智慧。这些有趣的课堂缩影、宝贵的课堂生成、点滴的课堂智慧都成了我研究课题及撰写教学论文、教学设计的源泉。

三、"勤劳的蜜蜂"：十五年沉淀期

在我从教小学音乐 15 年的时候，我发现努力变成了一种习惯，获奖变成一种常规，比赛变成一种磨炼。坚持如星星之火，它不会立竿见影，但请相信它迟早会燎原。教学是要与时俱进的，我积极参加各类培训，通过学习去了解它、认识它，去掌握真正的课改精神。2009 年，我参加东莞市音乐骨干教师培训；中南六省现场交流活动；名思教研以及省、市、镇举行的音乐教研活动，在活动中刻苦钻研，苦练教学基本功，苦学现代教育技术，勤学教育教学理念，不断提高自己的业务素养。

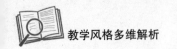

功夫不负有心人，我执着于教育的初心，伴随着课改，在"思考""创新""坚持"一路的陪伴、鞭策下，终于实现了自己的目标：2009 年我被评为东莞市优秀教师，2014 年被评为东莞市第一批小学音乐教学能手，并获长安镇音乐兼职教研员、东莞市胡颖名师工作室导师、松山湖于洪民名师工作室导师、长安镇优秀教师、长安镇优秀辅导教师、长安镇科研先进个人等荣誉称号。

我还坚持撰写读书笔记、教学随笔、教学论文、教学设计、教学反思，荣获省、市各类奖项 60 多项。这些荣誉证书，见证了我在成长路上看见的美丽风景，也见证了十几年的坚持和努力，就像勤劳的蜜蜂，让自己在专业、教学、科研当中得到积累和沉淀，尝到辛勤劳动后甜甜的丰收喜悦心情。

四、"开屏的孔雀"：20 年提升期

当教书生涯进行到第二十个年头的时候，我就像孔雀那样展翅开屏，绽放成熟的光芒，体现导师的风范。

科研成果丰硕：我主持了 4 个省、市课题，参与 8 个课题的研究，荣获省、市 8 项科研成果奖。教学成果突出：我执教课例、优课、微课、教学设计、教学论文、指导学生比赛等荣获省、市一等奖和二等奖 100 多个奖项。成课堂教学导师：我多次指导东莞市青年教师和长安镇青年教师的教学工作，组织开展了多次科研教学研讨活动。成教育科研导师：作为长安镇科研助教、长安镇金沙小学"科研导师"，指导了东莞市长安镇宋新、王慧、罗慧娴、张腊等老师，东莞市虎门镇谢海鸿、廖奇志、陈盛权等老师，东莞市胡颖名师工作室成员林莉、肖春蓉、李响、李林等老师，以及东莞市田素梅名师工作室吴秋岸、张晓燕、陈帅等共 30 多位老师成功立项市级课题。作为东莞市田素梅名师工作室课题组长，组织和指导工作室 20 名中小学音乐教师开展了 12 期的"读书会"活动。成专题讲座导师：受邀开展了 20 几个省、市、镇级教师培训专题讲座，例如，在韶关市中小学音乐教师培训活动做专题讲座；2018 年在广东省美育（音乐）学科骨干教师培训班做"音课课题研究三步曲"专题讲座，2019 年在广东省"强师工程"粤西北校地合作培训项目"中小学音乐骨干教师培训"中被聘为培训跟岗实践指导老师，2020 年在广东省世行贷款村小、教学点教师全科教学能力提升培训班做"教师如何做科研"专题讲座等。作为科研专家，我被东莞市多个学校邀请做课题开题、结题的专家评委。校本教材成示范：我编写印刷的 4 本"快乐识谱"系列校本教材在莞城、长安、虎门、凤岗、大岭山、桥头、寮步、清溪 8 个镇、区被 30 位一线音乐教师推广使用。"快乐识谱"音乐辅助教材和教学课件，以及课题研究成果给予更多一线音乐教师和学生启迪和帮助。

▶ 我的教学实录

《癞蛤蟆和小青蛙》
——人音版四年级第八册第3课《水乡》

一、教学理念

本课以"愉悦"为本，追求歌唱教学以儿童本心需求为中心的"悦"教学。"悦课堂"的创设，音乐情感为主线，课堂以"愉悦"为本，追求歌唱教学以儿童本心需求为中心的"悦"教学。这节歌唱教学主要以"悦唱"为主，以趣"悦"导入、乐"悦"聆听、愉"悦"歌唱、欢"悦"表演、创"悦"拓展共5个教学环节，引导学生积极参与实践、重视感受、体验音乐和表现音乐。在教学过程中设计了形式多样的"悦"音乐活动，教学方法多样化、趣味化和游戏化，使学生在循序渐进中学会歌曲，并获得情感体验和审美愉悦。以悦聆听、悦歌唱、悦表演等"悦"心的教学方式达成歌唱教学中师生关系的欢悦、教学过程的情悦，享受歌唱学习的愉悦和创作拓展的创悦。

二、教学过程

（一）趣"悦"导入

1."悦"情境

师：同学们好，欢迎走进今天的音乐课堂。

师：在春天的青草池塘里，天空下起了春雨，春雨在唱歌（滴嘀 0 嘀 嗒），春风在弹琴（沙锤：沙沙 0 沙 沙），春雷在打鼓（轰隆——隆隆——隆——），春水在鼓掌（哗啦——啦啦——啦——）。大自然的声音真美妙（刮音乐树）。这时，有一群小动物在欢快的叫。你们听，谁在叫？

2."悦"导入

师：有同学说是小青蛙，也有同学说是癞蛤蟆，癞蛤蟆和小青蛙有哪些相似的地方？又有什么不同呢？（手拿两张图片）让我们跟随视频了解一下。

生：……

师：黄梅时节家家雨，青草池塘处处蛙。池塘里不光有小青蛙（出示小青蛙的图片），还有癞蛤蟆（出示癞蛤蟆的图片）。有一天晚上，癞蛤蟆和小青蛙相遇了，并且闹出一个笑话，你们想不想听？让我们一起来听听歌曲《癞蛤蟆和小青蛙》到底发生了什么故事。（板书）

（二）乐"悦"聆听：多次聆听，感受体验歌曲

1."悦"听故事

师：歌曲中的癞蛤蟆和小青蛙之间发生了什么事？

生：……

2."悦"听情绪

师：你们听音乐，这首歌曲的速度和情绪是怎样的呢？

生：歌曲的速度，稍快；情绪，活泼、幽默、风趣。

师：这是一首风趣、活泼的儿童歌曲，歌曲用拟人化的手法，表现了癞蛤蟆和小青蛙之间因为长得相似而互相认错自己的娃娃和爸爸的幽默情节。

3."悦"听风格

师：这首歌曲在演唱中与我们平时听的其他歌曲有什么不同？请你们再听一遍。

师：对了，歌曲中有我们熟悉的节奏对白和说唱结合。

师：歌曲中出现的4句节奏对白是不是很有趣呢？

师：我们用从高兴、疑惑到醒悟的语气一起来念念。

4."悦"听乐段

师：歌曲按故事情节可以分为几部分呢？请听歌曲进行思考。

师：歌曲分为两段体。第一段以跳跃的音程和紧凑的节奏表现了癞蛤蟆和小青蛙活泼的特点。一共有4个乐句，歌曲为弱起小节。第二乐段有3个乐句，采用了变化重复的手法，表现癞蛤蟆和小青蛙在月光下看到对方，发现认错娃娃和爸爸时，从疑惑到观察再到醒悟的过程。

（三）愉"悦"歌唱：多种方法，愉悦学唱歌曲

1."悦"读词

（1）师生合作朗读歌词

师：我们试试跟着音乐有节奏地朗读歌词，你们只需读4句节奏对白，老师读其他部分。

（2）跟伴奏音乐朗读歌词

师：跟同学们合作得非常愉快，这一次请你们跟着伴奏音乐有感情地朗读歌词，感受歌曲活泼、风趣、幽默的情绪。

2."悦"模唱

（1）跟伴奏用"啦"模唱旋律

师：同学们，你们能用"啦"模唱歌曲旋律吗？试试看。

（2）跟钢琴用"啦"模唱旋律

师：请你们跟着钢琴用"啦"模唱旋律，注意用活泼、有弹性的声音。

3."悦"唱词

（1）聆听范唱小声跟唱

师：同学们，这个时候你们是不是已经迫不及待想唱这首歌曲呢？试试看。

（2）跟钢琴伴奏唱歌词

师：歌曲用怎样的声音演唱更有感染力呢？

生：轻松自然、有弹性的声音。

师：说得真好，那么请你们用有弹性、好听的声音跟着钢琴演唱歌词吧。

（3）熟悉歌词解决难点

师：有没有哪些地方是觉得特别难唱、不容易掌握的？

（4）指导情绪演唱歌词

师：我们可以用怎样的眼神、语气、表情来表现歌曲的情绪呢？请你们带上丰富的眼神、语气、表情，来体验歌曲的情绪吧。

（5）学生完整演唱歌曲

师：你们能用活泼、风趣、幽默的情绪以及自然、好听的声音完整地演唱歌曲吗？

（6）分角色男女生对唱

师：如果分角色演唱的话，你们会怎样安排呢？

（四）欢"悦"表演：创编角色，欢悦表现歌曲

观看合唱形式视频。

师：同学们，你们想听合唱版本《癞蛤蟆和小青蛙》的和声效果吗？一起来听听。

1. 讨论角色

师：看了合唱视频，同学们是不是深受启发？是不是也想创编动作和角色来表演一下呢？老师给一些建议，你们尝试一下吧。

2. 创编角色

师：与同伴分角色创编动作表现它们的神态和动作，边唱边表演。

（1）讨论角色的特点，说说分别用怎样的音色、力度、语气来表现。

（2）与同伴分角色创编动作表现它们的神态和动作，边唱边表演。

（3）表演歌曲。

师：同学们，创编好了吗？例如，请几位女同学扮演小青蛙，几位男同学扮演癞蛤蟆，扮演角色的同学可根据歌词内容侧重表演和对白，全班男女生用对唱的形式来伴唱。

师：就像图片的同学们，制作头饰、分好角色，你们也跟着音乐来表演吧。

（五）创"悦"拓展：乐器探索，创作歌曲情境

1. 乐器探索

师：这是蛙鸣器、碰铃、沙锤、小鼓等打击乐器，你们可以探索一下这些乐器的音色，想想可以表现出的自然界和动物的音效。

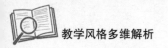

2. 创作拓展

师：发挥你们的想象力和创造力，用这些打击乐器或身体乐器、自制乐器等，创设歌曲的前奏和尾奏的故事情境，中间加上你们的歌声和表演，老师请你们现场展示精彩的音乐作品。

3. 课堂小结

师：同学们，这节课我们体验、学唱了歌曲《癞蛤蟆和小青蛙》，感受到了歌曲活泼、风趣、幽默的音乐特点，激发了我们热爱大自然，喜爱小动物的美好情感。这节课我们就上到这里，同学们再见！

三、教学反思

每个学校的孩子音乐素养都不尽相同，每堂课的课堂生成都不一样，因此，每次执教都能擦出不同的火花，有不同的收获，也有遗憾的地方，使我真正体会到什么是"因材施教""以人为本"。这节课，我以音乐为主线，以癞蛤蟆和小青蛙两个形象贯穿教学，把目标放在歌曲本身，抓住怎样把歌唱好的重点，突出教学难点，掌握2-6、1-6、4-2的音程音高，用简单的创编体现歌曲的情绪感。音乐活动始终围绕知识点展开，形式为内容服务。采用丰富的教学手段——游戏、故事、律动、模仿、感受、体验、表演等，动静结合，让学生在聆听和体验中学会歌曲、表现歌曲。

▶ 我的教学主张

一、乐动：开展"班级音乐会"活动

从当前小学音乐学科学生评价现状看，很多学校依然沿用了传统的两种评价方式。一种可以称之为"一唱（奏）定乾坤"式（或称"一锤定音"式）的成绩评价法，它是指只通过唱（奏）一首歌（乐）曲来观察学生的音乐学习状况并评定出"优、良、达标或不达标"；另一种是在期末采用笔试与演唱（奏）相结合的方法，用一个综合等次为学生做出成绩评定。传统音乐考核方式存在着以下的弊端：考核内容单一，不能全面考核学生的音乐综合素质；考核形式单调，挫伤学生参与考核的积极性；考核过程封闭，影响学生音乐才能的发挥。显然，这两种评价方法得出的这个综合等次不仅不能正确地反映出学生的音乐学习状况，而且缺少了全面推进素质教育所要求的科学性、教育性及发展性。我们认为小学音乐学科中不合理的学业评价现状及新课程的改革都迫切要求我们当机立断，建立起符合新课程标准及素质教育模式的音乐学业评价体系。由此，我们学校从2007年开始就大胆尝试以"班级音乐会"的活动模式，对学生音乐学科的考核评价模式进行了十几年的研

究探索。①

"班级音乐会"区别于社会上一般的音乐会,它是以一个班、一个学期为单位,以音乐教材内容为主,以全体学生参与、各尽所能为活动宗旨,由学生自编、自导、自演,老师给予适当的指导为原则,以唱歌、舞蹈、表演、戏剧、音乐剧、乐器演奏等形式,对学生进行综合、科学评价的一种音乐考核新模式。

"班级音乐会"既是一种学生自主探究、小组合作学习的音乐活动,也是创造性的音乐学科评价新模式。它提高了学生的音乐素养,增强了学生的自信心,培养了学生演唱、表演、演奏、舞蹈、组织、策划、主持、舞台监督、舞台设计等综合能力,给学生提供了展示才华的平台,从不同层面锻炼了学生的综合能力,是一种老师轻松教、学生喜欢参与的考核新模式。在实践研究中,我们探索出一套操作性强、行之有效的"班级音乐会"实施方法,归纳为6个阶段,即制定方案→精心教学→主题活动→技术指导→成果展示→评价交流。"班级音乐会"的评价模式:一是自评提高,二是互评监督,三是观摩反思,四是师评总结。"班级音乐会"的评价体系借鉴了传统教育评价的不足,在其评价产生程序、过程中,把评价权交给学生,充分体现学生的主体地位,通过评价促进学生的自我选择、自我反思、自我提高的能力。②

从2007年至今,在这十几年的时间里,我致力于研究和开展全校性、学生全员参与的"班级音乐会"活动,形成了具有特色的音乐学科评价模式。我校学生的音乐素养和表演能力得到全面的提高。实践表明,"班级音乐会"的实施,无论对音乐教学的评价理念还是评价实践,都有较大的创新,其创新之处具体表现在以下3个方面。

第一,"班级音乐会"实施的理念是先进的、科学的,符合音乐学科的特点,有力地促进了音乐教学。"班级音乐会"重视活动过程,重视学生对知识的自我建构,重视评价与真实生活的联系,重视问题解决与创造能力培养等,从提出—准备—举行的全过程都体现了《新课标》的精神和理念。

第二,"班级音乐会"评价体系改变了传统、评价模式带来的弊端,能充分体现评价的民主性,营造和谐、团结的评价气氛。改变了传统、单一的家长式评价方式,呈现了一个以音乐、学生为主的评价活动,充分发挥学生自主性、主体性的地位,尊重学生的个别差异和个性特点。更加科学、多元、开放、公正地评价每一位学生,使学生的学习过程真正成为获得愉快、成功体验的过程,对构建合理的评价体制具有积极的意义。

第三,"班级音乐会"的开展使学生的音乐天赋和素养不断地得到挖掘和提高,促进学生自我发展,培养了学生的音乐素养,增强了学生的自信心,营造了"人人

---

① 吴晓燕:《"班级音乐会",学生的阳光舞台》,载《广东教育(综合版)》2017年第11期,第50页。
② 同上。

参与表演""处处都是舞台"的良好校园艺术氛围。"班级音乐会"活动的开展使学生的学习状态和精神面貌发生了很大的改观，他们变得更勇敢、自信、活泼，不仅学会了合作学习，还培养了集体主义精神，对学生的终身发展必将产生重要而积极的影响。

"班级音乐会"，一个属于孩子们的阳光舞台，是一项进行音乐考核改革、创新的音乐活动，是作为改革教育评价的新模式、新举措，是推进素质教育发展的这有效渠道、载体，是一种老师轻松教、学生积极参与的考核新模式。愿更多的学校、更多的孩子能在"班级音乐会"的舞台上收获成功的喜悦，体验音乐考核的快乐！

二、乐谱：创新"快乐识谱"课堂教学

《义务教育音乐课程标准》指出：识谱是音乐教学的基础，是不可缺少的组成部分，更是孩子学习音乐的必要环节，它是打开音乐大门的钥匙，识谱教学贯穿中小学音乐教育始终。"希望越来越多的孩子喜欢上音乐课，能快乐地识读乐谱，能掌握更多的知识与技能。"怀着这样的愿望，我希望通过课题系统的研究，改变传统的音乐知识与技能的授课模式，改变以往识谱教学方法的枯燥无味，以快乐、有趣、形象的教学方法，让孩子们"轻松学习、快乐识谱"，提高学生识读乐谱的能力，提高孩子们的音乐素养。由此，我立项了第二个音乐课题"小学低年级音乐'快乐识谱'教学研究"，开始对小学音乐识谱教学进行研究。

"快乐识谱"自2013年开展以来，突出音乐教学审美感知本质，着力解决音乐识谱教学中教学方法枯燥乏味、音乐知识技能传授专业化问题，力求在实际基础上推动音乐教学金字塔模式变革，实现激发学生学习兴趣，培养学生音乐识谱能力，提升音乐审美感知、艺术表现、文化理解为核心的音乐素养育人目标。

（一）聚焦"快乐学习"，推动音乐识谱教学实践变革

将识谱教学与快乐、新颖、趣味的教学形式融合在一起，提炼快乐、有趣的教学方法和模式，打造全新的音乐课堂。凸显了"快乐趣味"学习的教学理念，让学生在趣味游戏，音乐故事，快乐的听、唱、练中加深音乐体验，学习音乐知识与技能，提高音乐素养。挖掘了快乐高效的图谱、故事、游戏、乐器等6种识谱教学方法，达到"快乐学习"、寓教于乐的教学效果。提炼了独具一格的快乐识谱"二三四六八"教学模式，更大程度地发挥学生的自主性、能动性和创造力，让原本枯燥的识谱教学变得生动、活泼、有趣、丰富。"快乐学习"是识谱教学变革的核心内容。

（二）重构音乐识谱教学的金字塔原理教学框架和体系

引入"快乐学习"理论，通过自下而上的实践探索达成"审美感知、艺术表现、文化理解"音乐核心素养育人目标。通过自上而下地梳理提升，形成教学模式和教学体系。实践表明，学生的识谱能力明显提高，音乐素养和自主学习能力明显增强。（如图1所示）

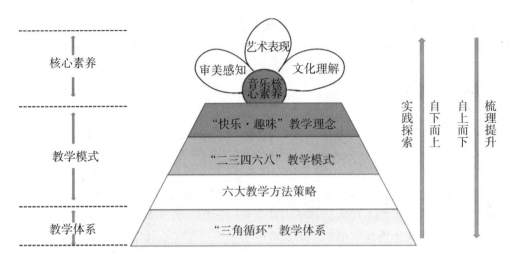

图1　金字塔原理"快乐识谱"教学框架

（三）构建教学体系，丰富教学实践

通过行动研究法，沿着"调研与反思—学习与重构—实践与提升"循环上升的研究路线，整合"快乐识谱"教学结构、明确"快乐识谱"教学目标、充实"快乐识谱"教学内容、甄选"快乐识谱"教学方法、形成"快乐识谱"教学体系、构建"快乐识谱"教学模式、创新"快乐识谱"教学评价、完善"快乐识谱"教学资源。解决了识谱教学方法单一的问题，从"枯燥化"走向金字塔原理"快乐识谱"教学框架和体系。（如图2所示）

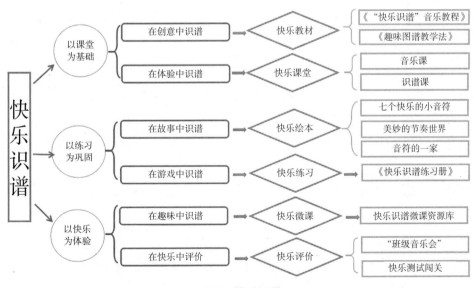

图2　快乐识谱

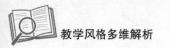

近5年来，我在音乐课堂实施的"快乐识谱"教学，让孩子们在快乐中学习，在趣味中掌握音乐知识与技能技巧。通过编写"快乐识谱"教材，创编"快乐识谱音乐故事绘本"，进行音乐课、识谱课、微课"三课一体"的系统学习，极大地激发了学生学习音乐的兴趣以及学生识谱的潜能，使学生整体的素养不断得到提高。同时，还使学生建立了音高概念，认识了节奏符号，能视唱乐谱，具有一定的识谱能力，有利于学生开展音乐欣赏、音乐表演和音乐创作等实践活动。

三、乐绘：创编"趣味音乐"故事绘本

从一开始喜欢音乐故事绘本，到对国内外的音乐故事绘本做了深入的研究后，我从中发现音乐故事绘本可以让孩子们从直观、形象、文学的角度上对音乐产生兴趣，并理解音乐文化内涵。但纵观国内外的音乐故事绘本，内容和构思上比较抽象和复杂，必须通过与家长的共读才能读懂绘本里面要表达的内涵，这种绘本推广性和普及性没那么强。由此，我想创编通俗易懂、包含丰富的音乐知识与技能的绘本让孩子们进行音乐的阅读和学习，从而激发孩子们对音乐的兴趣，让音乐的种子在孩子们心里生根发芽。

我尝试将教材中的音乐知识与技能编成有趣的音乐故事，与我校美术老师合作，开发创编了"快乐识谱"系列音乐故事绘本：《奇妙的音乐王国》《七个快乐的音符小仙女》《音符的一家》《有趣的节奏世界》。我们将音乐、童话故事、绘画3个元素结合起来，通过创编与运用音乐故事绘本的方式，让孩子们快乐地学习音乐知识与技能，通过绘本阅读培养孩子们对音乐的审美感知能力，提高学生的音乐素养。让音乐故事绘本为音乐学习服务，为音乐课堂服务，为孩子们服务，带领孩子们在美妙的音乐故事世界，探究音乐奥秘，学习更多的音乐知识，并将这种对音乐的理解、感受和体验，深化为学习音乐的内在动力，将音乐知识与技能融入音乐课堂。

成长要有"望天"的理想，也要有"落地"的实践，更要有反思与改进；成长是一种幸运与机遇，更需要匹配努力，最终走向传承；成长既是不断成功，也是不怕失败，更是不断学习。"心中有爱，眼里有光，远方有诗"，我将会终身成长，享受音乐教学，成为一名有教学风格、有教育情怀、有理想和追求的研究型音乐教师。

▶他人眼中的我

"像树一样工作，像花一样生活"，这句话说的大概就是吴晓燕老师这样的人，工作认真负责，开拓创新，勇往直前；生活优雅精致，坚持个性，追求品位。

（广东省名师工作室主持人、东莞市教育局音乐教研员　田素梅）

认识吴晓燕老师10年，每次打动我的都是她脸上带的那份明艳、阳光和自信，

突破自己是日常。她很坚持,对音乐老师来说"难啃"的课题她10年如一日地坚持做下去,成了东莞课题获奖和数量最多的音乐老师。她很上进,在我工作室的三年里,她那份严谨努力是出了名的。一次微讲座,一个读书分享,一节课例,她从不怕"露底"。更可贵的是,她总是毫无保留地帮助别人,开放的心态促使她更快地成长,迅速成为省、市音乐骨干班的指导教师。她有韧性,这只小燕子,虽然起点没有鸿雁高,翅膀也没有老鹰硬,但耐力却是一流。小事长做,靠的是勤奋和信念,我也坚信,一个有信念的老师必定是教育"明"师。

(东莞市名师工作室主持人、莞城步步高小学音乐教师　胡颖)

　　从毛毛虫到蝴蝶的蜕变,从蜜蜂到孔雀的转变,晓燕让我们看到:"当努力成为习惯,优秀就是必然!"从开展班级音乐会活动到创新快乐识谱教学课堂,再到创编"趣味音乐"故事绘本的20年研究路程,晓燕让我们见证研究型教师从优秀到卓越的成长秘诀就是——自驱型成长!生活中,晓燕让我们看到美食家、美拍模特、美妆博主等多重身份;工作上,晓燕让我们品到乐动、乐谱、乐绘等多项成果!得此好友,人生乐哉!

(东莞市第四批音乐学科带头人、莞城教育管理中心音乐教研员　蔡云)

　　晓燕老师笑容可掬,明媚动人,带给大家温暖和美好。美丽是她,美丽的姿态、美好的笑容、美妙的声音,时时牵动着我们;温暖是她,无偿的分享、无私的帮助、无穷的能量,常常感动着我们;专业也是她,扎实的课题研究、细致的教学探究、精准的专业考究,处处带动着我们。

(东莞市第五批音乐学科带头人、风岗镇实验小学音乐教师　张晓燕)

　　晓燕老师是金小校园中一抹光彩夺目的靓丽色彩。她大气、知性,魅力四射、激情洋溢,像个小太阳一般温暖而明亮。在生活中,她追求美;在工作上,她追求专。她的大方海纳百川,总是把自己的经验无私地分享;她的知性超凡脱俗,总是孜孜不倦地探索新知。她爱生活,爱摄影,爱折腾,爱工作……因为热爱而坚持,因为热爱而奔跑,因为热爱而专业!

(东莞市长安镇金沙小学语文教师　梁志玲)

　　晓燕老师好似高尔基笔下的"燕子",在教学和科研中迎风搏击,永不言败。她待人真诚、热情,心存感恩;她对待工作兢兢业业,热爱学生,因材施教,注重个性发展,把最前沿的教学理论应用在每一节音乐课中,无论是常态课还是公开课,节节课都充满激情,让音乐流入每个孩子的心田,是学生心中最受欢迎的老师;她非常善于总结和反思,教学科研能力突出;她是一位优秀的音乐老师,是一位充满欢乐、善良、博爱的音乐工作者,更是我的良师益友,一辈子的战友。

(东莞市长安镇金沙小学音乐教师　刘柏槐)

　　我是幸运的,能够在步入工作的开端遇到晓燕老师您——我的恩师。您不仅提升了我的教学水平,还开阔了我的教学视野、更新了我的教育理念。有了您对我教学工作的指导,让我少走了很多弯路。从不会设计教案到教案设计拿到镇里的特等

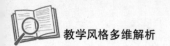

奖,从没有走科研之路的想法到教学论文拿到市里的奖项,从不会上课到现在能够完整地展现一节公开课,等等,这些成长,都是您的一言一行悉心教会了我。感谢您就像温暖的阳光照亮和指引着我,感恩有您!

(东莞市长安镇金沙小学音乐教师　刘雪君)

【点评】

晓燕老师从"青涩的毛毛虫"(5年磨炼期)到"蜕变的蝴蝶"(10年积累期),从"勤劳的蜜蜂"(15年沉淀期)到"开屏的孔雀"(20年提升期),逐步形成了她"乐美·乐情·乐趣"的教学风格。"乐美",音乐是美育的熏陶,她的音乐课堂是美美的;"乐情",音乐是情感的教育,她的音乐课堂是暖暖的;"乐趣",音乐是兴趣的激发,她的音乐课堂是乐乐的。

(广东第二师范学院教授　闫德明博士)

像写诗一样上课

陈娟（小学音乐）

> **个人简介**
>
> 陈娟，女，东莞市长安镇乌沙小学音乐教师，小学副高级，德育主任。广东省教育厅"强师工程"督导专家组成员，广东省中小学教师发展中心舞蹈教育委员会专家委员，广东省教育学会会员，广东省音乐骨干教师，广东省科研骨干培养对象，2014年荣获东莞市小学音乐教学能手称号，2016年荣获"东莞市小学音乐学科带头人"称号，2019年荣获"东莞市优秀教师"称号。2016年课例《咏鹅》参加名思教研全国中小学音乐特色课堂研讨会现场课例展示，2015年课例《火车托卡塔》在上海举办的首届中国音乐教育大会进行现场展示，东莞市"十一五"规划课题"以'唱诗活动'为载体，培养小学低年级学生人文涵养的研究"主持人，其科研成果荣获东莞市2015年科研成果二等奖，此科研成果获东莞市音乐学科成果评选前三名。近年来，有十几篇论文获各级论文评比一、二等奖，有4篇论文在国家期刊上发表，其中《"智"设计"慧"课堂》获2016年广东省第七届音乐教育论文征文二等奖，辅导学生作品多次获国家、省、市级金、银奖。

▶ 我的教学风格

都说诗有三美："音乐美""建筑美""绘画美"。"音乐美"就是诗的韵律很美，古时候诗是可以唱的，就像现在的流行歌曲一样。在音乐课堂中，我一直追寻像写诗一样上课，以期实现以音乐为手段使古诗词的学习得以美化、深化，将德育和美育结合起来的目标，最终实现音乐课堂的三美："音乐美""设计美""教态美"，从而达到提升学生的人文涵养，促进学生全面、协调发展的育人目的。

音乐美：此曲只应天上有，人间能得几回闻。

我国自古就是一个诗的国度，古诗文吟诵有着悠久的历史，中华文化的乐教传统从上古时代起就形成了歌舞乐一体、成熟而高度文明的特质。以具有中华传统音乐基因的音乐作品为上课内容，让学生在课堂中接受中国古典音乐，演唱古诗词作品，培养中国音乐思维，感受"此曲只应天上有，人间能得几回闻"的中国音乐魅力所在，是我追寻像写诗一样上课教学风格必不可少的文化内涵和底蕴。

设计美：晴空一鹤排云上，便引诗情到碧霄。

诗，是一幅画，是一首歌，是追寻精神家园的最高意境。要营造诗一样的课堂，应该将古老传承与现代创新结合起来，并运用国画作为背景来制作教学课件，实现诗、乐、画的三维融合，视、听艺术联姻，历史、地理、人文立体交叉的诗情画意课堂。诗意课堂生动丰满起来，课堂教学和师生的生活也由此丰盈灵动起来。日积月累，在诗意课堂熏陶下的孩子也会有"晴空一鹤排云上，便引诗情到碧霄"的洒脱和气度。

教态美：若有诗书藏在心，岁月从不败美人。

教态，是无声的语言，它是教师内在教育素质和教学风格的外在表现，教态美能对诗意课堂起到恰到好处的补充、配合、修饰。在课堂上，优雅美丽的形象、充满魅力的语言、优美的肢体动作，都会不知不觉中吸引着孩子融入诗一样的课堂。

在教学中实现心灵的启迪、人格基础的奠定、智慧潜能的焕发，从而实现宝贵的中国文化精神的真正传承，关键在于教师要不断地积极努力提升自身国学修养和艺术素养。"若有诗书藏在心，岁月从不败美人"便是我个人教学风格追求的永不褪色、永不凋谢的芬芳气质。

▶ 我的成长历程

一、二十三年从教路，实干笃行守初心

"教育是一方期望的田野，最忌讳根浮叶衰，揠苗助长。只要耕耘不辍，加以丝丝甘霖，就会有：春之繁华，秋之收获。"我从基层做起，担任过学校综合科组长、办公室副主任、长安镇音乐教研员等职务，用坚守和拼搏谱写了一名青年教师的蜕变史。我有18年的厦岗小学教学、3年的长安镇教育局挂职交流的经历，2021年到乌沙小学任职，22年来，虽然多次调岗，但从未离开教育战线。我用自己的行动践行着对长安这片热土、对教育事业的忠诚与坚守。

（一）雄关漫道真如铁，而今迈步从头越（1999—2005年）

1999年，在澳门回归祖国的这一年，我来到了改革前沿东莞市长安镇一所偏远的学校任教。在当时的年代，我除了肩负音乐教学工作外，还担任了二年级一个班的数学老师，面对陌生的环境、陌生的专业，当时年轻而无经验的我茫然无措，找不到工作的方向，我经常会在教室长长的走廊尽头难过地掉泪。但从小我的性格里就有一股不服输的倔强，面对困难和迷茫，我选择擦干眼泪，脚踏实地从零开始钻研教材，不懂就问身边有经验的老师，想要了解更多教研最新方向，周末经常去广州的天河图书市场购买相关书籍及影像资料回来自己钻研。渐渐地，我度过了职业适应期，一肩挑两门学科，一干就是6年。在这6年里，我代表学校参加了长安镇音乐和数学两门学科的教学大赛，分别取得了长安镇教学大赛一等奖和二等奖的好成绩。2004年，我被评为长安镇音乐学科带头人，牢牢地站稳了讲台上。

（二）书山有路勤为径，学海无涯苦作舟（2006—2013年）

2006年至2013年是我形成教学经验和技能的沉淀阶段。这一阶段的我开始认

同教师的职业价值，对国家民族、对教育事业、对学生、对教师、对自我有一种发自肺腑的热爱。在职业规划中，我坚持诗的情怀，怀着赤子之心，坚定教育信念，决心做有建树的老师，努力形成自己的一套在教学设计、教法和学法指导等方面的教学方式，从而构建了向自身经验体系的名师之路靠近，在三尺讲台上从"站住脚"向"站好脚"迈进。课堂上，我以课题研究促进教师教学专业成长，选择一些适合低年级背诵的古诗，坚持每周一次唱诗课，每个学期用16周共学唱4首古诗、聆听4首古诗歌曲、欣赏4首国乐。此外，我还通过引导学生熟悉、哼唱经典国乐作品的主旋律并选择合适的古诗来演唱，强化诗与乐的完美结合。《春江花月夜》《阳关三叠》《梅花三弄》等诗乐结合的精品，都因我们的唱诗课而走进了学生的生活。经过10年的坚持，孩子们无形中记住了许多诗歌，也内化了许多优美音乐。

（三）宝剑锋从磨砺出，梅花香自苦寒（2014—2021年）

天道酬勤，对教学的执着钻研，让我在2013年以后参加的各级各类比赛中收获累累，共获得市级教学各类比赛一等奖9项，二等奖5项。

1. 有境界，则自成高格

2016年12月16日，全国中小学音乐"突显核心素养，聚焦音乐课堂"特色课堂观摩研讨会暨世界大师合唱指挥艺术研修班在中山实验小学举行，我有幸参加活动并上了一节现场课例。当时正值参加广东省音乐骨干教师培训的跟岗学习阶段，我带着4个大箱子，一个人自驾来到了百年老校佛山市顺德区容桂小学。白天参加排得满满的培训活动，到了晚上，我静静地坐在书桌旁思考我的课例，虽然我对课例已经滚瓜烂熟，但我知道不同地区、不同班级的孩子差异很大，我的课例必须要进行调整。《咏鹅》课例上了很多次，但每一次都是不一样的，因为上课的场地较大，我需要调整教具的尺寸。上课前一天，广东省骨干教师张芳和陈德云两位老师和我一起奋斗到深夜，广东省名师工作室主持人、特级教师陈燕导师帮我找人重新制作了教具，同事连夜帮我完成了教具的调整，当时我感觉自己真幸福！这次上课很成功，在音乐特色课堂观摩研讨微信评课中，听课老师对我的课例给予了高度的评价和肯定。CK老师认为："这节课的教具精致，导入新颖，课堂设计充满童趣。"黎亚兔老师说："在陈老师的引导下，孩子们单纯、质朴、天真活泼的特性表露无遗。"清远听课交流群的老师点评："课堂气氛轻松、愉悦、快乐、幽默。给老师们展示了名师的教学风采，她的课不仅让学生们沉醉其中，而且让在场的每一位老师心动如潮，赏心悦目，听课老师完全被孩子们的天真活泼和精彩的课堂所吸引，上课期间全场笑声、掌声不断，学到了很多，受益匪浅。"

2. 善歌者使人继其声，善教者使人继其志

近5年，我在全国、省、市、镇主办的活动中提供了7次观摩展示课例，7次音乐学科专题讲座。2015年10月12日我代表广东省参加在上海举办的首届中国音乐教育大会并进行现场课例展示，2016年12月14日在中山举行的全国中小学

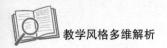

音乐特色课堂研讨会进行课例展示,均获全国各兄弟学校及专家的一致好评。此外,我还在 2016 年 12 月 18 日顺德区教师继续教育学会组办的活动中进行合唱教学示范课。

本人还受聘为"东莞市第四批音乐学科带头人""东莞市中小学名师钟起珍工作室跟岗学员指导教师""东莞市中小学名师钟起珍工作室教学业务培训导师"。2016 年 6 月组建了"东莞市音乐学科带头人陈娟教研团队",担起东莞市教学、教研及培养年轻教师的"领头羊"重任;在培养青年教师方面主要采取"引领、帮扶、学研"共进原则,以教师专业成长为目标,培养和带动了一批青年教师的成长。除了带领身边的同事,更有大局意识,在我的引领指导下,全市及长安镇音乐教师一起成长,如李林、廖振宇、林超、袁宁锢、吴丹红、陈云君、叶桂珍等多位老师在我的培养下,专业发展迅速,课堂教学与论文撰写能力迅速提高,其中,李林、廖振宇、林超老师成长为东莞市第二批音乐教学能手,景丽英、吴广平老师成长为东莞市第三批音乐教学能手,刘春霞、袁宁锢、吴丹红、张欢老师迅速成长为长安镇年轻骨干教师,多次在市级的活动中进行公开课展示。

2018—2020 年,我作为长安镇的音乐教研员能较好地组织长安音乐教研活动,组织了 20 次共 870 人次各类音乐教师培训活动,如先后邀请了深圳大学艺术学院音乐系钢琴表演与理论专业硕士研究生导师王昌逵教授、广东省陈燕名师工作室、东莞市田素梅、钟起珍、胡颖名师工作室来长安开展讲座和交流指导音乐教育工作。2018 年,组织长安音乐骨干教师与深圳宝安桥头小学交流学习,以此更好地推进和深化长安镇音乐课程改革,借鉴先进的音乐教育教学思想和理念,加强对国外先进音乐教学理念与方法的本土化和实践性研究,促进长安镇音乐教育教学的均衡发展。2019 年,长安镇实验小学正式挂牌"北京音乐家协会柯达伊音乐教育与实践基地"。

二、十五年科研奋斗,行稳致远创新绩

我从小喜欢古诗词,中学时是不折不扣的红楼梦迷,经典名著当中的古风古韵一直是我追寻的韵味,为此我特别喜欢参加各种经典研讨活动。我先后参加过中国人民大学、厦门绍南文化公司、中山大学等主办的各类学习研讨活动。2006 年,在北京参加国学培训学习时,受中华慈善总会国学工程中心、德音文化教育中心负责人德音老师的影响,我参与了全国教育科学"十五"规划课题"民族文化传承与学校艺术教育"子课题"乐教与国学启蒙教育"的研究。基于此,我以课题研究为契机,开始了长达 10 年的唱诗课堂研究,我希望唱诗活动课能将古老的经典诵读形式与现代音乐教学手段结合起来,并运用国画作背景制作教学课件,实现诗、乐、画的三维融合,视、听艺术联姻,历史、地理、人文立体交叉的目标。经过长期的研究,我的唱诗课慢慢生动丰满起来,课堂教学和师生的生活也由此丰盈、灵动起来。2013 年,我代表厦岗小学参加长安镇音乐优质课、教学能手比赛的课例

《咏鹅》，教学组根据一年级学生活泼好动、爱模仿、以具象性思维为主的认知规律来设计教学活动。课堂以同学们感兴趣的方式——剪影表演拉开序幕，充分激发学生学习的兴趣，活跃课堂的气氛；接着，形象生动的"鹅"剪影让同学们很自然地联想到古诗《咏鹅》，并很快融入诗歌的意境之中；演唱环节，以"鹅"作为主题情境和主线，以学生为主体，以音乐审美为核心，教学活动环环相扣，让学生在看、听、唱、演的过程中感受音乐、表现音乐，体验音乐活动带来的愉悦感受；最后的活动与创编环节，设计新颖又有特色的音响故事的表演，让学生在玩乐中学习，并能自信地参与歌曲的表现。最终，《咏鹅》一课获长安镇及东莞市沿海片区音乐优质课比赛第一名的好成绩，并于2014年4月获东莞市第五届中小学生音乐现场教学评比一等奖，本课例教学设计还荣获2015年东莞市音乐教学设计一等奖。

同时，我的教科研效果也开始显现，2007年申报东莞市"十一五"规划课题"以'唱诗活动'为载体，培养小学低年级学生人文涵养的研究"，其科研成果荣获东莞市2015年科研成果二等奖，此科研成果还荣获音乐学科成果评选前三名的好成绩；2016年参与课题"'三位一体'学Phonise，培养低段学生英语音韵觉识能力"并成功结题；2016年7月主持的课题"小学音乐基于翻转课堂理念的教学设计研究"立为市教育科研2016年度规划课题。教学理论水平也得到了提高，我撰写的论文有12篇获全国、省、市、镇论文评比一、二等奖，有4篇论文在国家、省级刊物上发表。

▶我的教学实录

《咏鹅》
——人音版一年级①第四课

《音乐课程标准（2011版）》指出：以音乐审美为核心，以兴趣爱好为动力的基本理念，应贯穿于音乐教学的全过程。本课的整个教学过程始终围绕歌曲的旋律、意境、结构等音乐要素进行，引导学生在参与活动的过程中体验美、感悟美、表现美。同时在教学中，本课始终以丰富多彩的教学内容和生动活泼的教学形式，激发学生对音乐的兴趣，丰富其精神生活。

音乐教学是音乐艺术的实践过程，本课积极引导学生参与演唱、演奏、聆听、综合性艺术表演和即兴编创等各项音乐活动，将其作为学生走进音乐、获得音乐审美体验的基本途径，让音乐课堂变得更加本位、扎实、高效。

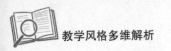

一、创设诗的情境"美丽池塘":引领入境,萌发诗情

(一)创设情境,营造歌曲的意境美

导入:教师通过黑板、投影营造"美丽池塘"的意境美,并通过投影用手摆出"鹅"的剪影。

师:孩子们,春天来了!春风轻轻地,暖暖的,多舒服呀!池塘边,动物们出来了!你们看!这是谁呢?

学生活动:学生聆听、观看教师的剪影表演。

(设计意图:课堂以同学们感兴趣的方式——剪影表演拉开序幕,充分激发学生学习的兴趣,活跃课堂的气氛。)

(二)诵读古诗

(1)引出《咏鹅》课题,并板书。

师:它是谁呀?你们知道一首有关鹅的古诗吗?

(2)配乐诵读古诗。

学生活动:学生通过教师的剪影表演,猜出"鹅"这一动物,在教师的引导下联想到古诗《咏鹅》并有感情地诵读古诗。

(设计意图:形象生动的"鹅"剪影让同学们很自然地联想到古诗《咏鹅》,同时,他们很快融入诗歌的意境之中,并有感情地诵读古诗,体验古诗诵读的韵律美。)

二、想象诗的画面"白鹅戏水":以情入声,表演感悟

(一)完整聆听

师:小鹅看你们表现得这么好,它想为你们唱首歌,请同学们静静地聆听,想一想这首歌描绘的鹅的形态是什么样的?

学生活动:带着问题听范唱。

(设计意图:让学生初步聆听歌曲,了解歌词的内容,同时培养学生安静聆听音乐的习惯。)

(二)情境感受

(1)教师舞蹈表演。

师:小鹅长什么样子?它在水里面干什么呢?今天池塘要举办音乐会,小鹅呀,准备了一个节目,请大家欣赏!

(2)师生律动。

师:那我们跟着小鹅一起表演吧!

学生活动:模仿老师的动作,进行律动表演。

(设计意图:通过肢体语言的运用,使学生对即将学习的歌曲节奏有一个初步

的印象，激发学习兴趣。）

（三）学唱第一乐段歌曲

（1）感受旋律：聆听音乐画旋律线。

师：你们听！小鹅的歌声响起来啦！请同学们拿起你们的小手跟着老师一起来画一画、唱一唱。

学生活动：学生在教师的引导下边画旋律线边演唱歌曲。

（设计意图：引导学生用自然、亲切的声音进行演唱，教师用画旋律线的方式帮助学生进一步熟悉歌曲。）

（2）美育渗透：学生与鹅的亲密接触，营造人与动物的和谐之美。

师：小鹅来了！它长得多漂亮啊！你们喜欢它吗？

学生活动：学生通过亲、抚摸、拥抱来感受"鹅"美丽、温柔的可爱形象。

（设计意图：通过亲、抚摸、拥抱等活动让孩子近距离与小鹅接触，从而喜欢上这一可爱的小动物，为后面的表演做好心理准备。）

（3）歌曲处理。

师：小鹅从远处正向我们游来。它的歌声是远远地飘过来的。那我们演唱的时候，小鹅的声音应该是什么样的？

（4）表现歌曲。

学生活动：学生用轻、柔的声音演唱旋律。

（设计意图：给学生建立用正确的演唱姿势歌唱的概念，结合一年级学生的年龄特点和学习规律进行律动教学，提高其学习兴趣，增强其体验感。）

（四）学唱第二乐段歌曲

（1）听。

①念白：节奏练习。

师：小白鹅离我们越来越近了，小朋友们兴奋极了，情不自禁地大声叫了起来，"鹅鹅鹅鹅"。

②聆听，体验情感变化。

学生活动：学生进行节奏练习并聆听第二乐段音乐，熟悉旋律。

（设计意图：第二乐段的开头比第一乐段提高了五度，这是学生在演唱时的一个难点，通过聆听，让学生熟悉旋律，为演唱做好准备。）

（2）唱。

①跟琴演唱。

②歌曲处理。

学生活动：学生跟琴演唱歌曲。

（设计意图：学生用听唱法学唱歌曲，并在教师的引导下进行简单的音乐处理，感受古诗词歌曲的音乐美。）

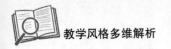

（3）奏。

①认识木鱼、碰钟。

②按歌曲提示的乐器图谱为歌曲伴奏。

③模拟练习，实践操作。

④同学合作，全班表演。

学生活动：学生认识木鱼、碰钟两种打击乐器，掌握正确的演奏方法并尝试进行乐器演奏、表演。

（设计意图：小学生器乐演奏技能是从这一课开始学习的，一年级学生刚接触打击乐器感到非常地好奇，从认识到尝试敲击再到配合歌曲表演的层层环节设计，能有效地让孩子掌握演奏技巧。）

（4）演。

①声势游戏。

②整曲表现。

师：喜欢小鹅的同学可以和它一起来唱歌跳舞。

学生活动：师生律动完整表演歌曲。

（设计意图：在学生熟悉歌词和旋律的前提下，歌曲中加入动作，使歌曲教学由浅入深，便于学生更好地掌握歌曲。）

（5）师生交流、评价。

三、拓展诗的内涵"池塘音乐会"：创大舞台，营造意境

（一）探究乐器音色

师：音乐会马上就要开始了，小鹅还邀请了许多特邀嘉宾。你们听，它发出的声音好像大自然中的什么声音？

（二）根据老师提示，想象情景，进行即兴音响表演

师：春天到了，一阵微风轻轻吹过，风吹柳树"沙沙沙沙"，池塘"叮叮咚咚"的水声响起，青蛙也唱起了歌——

（三）师生合作，完整表现

学生活动：学生说出乐器发出的声音像什么？并根据其声音特点配合音乐进行表演。

（设计意图：感受自然界的各种声音，拓宽学生的音乐视野，增强学生的创造意识。）

尾声：引导学生说一说，这节课你学了什么？评价自己的音乐表现。跟着音乐边唱边离开教室。

板书设计如图 1 所示。

图 1 板书

▶ 我的教学主张

传承民族文化是教育的重要作用之一。目前，学校教育的整体状况使民族文化在教学领域有相当大的空间可以供我们实验、探索，以及不断开拓、创新。像写诗一样上课，既是对中华传统吟诵的继承和发展，也是时代背景下，教师对诗意音乐课堂构建的实践和探索。

我的课堂通过"赏""诵""唱"这三大教学步骤的学习解决了"欣赏什么""怎样诵读""大胆唱诗"这三个基本问题，形成了"赏—诵—唱"三位一体唱诗课的教学模式。（如图 2 所示）

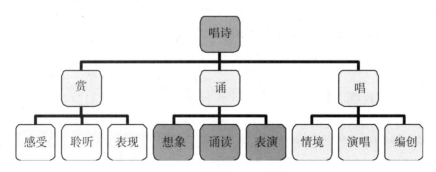

图 2 唱诗课教学模式

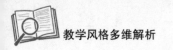

一、欣赏经典国乐:为孩子构建"音乐书房"

在生活中,让学生慢慢积累一些经典作品,让学生从听过到熟悉,再到有深入的感受;从在不知不觉中接受和感染音乐,到被音乐吸引。例如,在学生课间时,风格明朗、愉快的《春晓吟》《出水莲》等古曲是孩子们在活动游戏时"听赏"的音乐,让"赏美乐"渗透在孩子学习活动的每一个角落。在教学中,我采用"感受—聆听—表现"的欣赏方式,即在教学中感受作品的意境美—反复聆听体验音乐—多种手段表现音乐,通过赏析活动,品味国乐的独特韵味,从而点燃学生欣赏美乐的兴趣,如我在执教《梅花三弄》一课时,通过赏梅—说梅—听梅—唱梅—颂梅的教学活动,充分发挥学生的"主体作用",使他们获得直接感受、体验、领悟艺术魅力的能力,开阔学生的视野。

二、品味古诗韵律:为孩子营造"艺术家园"

古诗诵读时,为表达艺术境界,我会通过"想象—诵读—表演"的教学模式,引导学生在诵读时熟读几遍,然后引导学生想象诗中景象,体会其中意境,尝试在诵读过程中将诗的语言变成好像从自己内心发出的表白,就像日常语言一样自然,如此平常语言也会渐渐而富有诗意。

三、创新唱诗教学:为孩子创设"诗意课堂"

在唱诗教学中,我采用"情境—演唱—编创"的课堂模式,即创设诗乐意境美的学习环境—多种演唱方式情感体验——探索多种音乐表现方式。

(一)创设诗的情境"美丽池塘":引领入境,萌发诗情

一课之成在于领!上课伊始,我通过黑板、投影营造"美丽池塘"的意境美,并通过投影用手摆出"鹅"的剪影,创设情境,营造歌曲的意境美。

思考:音乐高效课堂中的"动"与"静"。

我在多次的比赛磨课中体会到,音乐课的课堂结构要动静有度、充满美感。这里的"动"与"静",是针对教学形态的表现而言的。所谓"动",是指课堂教学活动的一种活跃状态。如学生积极参与、踊跃发言、热情舞蹈、愉快歌唱等,是"有声有色"的教学。所谓"静",是课堂教学中的一种相对安静状态,如学生静心聆听、深入思考等,是"无声世界"的境界。如果一堂音乐课一直处于动态,"动"多"静"少,以致学生兴奋过度,容易使课堂处于失控状态;如果自始至终寂静,课堂气氛十分沉闷,"静"多"动"少,则学生容易疲劳,抑制学生的思维,也不能取得良好的教学效果。

(二)想象诗的画面"白鹅戏水":以情入声,表演感悟

俗话说,"歌声乃人之情也"。不难想象,一个毫无感情的人是无法发出悦耳之

声的，人的心理状态会直接作用在发声器官上。我注重引导学生，给他们创设思维的空间，第一乐段用轻柔的声音演唱，念白部分的声音扬起来，第二乐段用高兴的心情演唱，最后小鹅回家了，音乐的结尾渐弱渐慢，通过歌曲的演唱处理让他们真正体会作品的意境。这既促进了学生全面和谐发展，也培养了学生对音乐的感受、理解和表现能力；既丰富了学生的音乐想象力，也锻炼了学生的创造力，实现学生的多元化发展。

思考：音乐高效课堂中的"多"与"少"。

这里的"多"与"少"指的是"多听少教"，首先是教师要"多"听，要想提高课堂教学的高效性，课前准备很重要，而备课则是重中之重。因此，我在分析《咏鹅》教材时，先反复聆听歌曲，把自己对音乐作品的感触和理解记录下来，再在理解音乐和表现音乐的基点上进行整理、分析。一旦把音乐作品分析透了，目标自然而然就清晰了，方法、形式等也就水到渠成了。其次是学生要"多"听，音乐的审美感知是通过听觉进行的，学唱前我一共给学生安排了4次聆听，各次的要求分别为：第一次，感受歌曲的意境风格；第二次，了解歌曲的演唱内容；第三次，随旋律律动感受节奏；第四次，画旋律线发现歌曲旋律走向的特点。这样，听完4遍歌曲后，学生也就学会了演唱，再也不会被开头的休止符困扰了。

（三）拓展诗的内涵"池塘音乐会"：创大舞台，营造意境

孩子们和老师一起律动，完整表演歌曲，教学到这里可以结束了，但我总觉得意犹未尽，应该把学生内心刚刚涌起的那份美好情感推向纵深，推向高潮，让真情融入学生的心田。于是，我向孩子们发出了邀请：

师："音乐会马上就要开始了，小鹅还邀请了许多特邀嘉宾，你们听，它发出的声音好像大自然中什么声音？"

思考：音乐高效课堂中的"收"与"放"。

在《咏鹅》课例教学中最后的活动与创编环节，我设计了既新颖又有特色的音响故事的表演，让学生在玩乐中学习，并能自信地参与到歌曲的表现中来。同时，通过探究雨节器、蛙鸣器、风铃乐器的音色特点，感受自然界的各种声音，拓宽学生的音乐视野，增强学生的创造意识。

这里我提到的"放"是指课堂的教学组织形式的开放，如在对学生进行设问"你们听，它发出的声音好像大自然中什么声音？"时，有的学生说"好像无数个豆子跳来跳去"，有的说"风沙沙的声音"。孩子们充分发挥自己的想象力，在古风古韵的古筝曲中，运用雨节器、蛙鸣器、风铃编创音响故事，并沉浸在自己营造的奇妙池塘意境中。

"收"则是指在课堂教学中要控制好课堂氛围，使学生能够在一个有条不紊地环境下学好知识。在这场"池塘音乐会"中，有演唱家、舞蹈家、演奏家、主持人，教室里的每个人都参与到表演中，教师的角色由"主演"变成了"导演"，学生的角色由"观众"真正变成了"主角"。

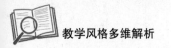
教学风格多维解析

> ▶ 他人眼中的我

2016年12月，陈娟老师作为广东省骨干教师培养对象来到我的工作室跟岗学习，得知陈老师要在中山举办的名思教研活动中给全国的同行上现场课，我特意安排她在我们容桂小学给工作室的老师及容桂的孩子们上了《咏鹅》这节课，这是一节非常精彩的课例，陈老师那荡气回肠的朗读、充满意境的想象和拓展创编的舞台，向我们展示了她着力构建的诗意的课堂、浸润音乐美的课堂和想象的课堂。

音诗入画：陈老师是创造诗意境界的高手，她善于用充满魅力的语言、优美的舞蹈和动听的音乐创设如诗般的画面，让学生们在这种特定的场景中尽情挥洒他们的智慧和想象，与音乐、教师和自然对话。同时，她优雅美丽的形象，亲切自然的语言，在不知不觉中吸引着学生走进古诗、吟唱古诗、表现古诗。

浸润课堂：陈老师深入浅出地教唱歌曲，让学生学习起来感觉通俗易懂，不是枯燥地教唱而是循序渐进地引导，因此，学生学习起来自然轻松。多种乐器的使用，丰富了教学内容，增加了学生的学习兴趣，学生在玩乐器中自然而然地提高了音乐水平和动手能力。

放飞想象：师生活动的有机结合，使课堂上的学生大胆发言和模仿。富有创造力的想象，启发了孩子们的智力发展，整堂课充满着浓浓的音乐美。"池塘音乐会"环节的出现起到了画龙点睛的作用，无论从视觉还是听觉上，都收获了满满的美的享受。

（广东省名师工作室主持人、佛山市顺德区容桂泰安小学校长　陈燕）

认识陈娟老师源于一堂市级的比赛课例，舞台上的她清新、自然，身着一袭古装，手戴红色手套（模仿白鹅），一板一眼地教孩子们唱一首由古诗改编的歌曲——《咏鹅》。讲解中渗透韵律，吟唱中充满诗意，让人久久无法忘怀。

随后，本人有幸同她一起考市级教学能手，又一起评上东莞市音乐学科带头人。亲眼见证她一步一个脚印地在音乐教育的一线上潜心钻研、总结、反思、迭代更新，如鱼得水般在音乐教育的世界里遨游……

交流中，你能深刻地感受到她对课标的精准把握，和对现实教育的深刻理解。用她自己的话说：是课标，让她锚定了航线、把握了方向。确实，为了准备教学能手理论考试，我们对《义务教育音乐课程标准》进行了仔细地研读。正是因为有了这些基础，才让我们对音乐教育有了更深的理解，才能在音乐教育这块热土中勇立潮头，一路高歌。

当然，作为市级音乐学科带头人的陈娟老师，从来就没有放弃过对新目标的追求、对音乐教研的执着。她大量阅读了国内外各种教学法著作，学习各种先进的教学理念和教学方法，并在她自己的教学实践当中不断加以移植、实践，她把每一节课都当作公开课来要求自己，不断推陈出新，超越自我。

因此，她在教学教研、课改上取得了骄人的成绩，也就更加顺风顺水了。例如，2016年课例《咏鹅》参加名思教研全国中小学音乐特色课堂研讨会现场课例展示，2015年课例《火车托卡塔》在上海举办的首届中国音乐教育大会上进行现场展示，主持的东莞市"十一五"规划课题"以'唱诗活动'为载体，培养小学低年级学生人文涵养的研究"荣获东莞市2015年科研成果二等奖……这些成绩的取得，绝不是随手偶得，必定是经过千锤百炼而凝成的创新成果。

作为陈娟老师的同行、朋友，我能清楚地看到这些年她在音乐教学科研这片"麦田"里，所倾注的心血与汗水，能够感受到她执着于教育事业的信心与决心。

人到半山路更陡，船到中流浪更急。在全面落实《关于全面加强和改进新时代学校美育工作的意见》的今天，在东莞市品质教育开展得如火如荼时，我更加衷心地祝愿陈娟老师，焕发出新的力量，演绎出新的精彩。

（东莞市名师工作室主持人、东莞市茶山镇中心小学副校长　陈枫堰）

【点评】

陈娟老师的课，会使你情不自禁地沉浸在诗意和乐美之中难以自拔。"音乐美"就是诗的韵律很美，古时候诗是可以唱的，就像现在流行歌曲一样。在音乐课堂中，她一直追寻像写诗一样上课，以期实现以音乐为手段使古诗词的学习得以美化、深化，将德育和美育结合起来的目标，最终实现音乐课堂的三美——音乐美、设计美、教态美，从而达到提升学生的人文涵养，促进学生全面、协调发展的育人目的。

（广东第二师范学院教授　闫德明博士）

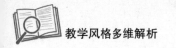

走心更走新

伍永康（初中体育）

> **个人简介**
>
> 伍永康，男，东莞市长安实验中学体育教师，中学一级。东莞市优秀少先队辅导员，长安镇优秀党员，长安镇优秀班主任、优秀教师，东莞市体育与健康学科首批青年骨干教师。曾获东莞市体育与健康学科教学设计一等奖，录像课"篮球行进间双手传接球"获"一师一优课、一课一名师"晒课活动省一等奖，参加东莞市教学技能大赛获二等奖。省级课题"大课间活动与提高学生体质健康水平的管理模式研究"、市级课题"初中体育课堂道德行为渗透教育的实践研究"和"初中生养成健康体育行为的实践研究"，以及市级德育课题"初中班级自主管理创新模式下公民意识培养的实践研究"的主要参与人。现作为主持人，开展市级课题"品质课堂视域下以'学·练·赛·评'法促进初中生体质健康的实验研究"的研究；多篇论文获省、市级的奖项。教学实践中以学生核心素养为主导，创设"走心更走新"的教学生态，主张以研促教、以评促学，致力于学生身心健康的成长。

▶ 我的教学风格

教育是点燃生命的过程，更是创造灵魂的过程。每个人心中都有一盏灯，教育是一种修行，是以教学活动为载体，赋予这盏心灯以爱的能量，让它释放出更多的光与热的过程。为此，我秉承"走心地教、创新地学"的教学理念，依托这种理念更好地为课堂服务，让学生更受益。

一、管理学生贵在得道，教学要走心

教育家叶圣陶说过：教学有法，教无定法，贵在得法。教学贵在有法，在教学中要注重基本方法和基本规律，才能做到教学不偏不倚、走向正轨；教无定法，不管教师运用哪种教学策略与方法从事教学活动，都要遵循以学生为中心，并真正做到心与心的沟通，用智慧、艺术感化学生。

二、教法没有最新，只有更新

如今，"中国智造"普遍被世界认同，中国产品在世界市场上的占有率越来越高，是因为中国的核心制造能力越来越强。"中国智造"的核心能力是什么？我认为是创新、创造力。我们的学生是要走向未来的，他们在不久的将来能否适应社

会、实现自身的价值，中国是否能继续强大，就要看他们是否具有核心竞争力。因此，我力求让课程的核心素养与学生成长融合发展，时刻保持革新的意识走向高效课堂；教学相长，我希望彰显创新的意念，让这种精神能在教学活动中耳濡目染地传递给学生。

▶我的成长历程

一、职业规划之路

（一）最初职业梦想

20世纪90年代，当时正值NBA（美国职业篮球联赛）文化开始广泛地在国内传播。我们村里的篮球场，只要是到了下午，就会有大批的孩子在打篮球，有一些稍微打得好的就比较亮眼，感觉这些人看起来"挺神气"的。我性格开朗，又喜欢运动，特别喜欢打篮球。记得在一节篮球课上，我的体育老师在全班同学面前表扬了我，说我是掌握技术动作最快的一个，这给了我莫大的鼓励。或许我确实是比较有运动天赋吧，篮球球技比很多人都好，加之课余时间的勤奋练习以及受篮球文化的熏陶，我在初一就加入了学校的篮球队。要知道，在当时，能加入校队代表学校比赛，那得有多神气！从那一刻就有了我人生第一个志向——当一名篮球运动员。依稀记得，这就是我最初的职业梦想。

（二）篮球梦想破灭

篮球运动不仅带给我欢乐，还成就了我的重点高中梦。初三的时候，我参加了篮球特长生的考试，以"弯道超越"的方式考上了县的重点高中。在那一刻，我算是尝到了篮球运动的甜头。从初中到高中，我都代表学校参加县级、市级的各种篮球比赛。在高中的时候，我被选入了县篮球队，在不断晋级的过程中，我看到了水平很高的对手。同时也开始感悟到，要想成为一名职业篮球运动员是不现实的，我的身高只有一米七几，就像县队教练说的："你技术是有的，但要想走职业篮球运动员这条路会很困难，因为身高是篮球运动的硬伤。"那一刻，对我的打击还是蛮大的，因为自己的志向在现实面前不得不低头，无论多么热爱，也只能放弃。

（三）梦想华丽转身

虽然走不上职业篮球运动员这条路，但从事篮球运动工作的这颗心还是热的，毕竟这是自己的爱好。高中的时候，是思想相对成熟的阶段了，我对人生的规划也清晰了，做不了篮球运动员，退一步，还是可以做一名篮球教练的。"点兵沙场、意气风发"，可以带队比赛，比如，可以做学校的篮球教练，成为一名体育老师。就这样，在高三的专业选择上，我顺理成章地走上了体育高考的路，志愿成为一名人民教师。后来，功夫不负有心人，通过努力，我考上了华南师范大学，在大学的

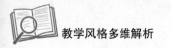

学习中，我还是倾向于竞技运动这一块，也很荣幸地成为学校篮球队的一员，但我很清晰地记得，我并没有很重视教育教学类的理论学习，这也为我往后的工作埋下了一个不好的伏笔。当时的我根本不知道，高品质的教育、教学，是可以成就一个学生，甚至一批学生的，是可以奠基学生美好未来的，而成就学生的美好未来，需要高素质的教师。

二、教学磨砺之路

（一）初为人师，无所适从

体育老师最基本的常规工作，当然就是上好体育课。其实，在工作初期，我对体育教学的认识还是很肤浅的，甚至有时候把体育课堂简单地等同于竞技体育，希望学生在体育课堂里都能向体能训练看齐，并以体育分数评价学生的课堂效果，事实证明，这种出发点是错误的。因为每个学生的体质基础不一样，如果纯粹以分数论成败、论优差，那么将会打击很大一部分学生参与体育课堂的积极性，令很多学生疲于体能竞技。所以，在我初期的体育课里，始终调动不了学生的积极性，出现了学生喜欢体育，但不喜欢体育课堂的尴尬现象。

（二）做班主任，实行"转岗"

2006年是我毕业工作的第一年，我申请担任学校男子篮球队教练，踏上了为校争光、实现教练梦的征程。由于自己从学生时代以来就已身经百战，战术素养还不错，因而第一年就带队夺得了初中组第三名的好成绩，得到了领导的好评。

我们学校开办时间才短短几年，2007年陆续开始扩招，相应地需要有老师担任班主任工作，可能是因为年轻，加上工作成绩还算不错，领导找到了我，让我担任班主任工作。就这样，毕业的第二年，我又实现"转岗"。这一学年，学校安排我做初一（11）班的班主任，也是我从事班主任历程的首秀。我作为一个体育老师，面对这一任务，心中充满了彷徨与无助，就正如很多老师、学生、家长的质疑：体育老师做班主任，可以吗？这似乎不符合常理！

"其实也不用给自己太大压力，体育老师只要充分挖掘自身优势，一样可以做得很好！你现在虽是学生的老师，而因为还年轻，所以可以算是他们的大哥哥，也就是有两个身份。我给你点建议，多多深入学生中，和学生打成一片，了解学生的思想动态，处理好和学生的关系，教育教学也可以很容易开展的！"我很清楚地记得，这是校长与我的一席交谈，体现了其充分尊重、信任每一位老师。那一年我第一次比较深刻地理解了"以人为本"的理念：第一，对于学校的发展，每一位教师都可以有很大的作为；第二，想做好学生的教育教学工作，就要多深入学生中，因为为学生服务是我们的始点，也是我们的终点。

做班主任，算是体育老师的一种跨界，但使我充分体会了学生在成长各阶段的酸甜苦辣。这一跨界，竟持续了整整10年，但这份与学生为伴的事业，我感觉还是很充实的。这段经历使我深有体会，很多时候计划赶不上变化快，只有自己足够优秀，才能从容地面对一切挑战！

（三）参加培训，牢记嘱托

2009年，东莞市组织了首届体育骨干教师培训班，我感到正是需要提升的时候，因为有了3年的教学实践，而实践中也出现了很多关于教学的困惑，为此，我积极地争取了名额参加学习。培训班的学习持续了整整一个学期（每周末上课），给我们讲课的有一些是大学教授，也有一些是市里的学科带头人，给我印象最深的是万江中学体育特级教师邓桂敏老师，他有一句话深深地刻在我脑海里：新老师要想在教育教学领域成功地走下去，工作前3到5年内的表现尤其重要，如果在3到5年内没有什么建树、没有什么成绩，那么这一辈子就基本是走混日子的道路了。正所谓不在沉默中爆发，就在沉默中灭亡。努力作为，才是一名年轻老师的应有底色！

（四）不断学习，结出果实

总有这样一种体会，就是在教育教学的道路上走着走着就会间歇性的迷茫，而这个时候正是需要"充电"的时候。只有沉淀下来学习，让自己"满血复活"，就能重新找到再次出发的动力。而且，回想起自己在训练队里的成功体验，既然现在"改行"了，也必须坚定地在教育教学行业里干出一番事业！在同事的帮助以及自身的努力下，短短的几年时间里，我多次参与各种培训学习，既有班主任领域的，也有体育教学领域的。我牢记邓桂敏老师的嘱托，用每一次的小有成就鞭策自己下一回再次争取优异成绩。因此，在往后的10年里，我陆续获得了"校级首席班主任""镇优秀党员""镇优秀教师""镇优秀班主任"的称号，自己心里还是觉得小有成就感的。

（五）参加大赛，提升认知

2017年，我参加了以镇街为参赛单位的东莞市中小学体育教师教学技能大赛。从赛前系统学习到比赛结束，足足持续了两个月的时间，整个比赛涵盖了理论考试、说课、评课、教学实践、特长展示、广播操和队列队形的实操等，是参加那么多比赛中项目最多的一次，也正是这样，是我所得到的锻炼里最全面的一次。这次比赛，我获得了东莞市二等奖的好成绩。没有拿到一等奖，说明还有上升空间，还需要提升。通过这次比赛，我更加充分地认识到应该怎样上体育课、体育赋予教育何种功能，以及体育与健康课程重要板块的健康知识、运动参与、运动技能和社会适应相互之间的内在联系，更加深刻地认识到体育分数、竞技能力只是学生参与课堂锻炼后的一种检验手段，而不是课堂的必然指向，也就是说，体育课不应"唯分数论"，才能让学生在成长中有更多的获益。

（六）以研促教，提高品质

以研促教，为课堂品质护航。工作以来，从《以兴趣为引导，体育课堂中借鉴篮球体能训练法有效提高学生体能素质的可行性探讨》《初中体育按兴趣比例前三位实施倾向性教学的实践研究》到《初中篮球与跑类教材教学单元整合的实践研究》《体育与健康课堂中构建"目标—层次人才培养模式"的实践与研究》，再到《沿海片中学生健康素养与体质健康关系的调查研究》《核心素养导向的体育教学评价》，以及《足球小组赛练法促进初中生体质健康的实验研究》，阅读的教学论文从单纯的教学参与向素养型的课堂看齐，自己思考得更多了，教学境界也提升了不少。因为丰富了教学理念，所以教学结构更合理，教学也更走心了，不但保证了学生学练参与度，更重要的是提高了课堂的教学效果。

▶ 我的课堂实录

精心建构课堂，启发学生思维，达成运动技能，以教学设计"越过橡皮筋，快乐跳挺收"为例。

一、教学案例背景

新课标指出："体育课堂必须以学生为主体，重视学生的主观能动性，培养其探究、合作的能力。"体育课往往是以技术、技能为主，但是枯燥单一的教学方式使学生对课堂逐渐产生厌倦感，最终导致课堂效率低下，难以完成教学目标。如何提高学生主动参与课堂的积极性，教师应该最大限度地解放自我，时刻铭记"课堂以学生为中心"的理念，敢于把课堂交给学生，培养其合作探究、共同解决问题的能力。

二、案例主题

本次课是以立定跳远为题材，主题是"越过橡皮筋，快乐跳挺收"，教学对象是初一的学生。我巧妙地利用橡皮筋的作用，让学生发挥探究能力，快乐地进行小组合作学习，同时培养他们的集体主义精神。本节课以提高学生立定跳远技术为出发点，通过激发学生探究的潜能，培养学生在活动中与同伴友好交往、共同解决问题的习惯，倡导"以学生为主体，以素养为引领"的理念，以橡皮筋为媒介，提高学生参与体育运动的积极性，促进学生踊跃参加体育锻炼，高效实现课堂目标。

三、教学目标

认知目标：学生知道立定跳远的基本概念，认识双脚同时用力蹬地，同时轻巧落地的动作方法。

技能目标：95%的学生积极参与锻炼并能初步掌握立定跳远的正确动作，以橡皮筋为辅助工作，巧妙提高学生的跳跃能力。

情感目标：学生初步形成勇于克服困难的优良品质；在合作学习过程中培养社

交能力、探究能力，养成主动学练的习惯。

四、教学情景的创设过程

（一）前半阶段：合作探讨

师：同学们，今天老师给大家带来了一条橡皮筋，我们的课将要围绕橡皮筋进行，接下来大家3人一组共同学练探讨（两人横拉橡皮筋，以大概5厘米的高度置于落地前方，以此作为每次跨越的目标），并进行立定跳远比拼，看哪个小组总成绩最高，哪位同学跳得更远，跨越更大的障碍，收获更多的成功！

生：（精神一下子就高昂起来了，蠢蠢欲动）好，好。

师：课前，老师已经以你们以前的跳远成绩作为基础，均衡地分好小组（异质分组）。现在请根据你们成员的实际情况，选出你们的小组长，以小组为单位开展探讨活动。练习以后，老师要检验各小组的学练效果，并请你们发表对立定跳远技术的理解，看看谁是全场最闪亮的一个！

生：（情绪高涨）一、二，耶！

学生开始展开探讨活动。

（二）中间阶段：分解、分组练习重点，积极参与

教师进行统一的学法指导，做好技能的分解教学，特别是要提示学生注意重点：双脚用力蹬地向前上方挺身跳起，下落时积极收腹前伸，越过橡皮筋。

（三）后半阶段：竞赛引导

师：刚才我们以小组为单位共同开展了立定跳远的练习，接下来我们将请各小组统计出组员的总跳远成绩，看看哪组是最高的。同时，也请各小组组员主动给大家做学练展示，让我们看看谁的动作更加熟练、跳得更远。

小组总成绩出来以后，表扬突出的小组，同时鼓励成绩暂时落后的小组。组员在展示过程中，学生反应热烈，掌声不断，教师在学生展示过程中分别给予评价，引导学生"阅读"技术动作，最后请跳远总成绩最好的小组出来交流分享学习心得。

生：（三人自信、自豪地走到竞赛舞台上）我觉得我跳得远，除了身体素质好之外，更重要的是伙伴的支持，其实在之前我的动作还不是很好，但是今天有了大家的共同商讨，我的技术动作有了进一步的提高，体会到了手腿协调统一用力、"主动挺身并收腹"的要领，所以感谢我的同伴！

师：感谢这个小组为我们展示了他们的学练成果！同学们，希望通过这节课，你们能明确本节课的重点：学会主动跳起、提手挺身并收腹落地的技能，也明白科学学习运动技术的重要性；俗话说"三个臭皮匠顶个诸葛亮"，以后要继续发扬"积极参与、合作学习、共同探讨"的精神，铭记用集体的智慧解决问题这个方法是最有效的，愿我们能练就强健的体魄，成功跨越人生的每一道障碍！

五、教学流程

课堂常规→课的导入：游戏"喊数抱团"→立定跳远的探究活动；障碍跳→共同学习环节；优化立定跳远技术动作→小组竞赛；立定跳远小组挑战大赛→放松操；小结。

教学设计：

第一阶段：激发兴趣，活跃身心（用时 5 分钟左右）

教师以游戏"喊数抱团"引导学生进入课堂，使学生的注意力从课外投入到课堂中来。游戏充分激发学生的学习兴趣，同时起到热身的效果，为下阶段的学习做好生理和心理的准备，也可以预防伤害事故的发生。

第二阶段：学生合作探讨（用时 18 分钟）

打破传统教学理念，树立"先练后教"的思维，"先练"就是在教之前练，让学生自主练习、合作练习；"后教"就是指学生自我发现、自我探究、互教互学，让会的学生教不会的学生，教师再进行点拨、分层施教、个别辅导。课改精神主要是要"发展学生的核心素养"，那么首先就要让学生真正成为学习的主人。

本课基本部分设计为先探究，后小组竞赛、小组展示、交流分享，最后老师归纳、分组巩固练习重点，为了让学生明确本课重点，基本部分开始阶段特意安排了"障碍跳"环节。

方法：三人一组，两人牵一根橡皮筋，第三个同学以橡皮筋为辅助，跳过每一个远度，达到使起跳有一定的角度并做到空中挺身收腹的目的，同时，另外两个同学则在旁边做"小老师"，对该同学的技术动作给予分析、评论。三个同学角色不断轮换。

此手段主要是培养学生互相探究以及与人交往的能力，培养学生自主学习、善于思考，引导学生进行总结、交流和分享。基本部分的后阶段由老师归纳总结，然后根据教学重点分组练习、巩固。具体教学时，教师先讲解技术要领，引导学生树立对该动作形成的表象认知，然后让学生根据自己的观察和理解，进行模仿练习。教师则在学生的模仿练习过程中巡回观察，即时纠正，并进行统一的学法指导，做好技能的分解教学，特别是提示学生注意重点：双脚用力蹬地向前上方跳起，空中积极收腹。动作的分解教学为：①原地练习摆臂；②原地练习摆臂和膝关节曲升的配合，脚跟提起；③原地纵跳；④原地向前跳；⑤原地收腹跳（重点）；⑥完整练习立定跳远技术。指导动作要领、技术共性，再让学生在练习中继续实践。

学生通过观察—实践—技术指导—再实践这一过程，在相对轻松、自主的氛围中完成了技术动作的学习，体验了运动的愉悦。本课还有一个亮点，让学生做小老师，根据心理学提示，学生与学生沟通交流的效果是显著的，学生可以在此阶段加深对立定跳远技能的认识，同时也可以帮助学生树立自信。"先练后教"是通过学生对客体（练习内容）的实观（教师的示范）感觉、模仿尝试、自我发现，来进行自我探究，互教互学，再由教师点拨、分层施教。在整个过程中，老师是学生学习的合作伙伴，变双边活动为多边活动，将课堂交给学生，融合课改"发展学生核心素养"的理念，创设利于提高学生发现问题和共同解决问题能力的平台，力求让学法和教法并肩前行，充分地发挥学生的主体作用和教师的引导作用，有效地克服了传统教学的缺点，从而有效地提高了课堂教学效果。

第三阶段：立定跳远小组挑战大赛（用时 12 分钟）

激发学生争强好胜的心理特点，各小组进行组间比赛，评出立定跳远技术最佳奖和立定跳远总成绩最佳小组奖。最后，请技术、成绩较好的小组向全班展示，并引导学生发表对技术动作的理解，培养学生自信心，营造浓郁的探讨、交流分享氛围，提高课堂教学效果。

第四阶段：舒缓身心（用时 5 分钟）

小结技术学练的效果，并进行启迪教育。

▶ 我的教学主张

一、教学实践中以学生核心素养为主导，聚焦学生核心素养的发展

我的课堂教学以学生核心素养为导向，敢于创设自主、合作、探究、情景型的平台，坚持把体育教学理念与素质教育相融合，形成核心教学理念，提升课堂品质。

传统的课堂是填鸭式的满堂灌，只要学生不吵闹、课堂纪律好，基本就认定是一节好课。殊不知道，教师讲得清楚、讲得精彩并不等于学生明白了，也不等于学生的能力提升了，更不等于学生的素养提高了。因此，我的课堂"不怕乱，该乱的时候还是要乱起来"，特别是体育课堂，本来就不可能像室内文化课一样，由始至终的保持安静。福建师范大学博士研究生导师余文森说过："没有经过思维碰撞的认知是不深刻的。"所以，我允许在可控的课堂纪律下，学生间可以进行必要的学练互动。课堂上，我致力于对学生观摩力、思考力、实践力的培养，也关注体育课堂的外延发展，丰富学生的认知。在我的教学设计中，学生既有闭合性的聆听过程，也有思维碰撞、自主体验的过程，在开放性的互动、探究中，学生自然而然地练就了交往能力、提高了认知能力，运动技术也在不知不觉中得到发展。

二、创设"走心更走新"的教学生态，以教学评价促学练，全面提高学生身心健康成长

（一）走心为上

在教学管理上，我走心为上，想方设法让学生动起来，让学生明白体育课的获

益始于充分的运动参与。

在我曾经任教的一个班上有一个患心肌炎的学生（有医生证明，不建议剧烈运动，父母更是说千万不要让他动），上体育课时总是很消极，所以体重也比其他学生重，BMI（身体质量指数）一看就是属于肥胖以上的，这个学生总是把"一跑就很辛苦"挂在嘴上，每次热身的两圈都以各种理由不跑。但如果不活动，那就违背了体育课标之一"重在参与"的精神，体育课没有了身体练习，就不可能促进身体健康，长此以往对他本人没有半点好处。在了解过他的病情并不是很严重的情况下，我耐心引导他：你不跑，不仅对身体没有帮助，还会习惯性地丧失意志，遇到问题就会退缩，别人跑两圈，你可以先跑一圈甚至跑半圈走半圈，并且可以不跟集体跑，慢一点没关系，但是往后的课要适当给自己一点压力，希望学期末前能看到你崭新的面貌。在往后的观察中，我总会适当地给到这个学生一点关注以表示鼓励，这样坚持下来，到了学期中，他已经基本能够和班上的其他同学一起跑了。这件事情给我的印象特别深刻，有教无类，不放弃任何一个学生。

在实施教学中，我遵循学生的身心发展规律，在了解他们的兴趣爱好及其共性和个性后，继而展开针对性的教学，我把这种方式总结为"走心"。因为"走心"，学生感受到了"被关注"，当然也会用行动回馈，这是一种心灵的沟通。当然，每一个项目教学都会有难点，教师的义务就是想方设法地激发学生的学习动力，才能保证课堂效益，进而提升课堂品质。

（二）没有最新，只有更新

我始终坚持"没有最新，只有更新"的观点，教学组织上形成"体验式的小组赛练"特色，鼓励全员参与，提高运动负荷，关注学生体质健康水平。

备课时，我尽量在"新"字上下功夫，教材内容新颖，教法手段灵活多变，可以提高学生的求知欲，激发体育兴趣，提高学生参与课堂的热情。

2018年，我参与市级的体育教研活动，代表沿海片初中体育教师分享了一节主题为"耐久跑"的公开课。我创设了用空的矿泉水瓶和操场的沙子作为教辅工具，提高摆臂技术、增强跑步时手臂摆动力量，巧妙利用"沙、沙、沙"的声音引导跑步摆臂节奏。同时，开展小组学练，将小组集体主义精神以及环保教育结合在一起，让学生在一种新颖课堂中锻炼体育技能、感知德育教育。在那一节课的练习过程中，学生格外的有动力，脸上无不洋溢着笑容，同行们感叹：教育艺术、教育创新给学生带来如此大的魅力！在2020年新冠肺炎疫情较严峻的时候，我刚好带初三毕业班的体育教学，面对即将到来的体育中考，我化身成"最帅男主播"，在屏幕前与学生们进行体育教学的互动，再一次倒逼自己学习，结果自己一不小心成了体育网络教学的"网红"。可见，教法没有最新，只有更新！我感悟，这就是时代教育的需要，教师只有具备扎实的教育教学素养，才能在教法上突破，从而实现教学目标。

课堂上，我创新教法，盘活课堂，结合初中学生喜欢争强好胜、喜欢表现自我的心理特点，将体育课的竞赛性、游戏性和健身性作为切入口，逐渐形成了"体验式的小组赛练法"的特色。这种教法就是突出既练又赛的形式，注重调动学生参与运动的热情，小组赛练法吸取"学、练、赛"一体化的思路，将小组赛融入课堂教学中，在运动技术教学的基础上，通过运用小组循环积分赛的方式，促使学生自发参与到课堂学练活动之中。由于小组赛练法，既重视"赛"又重视"练"，所以学生在运动技术的掌握和运动乐趣的体验方面受益良多，学生乐于参加这样的课堂，提高了运动量，其体质健康就有了充分保障。

（三）创设素养为导向的、激励型的学习评价表，促进课堂效益

以教学评价促学力发展，这是合理的。同时我认为学习评价也应"走心"，要切合实际，要能真正促进每一位学生的能力提升、品质养成。为此，我以学生能力、学生核心素养为导向，在教学实践中，逐步摸索出了一套既有终结性评价，也有过程性评价、师生评价、生生评价等元素的多元评价体系，其主要以健康行为、运动技能、品德意志以及体育外延几个板块为主，既含有成绩的考核元素，也含有非成绩的考核元素，且贯穿整个学程（见表1）。

表1　体育与健康学科核心素养主导下的课堂学评

班别：_____　姓名：_____　得分：_____　健康荣誉称号：_____

体育核心素养	指标要求		单项自评
健康行为	1. 通过本课程的知识学习，能够积极主动地参与体育课堂的练习	6	
	2. 关注健康，懂得健康的饮食习惯和作息时间	8	
	3. 懂得预防运动创伤，以及对运动创伤进行正确地处理	8	
	4. 珍爱生命，热爱生活，改善身心健康状况，提高生活和生存的能力	6	
运动能力	1. 掌握与该节课内容相关的体育基础知识以及技术术语	6	
	2. 根据课时进度并结合自身，掌握该运动项目本阶段应该达到的熟练程度	10	
	3. 掌握发展与本节课项目相关的基本体能方法（有氧耐力为主）	10	
	4. 本人本课练习密度是否达到70%	10	
	5. 是否持之以恒地参与锻炼，运动成绩是否不断在正向提升	6	

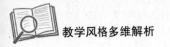

续表

体育核心素养	指标要求	单项自评
体育品德	1. 崇尚"德才兼备,以德为先"的优良传统文化和道德观	8
	2. 自觉学习和遵守各项体育运动的规则以及服从裁判	8
	3. 对待困难有必胜的意志品质,有为集体争取荣誉的大爱精神	8
	4. 是否愿意小组合作学习,不断完善自身的运动技术	6
自评总分		
荣誉称号:健康精英>90分　　健康达人>80分　　健康能手>60分　　健康之秀<60分		

教学评价不应该"一刀切"地要求学生的体育分数,而应该科学制定利于学生能力提升、良好品质养成的评价量表,区别对待每一类学生的付出。所以,我的课堂教学策略既重视教学设计,又注重利用课堂评价,引导学生充分参与课堂,在教学实践中,与时俱进,创设科学的学练评价理念,并融合到教学活动中,努力达成课堂教学目标。

▶ 他人眼中的我

伍永康老师的课堂将"发掘学生的主观能动性,培养其探究、合作能力"理念贯穿课堂的始终,层次分明。能够灵活运用合作探究法、示范法、竞赛法、游戏法等多种教学方法来教学,培养和激发学生的学习兴趣和学习热情。课堂的导入新颖,很好地为主教材进行了铺垫,注重激发学习兴趣,自然引导学生进行学练。课堂的开始阶段,学生就已展开合作探讨,让学生充分发挥各自的聪明才智,自主地去练习,让其在尝试中学习、在合作中学习、在交流中学习、在游戏中学习、在探究中学习。另外,创新教学设计,把枯燥的体能练习变得生动有趣,整节课的气氛变得活跃又轻松,让学生体会到了参与体育运动是一种"乐趣",从而较好地实现了运动技术与体能素质相长的教学目标。(立定跳远主题市级公开课后的点评)

(东莞市教育局体育与健康学科教研员、正高级教师　冯伟华)

伍永康老师善于将运动技术教学、锻炼和比赛融合,有效地培养学生机智、勇敢、顽强的品质和不怕困难、奋发向上、不甘落后的精神;注重学生心理状态的调适教育,充分挖掘体育活动对学生的身心发展,使其逐步形成良好的行为习惯和意志品质。

伍老师教学基本功扎实,在教学过程中,在不同的教学内容上,总能找到适合的组织教法,调动学生参与运动的热情;善于把握教学中的关键问题,对教学重点

和难点地突破都有清晰的体现，使学生在轻松、愉快的氛围中学到技能，得到锻炼，并受到教育。教学中遵循安全第一、循序渐进、整体与局部的原则，科学、高效地实施课堂教学，提高了学生体质健康。

（东莞市长安镇实验中学体育与健康学科骨干教师　胡刚）

伍老师尊重学生的个体差异，以学生为本，以学生的发展为出发点。面对一些中长跑、跳跃等比较枯燥的内容，组织教法上敢于创新、敢于实践，总是鼓励我们在"玩"中学、在"乐"中学，经常在练习时和我们打成一片，尤其是在分小组的教学比赛中，老师也身体力行地积极参与，让我们充分体验到运动的魅力，享受团结合作、挑战成功的喜悦。

（东莞市长安实验中学2017届毕业生　黄鸿逸）

【点评】

永康老师认为，管理学生贵在得道，教学要走心。不管运用哪种教学策略与方法，都遵循以学生为中心，真正做到心与心的沟通，用智慧、艺术感化学生。教法没有最新，只有更新。他力求让课程的核心素养与学生成长融合发展，时刻保持革新的意识，彰显创新的意念，走向高效课堂。"走心地教、创新地学"，走心更走新。

（广东第二师范学院教授　闫德明博士）

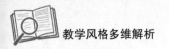
教学风格多维解析

在精心与随心之间

骆伟（小学体育）

个人简介

骆伟，男，东莞市长安镇中山小学体育教师，小学一级，副校长。曾被评为"长安镇优秀教师""东莞市首届教学能手"，所带学生参加全国、省、市航空航天模型比赛并荣获数个一等奖和二等奖、团体总分第一名的成绩，荣获"全国优秀辅导员""东莞市优秀辅导员"的称号。所撰写的多篇论文在省级刊物发表，并参与市规划级课题一项，曾获东莞市优秀论文一等奖。

▶ 我的教学风格

作为一个有多年教龄的体育老师，在漫长的教学生涯中，我渐渐积累了丰富的教学经验，形成了独属于自己的教学风格。老舍曾言："独辟新风格，时翻古乐声。"对于我来说，教学风格是在不断汲取前辈优点并结合自己实践的基础上最终定型的。回顾我的课堂，在教学中我一直在追求着"精心而又严谨，随心而不失条理，在精心与随心之间自由挥洒，趣味而充满生气"的教学风格。

一、精心而又活泼的教学氛围

在精心设计的课程中注重细节，在教学实践中充分调动课堂气氛，是本人一贯奉行的教学模式。新课改之后，教师开始扮演起引导者的角色，而如何能够让学生借由体育学科产生成功的体验和对运动的兴趣，是我一直在思考的问题。在我眼中，能够培养学生对于体育运动兴趣的最好方式，就是自由民主而不失条理规则的教学风格。

教学多年以来，本人始终坚守着"生本"原则。从学生的体能和基本技能出发，精心制定相关教学方案，在各类体育项目中重视学生的课堂体验，在规则限定的范围内，通过对课堂环节的设计来保证课程教学的紧凑，让学生能够通过各种丰富有趣的活动体会体育锻炼的乐趣，充分激发学生们爱好运动的天性，回归到对健康体魄的本真追求中。

二、随心而又趣意盎然的教学模式

在课堂教学中搭建有趣而富有教育意义的课程也是我的教学重点之一。实际上，小学体育课程有着固定的内容与动作练习，学生有时候难免会在这一过程中感到枯燥和无聊，这时，教师可以通过有趣轻松的讲解吸引学生的注意力，将体育理论知识融入其中，能够收获很好的教学效果。

"读书之法，在循序而渐进，熟读而精思。"教学亦是如此，教学过程只有先互相了解，才能够引导学生参与、沉浸在体育课程中，了解运动的美丽。在这一过程中，传达终身体育的思想是我不懈追求的教学目的。

基于上述理念，以松快、明亮的态度讲授知识，与学生的心理世界相连，以趣味为引，以实操为主，一个又一个的小亮点构成了高潮迭起的体育课堂，每一节体育课最终都在欢声笑语中走到尾声。

幽默风趣的教学风格常常需要即兴发挥，我的体育教学设计离不开即兴发挥与长期积淀两方面，而粗中有细的教学设计也是帮助我圆满完成教学任务的有力帮手。在传授课堂技能之时，灵活运用各种教学方法，以趣味小游戏和师生互动来调动学生的专注力；在讲授体育技能和展示相关实际操作时，注重精讲多练，多做多动，融合各种比赛、上台展示等教学模式，激发学生的好胜心和学习积极性，保证课堂效率，重视教师自身的引导作用，寓教于学、寓教于乐，与学生共同进步。

松弛有度、时趣时乐。在精心设计与随心相处之间，在教授引导与陪伴成长之余，我的学生渐渐地明白了体育课的快乐，而我也形成了自己的独特风格。

▶ 我的成长历程

从无意的顽童到有意的教师

一、无意的年少时光

（一）如画童年

我的童年与铁路大院相连在一起。大院是一个城中城，学校、医院、澡堂、电影院、商场、公园、少年宫一应俱全，因此，不用外出就可以满足一切生活需求，而在闲暇时间，整个大院就是我的游乐场。印象中的夏天是炎热的，围着你转的不是蚊子就是苍蝇，爬树、探险，进父母单位扒火车是常有的事，暑假，一群孩子打珠子、拍画片、踢足球后的大汗淋漓真是过瘾，冬日里一群小伙伴堆雪人、打雪仗，满院子追着跑着放冲天炮，一玩就是半天。那时父母们都忙于自己的工作，所以上学放学都是自己出门，很少有家长去接送，小孩们一起走路回学校，一路欢笑。铁路上的职工来自五湖四海，不同地方的人有着各自的方言，为了沟通便利，普通话成了公共语言，所以这里的人们讲的都是普通话，外面的人一听便知道这是铁路上的人了。同时，不同背景、不同地域的人交织在一起，小时候常听大人们讲各种趣事，多元的种子就在这时候埋下了。

我的母亲是严厉的，小时候对我是严肃多于和蔼，因此，爱惹事的我在学校被老师批评后，我的内心是惧怕的，很怕回家面对母亲。不过幸运的是，母亲总是支持我的各种爱好，我喜欢运动就给我买篮球，我喜欢集邮和收藏古币，母亲就从不多的工资中，让我去邮市上买邮票。我还有一位幽默的父亲，经常看到父亲和他的同事交谈，引得大家哈哈大笑，我的幽默性格就是从父亲身上学到的。父亲是一名司机，总是带着我去各种地方，在城市与乡村间不时地变换，让我看到了不同的风貌，各种奇思异想在那时发了芽，我对世界充满了好奇。父母对我的影响无疑是不可磨灭的，母亲给了我立身的根本，成长的路上规矩我的行为，而父亲则给我插上了想象的翅膀，让我自由翱翔，不拘一格。

（二）爱上读书

上了中学，懵懂的顽童开始了第一次蜕变，儿时的无意开始变得有意了。但这时候的有意也是没有方向的，直到有一次看到墙上贴满了考上大学的红榜时，我开始有了想法，要是能考上大学也能让别人看到自己的红榜，那是多么的骄傲与自豪，自此我又多了一个爱好，那就是读书。

我读的书是不分类别的，只要喜欢都会捡起来看。那时母亲在单位负责分发杂志，所以我总是能看到各种类型的报纸杂志。也正因如此，从爱上读书开始，我读的书就比较杂，这种阅读习惯也让我认识了更广阔的世界，了解了许多新奇的知识。在众多兴趣中，运动和读书这两个爱好对我来说最为重要，一静一动。从事体育运动强健了我的身体，各种训练和比赛磨砺了我的意志，最终这个爱好也开花结果，让我成了一名体育教师；读书则丰富了我的精神世界，让我在工作上有了更多的"工具"，能够行以致远。

（三）实现理想

考上大学实现了我中学时的理想，是我第一次让有意的行为成为现实，4年的学习又让我有了新的人生方向。我的大学生活是丰富而又精彩的，在学习之余我经常参与学校各种活动，从班长到学生会主席，我的舞台变大了，经常参与组织策划活动，让我的组织能力、人际交往能力得到很大的锻炼。那时候经常听到有人说我想法比较特别，和别人不一样。慢慢地，我也发现自己做事不喜欢拘泥于束缚，不喜欢千篇一律，喜欢从不同角度去考虑问题，当很多事情做好了，得到老师和同学们的认同与赞赏后，也就变得越来越自信了，在这一过程中我也渐渐地认识了自己。

二、有意的教师生涯

（一）初入职场

带着一身的冲劲和对未来的无限憧憬，我踏上了自己的职业旅途。我第一个工作单位是一所完全中学，位于武汉的闹市中。在这里我认识了一位让我尊敬、给我人生启迪的老师，她叫汪波，是一位富有人格魅力的女校长。第一次听她国旗下讲话，挥洒自如，妙语连篇，给我带来了震撼，让人折服，心里默默地想成为她那样的人。她是一位体育教师，工作中她对我帮助很大，身为领导她还经常参加教学比赛，课堂驾驭很是熟练，学生都很乐于上她的课，课堂上她霸气十足，而且很善于把难教的内容轻巧地让学生学会。跟在她身边学习，让我迅速地适应了工作岗位，工作第一年，我就参加了很多的教学比赛，拿到了很多第一名，这样的成绩离不开汪校长的帮助。她对我的培养是全方位的，大到学校管理事务，小到教学技巧的研讨，她都会给我锻炼自己的机会。但印象最深的还是有一次她问我还有读书吗，这时我才想起来，好像很久没怎么看书了，从大学到现在都在忙于各种事情，读书已经被我丢下了。她告诉我，体育教师由于职业的关系，很多老师运动技能很强，教书是足够用的了，但要想把书真正教好，提高体育教师在学校的地位，提升思想才能让我们走得更远，我们应该"做一个有文化的体育教师"，自此，读书于我就再没间断了。

（二）反思成长

在武汉教书的三年时光很短暂，带着学到的本领，我来到了东莞市长安镇，一个陌生而又让我好奇的地方。这里的一切都和过去不同了，从中学来到小学，我需要尽快适应。我记得刚开始上课的时候，教的是一年级，看到那么多活泼可爱的孩子，睁大了眼睛看着自己，我放松了"警惕"，以为他们会听话地配合我上课，显然，我想错了，看着一群孩子上一秒刚安静下来，下一秒就开始上蹿下跳，真是哭笑不得，束手无策。我意识到，面对他们，以前的教学模式已经不适用了。一路平坦地走来让我在这里吃了亏，第一次有了厌教的想法。课堂上，我越来越爱发脾气，对着孩子经常是一通骂，但课堂教学丝毫不见起色。直到有一次，几个孩子拿着他们的画给我，上面写着"我最喜欢的老师"，下面画的是我，虽然画得很生涩，但看得出来画得很认真，我内心非常感动。我这样上课，也会有孩子喜欢，愧疚感油然而生，难道是我错了吗？孩子们心底的纯真与善良，感化了我，那一刻我明白了教师这份职业的意义。

此后，我开始重新审视自己，发现很多问题根本不是孩子的问题，是作为老师的我根本就不了解这个年龄段的孩子，连自己的教学对象都没有了解清楚，怎么能教好书？于是，我开始研究小学生的心理特点，上课前也更加积极备课，调整自己的教学方法，说孩子们的"行话"，安排孩子们喜欢的教学方式，孩子们的小调皮，也不用太刻意纠正。就这样，我发现我的课堂，孩子们喜欢了，下课后总能看到孩子们带着满意的笑容回到教室。时间长了，经验积累越来越多，我结合自己的特点摸索出自己独特的教学方式，我把课堂想象成一个环境，在我搭好硬件条件后，剩下的内容就让孩子们去发挥，我不想过多干涉学生在学习过程中发生的事情，因为我发现教师干涉的越多，学生就会越被动，能动性也不够。那么，这个环境的搭设就很重要了。新的学生上课之初，会面对一个"不会说话"的老师，我基本上是用手势代替我想表达的东西，孩子们初始不适应，但他们会一直目不转睛地看着我，注意力非常集中，因为这时他们只有视觉，没有了听觉做参考。而我为了把课堂常规抓好,我会在开始异常严厉,以树立自己的威信,等到他们适应一段时间后,就会慢慢放松,再用我幽默的特点与他们互动,上课气氛活泼轻松,从而让他们喜欢我,进而喜欢上体育课。课上,我也会经常反客为主,一些不难的教学内容,我尽可能地让他们去体验学习,让他们自己学会后来教我,我还假装做一个学生,与他们一起认真探究新技能、新动作,这样的学习效果比我直接教要好得多。学生们适应了我先严后松、先集中再民主的教学模式后,就会自己主动地上课了,这样,我的环境搭设也就完成了。看似漫不经心的课堂,其实我花了很大的心思去构建。

(三) 教而无涯

"吾生也有涯,而知也无涯。以有涯随无涯,殆已",学习的路上我从未停止。工作中会遇到一些难题,但有时得不到突破,我知道自己遇到了瓶颈,便有了继续深造的念头。于是,我考上了华南师范大学的体育学硕士,在研究生学习期间,我的视野一下子被打开了,原来自己所学的体育,是需要很多学科知识来支撑的。以前,我在无意之间看了很多与本学科看似无用的书籍,后来发现都在自己的教学中起了很大的作用,这些所学拓宽自己的眼界和看世界的视角,突破自己的认知局限,为我提供了思想的源泉,逐步形成了跨界的思维。人生一直都在无意或有意地修炼,我从无意为之到有意为之,是我一直以来的追求。

▶ 我的教学实录

动静结合
——体味武之气韵

一、授课内容

陈氏太极拳十二式动作第二课时:起势、左右野马分鬃、白鹤亮翅动作学习。

二、课前准备

(1) 教师按照《体育与健康课程标准》中的"民族传统体育的武术基本知识和基本功"这一教培内容来给学生们上课,制作教案,同时查阅资料,以此为授课打下基础。在上课之前教师要明白,此课程的教学重难点在于让学生通过学习能够有力而扎实地做出老师教给大家的动作。因此需要结合教育部所出台的《体育与健康课程标准》的要求,让"太极拳十二式"这一课程的教学设计和更科学、更丰富的体育课内容紧密联系在一起,达到较好的教学效果。

(2) 在前面一节体育课布置学生了解关于"起势""左右野马分鬃""白鹤亮翅"3个动作的要领,以便为这节课的学习打下基础。

三、教学过程

（一）回顾所学，引入新题

在轻松融洽的氛围中，体育课拉开帷幕，教师整队，开始授课。

师：各位同学，大家好，在教室里面学习久了，也该出来走一走、松松筋骨了，那么现在我们先热身一下，大家围绕操场慢跑一圈。

（慢跑完毕）

师：现在我们一起来做一做准备活动，动动你们的小脑袋瓜，好好活动活动，为接下来的"武林大会"做准备。

（进入正题）

师：同学们，上次课我们走进了太极拳，了解了这项具有中华特色的传统武术，今天我们将进入更深入的学习。我知道，你们当中肯定有不少人在上次课结束之后已经通过电视、电脑了解了关于太极拳二十四式动作的更多内容，那么本节课有哪位"大侠"愿意带我们一起回顾上节课所学的太极拳基础动作呢？

生：老师，我来。

师：好的，有请这位"大侠"上台为我们展示一下他的武术。

（二）学习动作，勤加练习

师：这位"大侠"基本掌握了动作要领，但是精气神还不够，希望下次能够做得更有气势一点，那么这节课我们要学习新的"武学奥义"了，下面我们进入"起势""左右野马分鬃""白鹤亮翅"3个新动作的学习。

（动作完整示范：教师在太极拳专用的配乐中，完整展示了新的动作。不少刚才还兴奋不已的同学立马被吸引了注意力，开始全神贯注地观看老师的完整示范。）

师：同学们，看明白了吗？

生：还有些疑惑，感觉有点复杂。

师：这几个动作确实有些难度，那么下面我为大家展示一下分解动作。起势、左右野马分鬃与白鹤亮翅动作复杂程度不同，分别包含4、5、3个分解动作，我现在从起势开始，逐一为你们示范一下，大家看好了，跟着我做一做。

生：好的。

（起势动作讲解）

师：同学们，我们学习的起势动作包含4个动作要领，大松大合是太极拳起势的动作要领，整个动作过程要放松，身势要稳，心情要放松，起初两脚跟要并拢外八字站立，而后两臂徐徐提起，当升至与肩同高的时候，两臂环状收回，随后两臂缓慢垂直下落，垂落至身体两侧，在这一过程中配合脚下的动作，松开双膝、小腿以及踝关节。

生：感觉还是有点不熟悉。

师：不熟悉是正常的，俗话说"勤学苦练"，现在大家以两人小组为单位，分组进行动作练习，并互相帮助，指出你认为同组同学做动作时有问题的地方。

（左右野马分鬃动作要领讲解）

师：同学们，太极拳左右野马分鬃在实战中本身是用于攻击的，而其实战用法简单来说就是以太极掌法中的弓步甩掌模式来达成攻击，现在你们对攻防关系有点了解了吗？

生1：攻就是比较主动的，能够出招攻击的。

生2：防是不是就是防守呢？

师：是的，两位同学都回答得不错，那么请大家看我示范，左右野马分鬃的要领是步伐形成弓步，而手成掌法发动攻击。左右野马分鬃由于派别不同通常在动作要领上面有细微的差异，而我们所学的左右野马分鬃首先做右分鬃动作，再做左分鬃动作。在分解动作展示完之后，我再次给同学们两分钟的时间进行模仿练习动作。

（白鹤亮翅动作要领及讲解）

师：同学们，是不是有点跃跃欲试了？

生：是的。

师：别急，我们还有一个招式要学。同学们，下面我们进入白鹤亮翅动作的学习，这是一个太极拳的经典动作，在很多经典武侠电影中都能够看到演员做这个动作，你们记得在哪些电影中看到过吗？

生：关于功夫的一些电影，还有一些武侠动漫。

师：是的，这一招式是我们经典的太极招式，有同学觉得这个招式和什么动物有关吗？

生：白鹤。

师：回答得很好。实际上，白鹤亮翅这一动作本身模仿的就是白鹤的肢体语言，其攻防主要为了应对当对方双手攻来的情况，属于防守型动作，在应对攻击时，使用白鹤亮翅的动作可以帮助我们迅速地转体位，规避攻击，分散对方的力，化有形的攻击为无形。请同学们看我示范——首先我们提右膝，腰向左转，双手打开，第二步落右脚，然后将重心前移，提左膝，腰微右转，双手合抱，最后虚步展开，腰部回转，白鹤亮翅。

生：原来如此，感觉很像一只白鹤啊。

师：其实我们的很多武学招式都是来自先辈们对于自然万物的观察。现在我的分解动作展示完毕，请同学们再次尝试模仿这一动作，注意动作的规范。

（三）介绍完毕，强化练习

师：在分组动作练习结束之后，我也对你们进行了细致的观察，我发现一些同学的掌与握拳不分，有一些手势动作上的问题，现在你们与我一起，将3个动作连贯起来做两遍。

（师生进行演练）

师：我已经看到不少同学能够将老师教给你们的3个动作一气呵成了，那么现在我们分成两个战队，大家有两分钟的动作练习时间，结束之后我们两方战队分别派自己的队员来给大家展示一下你们的太极动作，我们以武会友。

（2分钟之后）

师：有哪几位"大侠"想要来华山论剑，一决雌雄？

生1、生2：我来！

师：很好，我们掌声有请两位同学上台切磋，请你们选择自己喜欢的招式摆出以武会友的动作。

（经过3轮比试之后）

师：6位同学都做得十分认真，但是有的同学还是存在动作上的一些小瑕疵，比如左右野马分鬃的时候有同学手部和腿部的动作不同步，还有在白鹤亮翅的时候没有提右膝的动作，希望你们能够在今后的练习中多加注意。

生：好的。

师：谢谢几位同学们的表演切磋，让我们体会到了武术的魅力。最后，我们一起跟随音乐再次复习一下太极拳的3个动作，加深印象。

（四）课终总结，埋下伏笔

师：小华，你刚才做这几个动作都特别认真，你是不是很喜欢武术？

生：是的，我经常看和太极拳还有其他拳法有关的电影。

师：那么，现在邀请你上台为我们展示3个动作，我们大家跟着你一起做一次。

（展示完毕）

师：你说说刚才让你印象最深的动作是什么？

生：是白鹤亮翅这个动作，因为我觉得很威风，有一种仙气飘飘的感觉。

师：我也很喜欢这个动作，有没有同学喜欢其他动作的呢？

生：我喜欢左右野马分鬃，我感觉这个攻击姿势很帅！

师：太极拳有许多不同的动作，每个动作都有独特之处，这节课我们一起掌握了太极拳起势、左右野马分鬃、白鹤亮翅3个动作的相关要领。那么，我们最后一起回顾一下是哪3个动作，好吗？

生：好的。

（师生一起重做一遍，在巩固练习了一遍这节课的动作之后，大家互相施以抱拳礼进行道别。）

四、课后反思

本次课在现场示范、学生跟学以及战队挑战中过去了，借助太极拳，学生们明白了我国武术内蕴，增进了对于太极拳的了解，但同时教师在示范时要尽可能地用

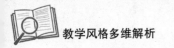

最简洁的话来清晰地讲解动作的要领,除了注重对课堂内容趣味性的提升,还要注意在学生练习过程中纠正学生的精气神,尽可能地借由太极拳展示出风骨与气韵。

▶ 我的教学主张

一、以树立学生终身体育思想为目的体育

学校教育的目的是培养学生德智体全面发展,体育作为一门重要学科,具有实现素质教育均衡发展的重要作用和地位。教育学家苏霍姆林斯基曾说过:"良好的健康状况、饱满的精神和充沛的体力——这是朝气蓬勃地认识世界、乐观向上、随时准备克服困难的最重要的条件。"儿童的精神生活——他的智力的发展、思维、记忆、注意、想象、情感、意志,在很大程度上取决于他的身体的活跃程度,因此,体育是使人的精神生活充实和文化知识丰富的起码条件。

小学阶段是学生开始接受学校教育的起点,这一时期对树立终身体育意识尤为关键。由于小学生的身体还处于早期发育阶段,思想还比较懵懂,在这个时候施以合理有效的体育教学以及运动锻炼,能够让学生对体育活动有一个正确的认识,为他们终身体育意识的形成奠定坚实基础。在我看来,体育是人生命的一部分,它是一个长期行为,不是一朝一夕的短期行为,在童年时期要学好体育理论知识和锻炼方法,养成自觉运动的习惯,树立正确的体育观。同时,学生在这一时期对锻炼的态度、兴趣、习惯决定着他未来一生的健康水平,所以应从儿童抓起,立好根基,从小给他们树立终身体育的思想。

二、让兴趣伴随成长

"兴趣是最好的老师"。如果能让学生对某项体育项目产生浓厚的兴趣,那么他们就会主动去求知、去摸索、去践行。处在这个年龄段的孩子,对许多新鲜事都好奇,容易兴奋,在课堂上表现得活泼好动。但这时候的孩子,对体育运动的意识还未形成,所以学生能否主动地学习和教师教学内容的趣味程度有着直接的联系。如果教学组织形式单一重复,或者难度较大,只会让学生们觉得枯燥乏味,进而降低他们的学习兴趣。那么,怎么样才能让小学生对体育运动感兴趣呢?

为此,我的体育教学设计根据学生的心理特点,尽量少讲技术动作的要领,而用新颖的教学内容吸引学生,激发他们的好奇心,把单一的教学内容游戏化,增强课堂的趣味性,让学生在体育教学中保持快乐的情绪和体验体育竞赛的乐趣。比如,在上"前滚翻"这一内容的时候,我会把动作分解成3个游戏,每个游戏完成了,把游戏动作结合起来就是完整的动作,让孩子们在不知不觉中就主动地完成了学习,赋予了枯燥无趣的练习生动有趣的形式。此外,在教学过程中我还会适时地去引导和启发学生,秉承着"以学生为主体"的教学理念,让他们明白学会"前

滚翻"对我们生活的作用，既提高了运动能力，又将体育运动生活化。

三、将成功注入课堂

成功感又称"成功体验"，是指一个人成功地完成某种活动任务时所产生的一种自我满足、积极愉快的情感。成功感是素质教育的一个重要的心理指标。在多年的教学中，我发现成功感是学生学习中必不可少的，它起着催化剂的作用，是学生前进的动力来源。每一个孩子都是独一无二的，他们都有着各自的特点，用同一个标准去评价他们是不适合的。

为了让每一个孩子都能体会成功的喜悦，在教学中我会搭建一个舞台，在每一个学生的学习过程中，我会仔细观察他们对体育运动的态度、过程、结果，一旦发现学生遇到困难，我就会及时地鼓励学生，肯定学生的优点和成绩，发现每个学生身上的闪光点。比如，在我了解每个学生的特点后，我会给他们安排不同的角色，准备活动中，我会让那些爱表现的孩子上来领操，让有组织能力的孩子做小组长，让能力强的孩子做动作展示，对于动作能力差的孩子，我会尊重他们的个体差异，给他们预设小目标，让他跳一跳就能摘到"桃子"，让成功变得触手可及，增加练习的信心，保持学习的动力。同时，我会设立更多的内容，让更多的孩子找寻到适合自己的项目，增加他们成功的可能性。

树立学生终身体育意识非一朝一夕可以完成，需要长期的坚持，保护好孩子们的好奇心，激发他们的兴趣，培养良好的运动习惯，实现他们从"被动体育"到"我要体育"的转变，让他们在惯性力量的驱使下，健康生活一辈子！

▶他人眼中的我

我们班的孩子们喜欢他，说他幽默，风趣。他们说体育课虽然累，但是骆老师的课让他们累并快乐着。在他的课堂上，运动与快乐相随，汗水与笑声一起成为孩子们童年的美好记忆。作为同事，和他交流有关教育的话题是一件很畅快的事，因为他经常会跳出我们的专业，用跨界的思维来找到解决问题的本质方法！

（东莞市长安镇第一小学　王辉敏）

每次上完体育课，孩子们总会忍不住跟我分享："天啊，老师，你知道吗？骆老师……"很辛苦的体育课永远会在欢快的笑声中结束。孩子们在骆老师面前，会格外地听话，或许是因为强大的气场，或许是因为别样的教育方法。总之，他们很喜欢严厉却总是那么有趣的骆老师。有深度，总能让人耳目一新，且引人深思，是骆老师带给我们的直观感受，在一言一行中，其博览群书的涵养会自然地流露出来。作为年轻小辈深觉，向骆老师学习，绝不会差。

（东莞市长安镇第一小学　许丹阳）

骆老师作为一个始终怀有对教育事业的热情和对传达终身体育思想不懈追求的

老师，有着体育老师与生俱来的活泼和幽默，也有着作为教育从业者的严谨和缜密。

作为老师，他有着丰富的教学经验，也能够在体育教学的时候融入一些跨学科的知识。在教学方面，他注重言传身教与实用凝练相结合，更强调将小学体育相关教学内容与实际相连。现阶段的小学教学内容主要是关于走、跑、跳等基本体育训练，有的时候显得枯燥和重复，而骆老师则喜欢立足学生的深层需求，从他们对运动的兴趣着手，设计一些有趣味而又不失娱乐性的环节，激发学生的上课热情，帮助学生产生良好的自我锻炼意识。在与他的交流中，我也发现，骆老师并不是一个循规蹈矩的教师，他的教学内容不拘泥于课本，而是尽可能灌注一些与生活、兴趣有关的内容，让体育课在帮助提高学生运动技术水平的基础上，又关怀他们的身心健康。在与学生相处上，骆老师就像个"大孩子"，他总是乐观豁达，能够与自己的学生打成一片，理解他们、照顾他们，亦是一个在学生与教师、顽童与成人之间切换自如的一个"跨界王"。

（东莞市长安镇第一小学体育科组长　吴　权）

我读小学时眼中的骆伟老师，他身材很魁梧，给人一种莫名的威严感，但脸上的表情跟身形给人的感觉却不一样，严肃的脸永远坚持不过3秒，因为他很爱笑，所以笑纹很多。接触下来才发现，距离感是不存在的。上课时候的他，特别"较真"，很多时候会跟着我们一起运动，不放过任何一个跟我们接触的机会；还有自由活动的时候，他也总是喜欢"黏"着我们说话，但我们不烦他，也不害怕他，他甚至还会跟我们玩跳皮筋。学生时代的我们还特别喜欢跟他分享日常趣事，因为他是一个很好的"保密者"。他会跟我们开玩笑，会跟我们说很多学校的新鲜事情，外出学校旅游的时候还会请我们吃许多好吃的，带我们去玩游乐设施，跟他在一起不用担心挨骂，因为他能理解我们的好奇心。总的来说，他是一个每次接触都会有不一样体验的体育教师，让学生永远不会缺乏新鲜感。

（东莞市长安镇第一小学09届毕业生　袁爱凤）

【点评】

骆伟老师在教学中一直在追求着"精心而又严谨，随心而不失条理，在精心与随心之间自由挥洒，趣味而充满生气"的风格。在课堂上，他总是以松快、明亮的态度讲授知识，与学生的心理世界相连，以趣味为引，以实操为主，一个又一个的小亮点构成了高潮迭起的体育课堂，每一节体育课最终都在欢声笑语中走到尾声。随心而又趣意盎然，松弛有度，时趣时乐，是他的教学日常。

（广东第二师范学院教授　闫德明博士）

精彩·出彩·喝彩

赵晓卫（幼儿园管理）

> **个人简介**
>
> 赵晓卫，男，东莞市长安镇中心幼儿园教师，幼儿园一级，园长。东莞市赵晓卫名园长工作室主持人，东莞市督学，东莞市幼儿园课程研究部部长，东莞市先进教育工作者，广东省第二师范学院兼职教授，广东省中小学教师发展中心学前教育委员会专家委员，2019年带领幼儿园舞蹈《毛毛虫》参加中央电视台春节联欢直播晚会。2005年至今出版了《幼儿园里的大自然》等3部著作，主编了《智慧鹰》系列课程，参编了《幼儿园环境创设》等书籍，主持了"构建幼儿园教育家园共同体的实践研究""从城市回归自然——幼儿园户外自然资源开发与利用的实践研究"等多项省、市级课题的研究，并荣获省创新成果奖和市科研成果奖，Association Between Social Support and Job Satisfaction Among Mainland Chinese Ethnic Minority Kindergarten Teachers: The Mediation of Self-Efficacy and Work Engagement 发表在 Frontiers in Psychology（国际核心期刊），《建构合作学习小组促进教师专业成长》等多篇论文发表在《教育导刊》。

▶ 我的管理风格

一根绳子平放在地面，如果我们从后面用力去推，无论多用力，绳子只会乱作一团或改变方向，但如果我们从前面拉，绳子就会直直地朝前面移动，而且迅速到达目的地。在管理中，就像移动绳子的道理一样，如果想让教师感觉到努力向前是他自己的事，教师的工作才能变得有价值，管理工作才能有效果。鉴于此，我对教师的管理风格的提炼是精彩、出彩和喝彩。

一、精彩

精彩是教师对工作的教育观和态度。当教师对孩子有爱心和耐心，对工作喜欢和向往，并期待在岗位上有所成就时，他会对工作保持稳定的认可性、积极地参与性、主动的挑战性，则具备了在岗位上有所建树的心理条件。

二、出彩

出彩是教师对工作的追求和挑战。教师在经过3～5年的成长后，会在教学、班级管理、环境创设或其他某领域有创新的教育实践地显现。教师取得了工作实践的阶段性成果，出彩的表现获得同事的认可，则能让教师收获成果、信心和荣誉。

三、喝彩

喝彩是重要他人对教师工作的评价和反馈。行政领导、园所教师、业务同行、家长等对教师优越表现的鼓励和表扬，是对教师个人价值与社会价值的高度认可，喝彩的内容则是其他老师学习和参考的榜样，是教师荣誉的象征。

从马斯洛需求心理学的角度看，教师最大的成功是获得认同，实现自我价值；从加德纳多元智能理论看，每一位教师都有自己的优势智能，幼儿园需要"识源引水"，发挥教师的优势价值；从管理学的角度看，要想激发教师对幼儿教育工作的热情，发挥其教学和教研的创造力，需要在源头上让教师树立岗位认同和教育追求。"三彩"管理风格是我园"光棱教育"理念中管理教师队伍的体现，目的是尊重教师的个性，发展教师的优势智能，实现"光棱教育"理念下的教师队伍管理目标。"三彩"管理原理如图1所示。

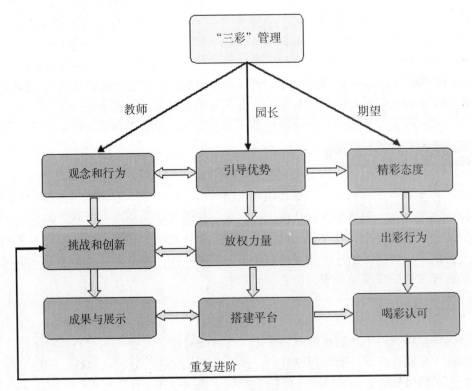

图1　"三彩"管理原理

其中，"三彩"管理的对象是教师，手段和桥梁是园长（幼儿园），结果是期望的精彩态度、出彩行为和喝彩认可。为此，作为教育管理者的我，必须要引导教师的优势智能，赋权给教师和管理队伍，依托幼儿园，为教师搭建一个资源丰富的

精彩·出彩·喝彩

平台去挑战困难，创新工作。这样，幼儿园的教育管理水平才能发展，教育品质才能提升。

教师、园长和期望（追求）是实现三彩管理的主体因素。教师是行动主体，园长是推动主体，期望是结果主体。

"知人者智，自知者明"。"三彩"管理同样适用于我自己，对待园长岗位工作，我自己也有着同样的学习与发展的要求。我首先要做一个会使用元认知策略和常内省自我的人，充分认识和了解自己的性格特点，不断提高自己的教学思想、教育技术和管理水平，把对待儿童的教育工作放在第一位，读懂儿童学习和发展的需要，把对教师的管理工作放在核心位置，满足教师教学提升和专业发展的工作需求。苏霍姆林斯基曾说："只有成为教师的教师，你才能成为真正的领导者，受到人们的信任和爱戴。"作为"三彩"的教育管理者，不是"用权威—服从型"管理方式让教师执行命令，而是让教师发挥集体创造的智慧，在"引导—自主型"管理方式中收获出彩的成绩。

▶ **我的成长历程**

一、色彩中成长，做孩子王"头目"

当我还在上幼儿园时，我们的户外活动只有你追我跑。那时也不知道什么是角色游戏、自主游戏，只知道铃声一响后，所有的小朋友聚集在幼儿园门口外边的打谷场上玩起了追跑的躲闪游戏。我总是想做被追的那个人，因为每次躲开别人的"抓捕"而坚持到最后一个，就会觉得自己是跑得最快的人。阿德勒曾说："在体育或体操方面争强好胜的儿童一般来说在其他方面也有雄心壮志。"因为自己外形比较结实，所以每次都能甩开别人的"抓捕"。就这样追跑了一年多，我和另外一个小朋友成了这个游戏的主角，只要玩这个游戏，逃跑的一定是我们两个。接着，很多小朋友愿意由我来定追跑游戏规则，我会安排谁做半路的拦截者，谁做追捕者，以及划分逃跑的界限位置等，也许这样的角色就是现代心理学中所说的崇拜"榜样"吧，又也许这样的经历埋下了管理人的"种子"。

小学以后，我不爱学习，但喜欢爬山，在山里的大树上摘果子、捡核桃、打酸枣，过着无忧无虑的野趣生活。那时，一到周末和暑假，总有与我同龄和年龄小的孩子来找我玩，让我带他们去山里玩耍，走山路，爬山坡，摘果实，摘这些果实一是为了解嘴馋，二是为了好玩，但更重要的是好玩。现在回想起来，那些路崎岖蜿蜒，路面泥泞，有很多危险的因素，但我们从来不以为意，而且大人们都放心让我带着他们的孩子出去爬山、越野。

每次出去我们都有"岗位"安排，谁带水，谁拿棍子，谁开路，谁殿后，我都会给大家把角色和任务分配好，以便顺利完成出行任务，而我拿着自制的"火铳"

给自己壮胆。这个"火铳"的作用就像电影《赌圣》里说的一句台词:"原来要戴上墨镜,穿上西装,让别人一眼认出你,就是风格了。"每次分配任务,让我学会如何依人分工;面对大山的空洞呐喊,让我养成了直爽的性格;每次口渴却无水喝时,让我具有了忍耐和坚持的毅力;每次去爬高探索有挑战的路线,让我形成了充满好奇的挑战心理。我喜欢与那些能忍耐、有想法、敢挑战的孩子们玩,而不愿意坐在凳子上当一名"乖巧"的孩子。

二、边玩边学的成长烦恼

初中,我是个爱玩的人。班里面的同学们来自各个镇街,而且是考试成绩优秀的学生,环境的改变,让我觉得被"孤立"了。既然不能与大家愉快地玩耍,那我就自己玩。于是我喜欢上了玩电子游戏,现在想想,电子游戏浪费了我不少读书和学习的时间,所以在班里我的学习成绩一直处在中等偏下。但是,电子游戏画面中的故事想象、声音动作以及各种关卡任务对我设计儿童游戏产生了积极的影响,我曾写过一本《幼儿园民间体育游戏》的书,里面很多游戏的改编、创编以及故事情节的导入都是来自电子游戏的素材,我也曾在设计的一些课例情节中应用了很多电子游戏的元素。周边同事常说我会像儿童的思维一样去想一些事情,也许大多与玩过的这些游戏有关。

有一种角色游戏是我玩得最多的,一个叫"名将",一个叫"恐龙岛"。"名将"中有4个人物角色,一个会使用短刀,一个会使用飞镖,一个会操作机器人,一个会使用火术。这4个人各有特长和本领,他们会相互配合、强强联手,在背靠背中打败更高级的BOSS。人的成长也像游戏任务那样,时常会被一些事情阻碍前进的步伐,但只要机智勇敢,便能越战越勇。假如游戏当中一关关的任务就是教师每天面临的工作挑战,那么每次的比赛、知识技能的拔高就是关卡,每过一关便拔高一节。如果每个人物角色的技能特长就像教师自身的优势智能那样,那么顺应教师个性,发挥教师的优势智能,教师才能更快地成长,为教育工作创造更大的价值。在打电子游戏中,所谓高手就是思维敏捷,动作娴熟,能用好人物角色的长处,相互配合,帮扶对方,合作打赢每一关。一名园长,很有可能就是那个游戏手的扮演者,他需要做的工作是尽量认清每位教师的个性特点和优势智能,帮助教师制定成长目标,组成兴趣学习小组,发挥团队合作的力量,成就个人成长的追求;并在完成一项项富有挑战、富有创意的教育工作中收获荣誉,赢得喝彩。

三、走上学前专业的道路

高中时,除了背书外,我的其他生活还是精彩的。我会拿出歌词本与同学们一起大声唱歌,会主动参与学校的"五四活动"的节目表演……高考完,准备去好好读书了。

因为体型高大,直到现在,所有的人都认为我是一名体育老师而不是一名幼儿园老师。其实,我一开始的专业是警察,且是刑警专业。现在回想,当人生规划没有目的,转折点犹豫不决,没有重要他人的指引时,我们可能会走向自己不喜欢的方向。1999年去了警校读书,几乎是天天挨大队长的批评和"体罚",我想这老师的职业道德怎么这样。老师不应该是温柔、有耐心、谆谆教导的那种形象吗?一狠心,警察不当了,回家复读。现在想来,面对恶人和歹徒时,警察还真得有自己威严的形象和"暴力"的动作,不然伤亡的可能是自己,毕竟警察是个高危的职业。

复读一年后再考,遂了愿,考上了师范类专业,但没想到是学前教育专业,未来就业在幼儿园。虽不接受,但唯有慢慢消化。在大学,我仍然是那个不怎么死读书的学生。我总感觉,读书没错,但在大学不应该只做读书、上课、吃饭和睡觉这4件事情,而是应该更精彩一些。于是,我加入了学校的学生会工作,参加了校园多项文艺活动比赛,想在这些平台上历练自己,让自己成长得更快一些。

四、人需要鼓励和引导

远离家乡,来到华南师范大学读书,研究生单调乏味的学习和生活让自己变成了一个不敢说话、不想说话和不愿说话的人。就业时,我曾怀疑自己能不能成为一名合格的学前教育工作者。我想到在大学里工作可能会因重复讲学过的书本知识而产生枯燥感,又想到学前教育是一门注重实践的专业学科,干脆,我选择在幼儿园就业。人的岗位选择很重要,在岗位上除了学习和反思外,人的成长更需要重要他人的鼓励和引导。我很庆幸,我的第一次择业就选择了一所充满热情和创造力的园所,我也很幸运地认识到徐维亚园长,他是一位精力旺盛、思维活跃、对工作充满兴趣的智慧型教育管理者。

苏霍姆林斯基说:"每一位教师都希望在自己的课堂上学生对学习感兴趣。"作为教育管理者,我希望老师能够对幼儿园的管理有信心,对自己的工作有兴趣,这样才能抱着"精彩"的态度让每一天的工作都"出彩",愿意主动去研究孩子,研究教学。所谓工作兴趣,就是教师能够带着一种高涨的、激动的情绪学习和思考,在工作中发挥自己的优势教学,在教学中感觉到自己的智慧力量,在育人中不断学习、思考和进步。教师要与兴趣相同的人思维碰撞,思考儿童的运动和变化,欣喜于教学中所创造的成果,这些都是教师工作取之不尽的源泉。

环境的影响使人产生自卑和软弱感,但上进的强烈愿望使教师能够证明自己的力量,而教师的力量源于对工作的"权力感"。这种权力感可能来自领导的鼓励、家长的表扬、同行的赞许,也可能是孩子一天天的成长和变化。在幼儿园刚入职时的工作中,我的几位领导就是这样帮助我成长的,挖特长,压任务,常鼓励,搭平台,稳发展。力量的源泉是藏在心灵深处的,教师会兴奋而紧张地完成他们的任务,因为他们渴望超越其他人而成为"杰出教师"。作为管理者,我们不仅要读书、学习、探索新生事物,还要帮助和鼓励教师去攀登、去挖掘,发现自己的才能,越是给予教师鼓励和成功的刺激,教师对工作越是充满热情和向

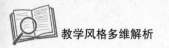

往，越是能感觉到教育工作的精彩，感觉到教育创新的出彩，感觉到教育成果喝彩的乐趣。

五、走上教育管理之路

我走上教育管理之路的理由或许是"水到渠成"，或许是"积少成多"，又或许是"无心插柳柳成荫"……虽说"不想当将军的士兵不是好士兵"，但刚开始时，我一直想要做的工作只是努力当好一名老师。研究生毕业后，我选择了幼儿园老师的工作，我觉得幼儿园工作实践性强，可以将所学的理论知识应用在工作岗位上。在学习和工作中，我接受我的专业，认可幼儿园男教师的角色，积极面对幼儿教师工作；在教学行动中，我实践着自己的教育观，并用论文、课题、书籍来形成自己的教育思想；在时间应用上，我与时间为伴，阅读、学习、实践和协作，在行动中验证自己的教育假设；在认可度上，我时常与同行分享感受，以谦虚的心面对教育问题。就这样，在努力追求教育创新的成长路程上，我获得了园长的赞许、同行的鼓励和政府的认可。在东莞市积极的人才政策大背景下，我邂逅并获得几位"伯乐"的指引，"伯乐"们告知我："相信自己，用好专业，发挥特长，不断创新。"正是在"伯乐"们的帮助下，我快速进入了园长角色，并取得了一些阶段性的成绩。园长岗位我从未想过拥有，我只是一直在努力追求自己身为教师的职业价值，我想任何教师都应有追求价值的态度去面对平凡的岗位。

▶ 我的管理实录

一、实验前：管理第一年

（一）背景情况

2015年，我返回东莞市长安镇中心幼儿园工作，并从教研员走上了园长岗位。我之前了解的本园教师的一些特征是：做得多说得少，做得好但不知道这样做的原因，教师做得多而孩子做得少。于是，我想借助一次研讨活动来了解教师教育教学的真实情况，一是重新认识和评估教师队伍的现有水平，二是为教师之间提供一个相互学习的机会。

（二）情况记录

环境是孩子学习的第三任老师，优美的环境既是温馨的也是具有教育意义的。为此，幼儿园在当年10月中旬将对全园进行一次环境大研讨活动。在研讨工作中，我的要求是：①参观班级由1名教师介绍本班环境创设的教育原理和思路，②环境中要体现孩子的学习足迹，③每个班级需有1名教师介绍环境亮点，④参观班级的教师需要有点评发言。

（三）我的反思

在参观的整个过程中，教师有如下体现：①说不出环境创设原理；②表达都是"口水话"和非专业语言；③不知道孩子的学习足迹如何体现，且环境创设更多的是教师"加班"作品；④班级环境布置没有创新和亮点；⑤让教师点评时，教师不敢，也不主动发言，点名发言时"支支吾吾"说不出多少评语。

教师代表着知识，代表着专业，代表着知识分子的一部分，自己说不清道不明，如何开展教育工作，如何与家长开展家园合作，如何能真正探索教育的真谛、体验教育的快乐。

教师之所以存在这些问题的原因在于：①没有足够的教育认识高度，缺乏相关的理论指引；②不懂得如何提炼自己的教育观点，而是将琐碎的观点罗列表达；③没有学会如何观察孩子，不知道如何记录孩子的学习轨迹；④缺少"观众表达"锻炼，面对成人紧张或失言。

（四）我的行动

启用"三彩"管理雏形方式，让教师眼里有孩子，心里有教育，嘴里有文章，笔下有思路。"三彩"管理下"四有"教师的培养模式，既有针对性的业务学习，也有"茶余饭后"的闲谈对话；既有园所的统一培训，也有级部的分权学习。在"三彩"管理下，将"四有"教师的成长模式潜移默化，让教师从行动实践中改变观念，提升水平，成为教育工作的主动学习者、研究者和参与者。

1. 眼里有孩子

教师要会观察孩子，会分析孩子，会为孩子准备丰富的体验环境。第一，观察孩子行为，了解孩子心理。孔子有七十二贤人，他们各有特长。对待孩子，教师也必须持有这样的儿童观，每一位孩子都有自己的个性和优势特长，孩子的世界是"精彩"的。教师要做的工作是发现孩子的优势智能，依托孩子的个性特点，提高孩子的智慧自信。为此，教师要学会观察孩子的生活和学习行为，分析孩子的生活和学习需要，满足孩子的生活和学习兴趣。在观察中，学会用表格、文字、照片等形式记录孩子的行为表现，在定点观察、移动观察和阶段性观察等多种方式中观察孩子前后发生、发展的变化。第二，收集孩子素材，分析孩子个性。孩子就像树叶，即使长得相似但纹路不同。对待孩子，我让教师要注重日常个别行为的观察、记录和分析，看看孩子是什么样的性格特点，是黏液质、胆汁质、多血质还是抑郁质。然后根据孩子们在行为上的表现，划分类别，调整应对策略。有的孩子在感情上容易波动，教师要多给予温暖和关爱……在观察和记录孩子行为的过程中，"哇"的哭声时刻时常会有，教师要善于发现孩子"出彩"的表现，给予"喝彩"的鼓励。第三，了解孩子兴趣，准备学习资源。孩子是首位，教师是主导，课程是核心，环境是关键。在了解孩子心理学习特点的基础上，我与教师们一起为孩子们准备了丰富的课程体验活动。在继承与发展幼儿园"元文化"的基础上，本着"释放多元之光，发展个性之棱"的教学理念，我将幼儿园的课程分为"常规主题+主题课程"和"三特色"课程，即"三棱镜"课程体系。在"三棱镜"课程体系中，自然学习课程、三浴体育课程和戏剧游戏课程是幼儿园的亮点活动。这些课程的设置既考虑到孩子学习兴趣的需要，也考虑到教师能力优势的互补；既考虑到学科领域的知识划分，也考虑到领域整合的主题教育。

2. 心里有教育

无论是主动还是被动，如果你已在教师岗位上，那么就好好做一个教育人。除了观察、研究儿童的心理和行为的变化外，教师还应随时随地地学习，随时随地地实践，随时随地地钻研，随时随地地创新，随时随地地总结。第一，做一个爱学习的教师。在对待教师的成长上，我通过几种方式来提高教师的教学能力。首先，教师要找到适合自己的模仿对象，模仿名师课例实施的方法和指导用语，让教师找到教学过程的基本规律；其次，教师需要拜幼儿园的优秀教师为师，优秀教师不仅教给新手教师教学方法，更多的还有班级管理和与人处事的技巧；最后，教师要不断学习，学习新的理念，改变旧式思维，培养自己的艺术能力。我在幼儿园成立了阶梯培训小组，有针对性地开展系列培训工作；组织了兴趣教学小组，将有共同优势智能的教师组合为一个学习共同体，探讨共同感兴趣的话题；成立了幼儿园艺术学习班，让教师在美术、音乐和舞蹈方面获得提升和发展。同时，我自己也经常给教师做理论和实操培训，尤其是在教学过程中，我通过培训游戏学习法、自然教育课程等活动，让教师们慢慢转变观念，建立课程资源开发的意识观，转变职能角色，找到教师在施教过程中引导者、支持者的"向导"角色。第二，常常反思和钻研。我引导教师充分应用"元认知"原理，做一个会督导自己的人，要时常加强自我观察、自我分析、自我进修和自我教育。还要常常反思自己在组织一次活动中教学设计、环节过渡、引导用语等方面的不足和问题，以避免下次出现同样的错误，像瑞吉欧教育说的：做一个"会接住孩子抛过来的球"的教师。第三，收集和整理关键素材。一位心里有教育的老师，手头必然有很多"料"。这些"料"是活动设计、视频照片、教学笔记、活动反思，甚至是一句有教育哲理的话语等。收集和整理的意义在于不让有价值的教育资源流失，而让教师的思考和行为转化为文献记载。教师每一次对文献资料的整理、归纳和总结，都是一次高效的学习过程。

3. 嘴里有文章

语言是主要的交流工具，一名优秀的教师，只会做而不懂得分享和交流，就很难将自己的想法影响到别人。在幼儿园工作初期，在与其他教师交流中，我发现他们有两个共同的特点，要么"啰里啰唆"的话说了很长时间，最后也没表达出自己想要交流的重点；要么憋红了脸，也不知道自己到底想要说什么。如何让教师说话不怯场，讲话有逻辑，表达有重点，话语有兴趣呢？那就是练习教师口语和思维的表达。第一，鼓励让教师多说和敢说。在我们的研讨活动中，我鼓励人人都发言，人人敢说话，拒绝"一言堂"现象。也许已习惯了之前的开会和研讨方式，刚开始教师们都像"木头人"那样听我一直说。后来我改变策略，每次会议都轮换会议主持人和指定发言者，无论说得好与坏，我都会会后总结，并告知发言人本次发言的亮点与不足，长此坚持。现在，我园的教师人人敢说，人人会说。第二，让教师主持活动，练习舞台控场能力。幼儿园经常会举行一些节日活动、亲子活动和研讨活动等。每次活动我都会推出不敢说话和不会说话的人，虽然每次都会有人提出质疑："这么大的活动，让他们主持可以吗？"我每次的回答是："当初，我们也是这样成长的。"每次活动过后，我会与他们交流，告诉他们舞台上注意的问题，言语上词语的使用，互动中需要的动作行为等。我们还专门对这些教师进行礼仪、会场的培训活动，让教师敢于面对观众阐述自己的教育观点，分享自己的教育经验。第三，亮点工作分享。亮点工作分享的开展学习借鉴于闫德明教授为我们培训的读书分享和述职时工作汇报的做法。每学期，我都会让教师依次进行本班的亮点工作分享，每一次全体教师都会对分享教师的汇报进行现场打分和点评，旨在让教师知道自己与别人的不同，自己仍需要改进的地方。在坚持了5年以后，教师的PPT制作、文字和图片的应用、重点字眼的罗列、汇报内容的逻辑关系等水平都有了明显地提升，就连不会做报告的保育员老师，站在台上也是信心满满，语如涌泉。教师们的话语变得言之有理，言之有序，言之有味。

4．笔下有思路

在幼儿园阶段里，教师会做、会说，但写作能力差，尤其是用文字提炼表达思想和观点的文案工作常常让教师望而却步。原因在于：①一些幼儿教师的教育背景为中专或大专，他们阅读书籍的专业修炼时间不够多；②传统中，读幼师专业的学生几乎因考不到本科或好的专业才从事了学前教育，自身文化底子薄弱；③因为幼儿教师岗位的特殊性，教师整日都在班级陪伴孩子，一天下来已筋疲力尽，再加上白天的一些文字表格工作，几乎没有时间去研究教学研究的细腻文案工作；④教师没有养成及时记录和写作的好习惯，隔一段时间不写，思维会懒惰，手会抵制。如何改变这一现状呢？我的方法是减负无效备课，挤压出更多的时间在阅读、教学笔记、总结反思、论文写作和课题参与上。第一，调整无效文案工作，重点练习文字归纳和总结的能力。在备课中，我减少了教师天天重复备课的无效行为，而是一周备3节精品活动，其他的时间用于对活动后的反思和总结。在反思和总结中，要罗列出自己活动设计的课程原理，孩子学习的心理表现，环节和材料准备中还有哪些不足，这样有重点地写作要求，长期坚持下来，教师不仅会反思，而且还会把反思和计划相结合，以组织更好的学习和游戏活动。第二，读书。苏霍姆林斯基说，"要把读书当作第一精神需要，读书，读书，再读书"。书是教师内心饥饿的粮食，教师需要读专业书，读经典书，读感兴趣的书，要博览群书。同时，教师还要静坐思考书中的观点，看看哪些话语对自己有启发。为此，我为教师购买了《给教师的建议》《多元智能新视野》《学前教育学》《学前心理学》等专业的书籍，我称之为教师的"新四库全书"，教师需要不断重新阅读，时常思考，摘录核心内容，以心理学和教育学的理论填充自己的头脑。在有了一定的知识储备的基础上，教师要充分借助班级这块试验田，在呵护儿童这颗种子的成长中，不断实践自己的想法，创新自己的教学手段。第三，积极协作和参与教研活动。相比较而言，新教师（均为本科以上）的写作华而不实，"老教师"的写作实而少意，只要一说写资料，教师就是"焦虑"一片。其实教师焦虑的原因我可以理解，但教师不就是常和文字打交道的人吗？归其原因，一是阅读量少，二是写作练习时间少。为此，我对教师进行了写作培训，尤其是论文、课题的格式要求，资料综述，文献引用，结构归纳等方面的学习。我在幼儿园成立了核心写作小组，鼓励人人都参与论文和课题的写作。有时，我会用"强逼"的方式，让不会写的教师与擅长写的教师组合在一起去完成一项文字表述工作。

二、实验后：管理第五年

（一）背景情况

在"三彩"管理下，教师队伍从最初不能适应"由完全听指挥的人，变成自己指挥自己的人"的角色。在一次次公众演讲、PPT亮点分析、教学研讨和公开交流中，教师逐渐敢表达、主动表达，且言之有理，有关键核心词语。再加上平日的针对性学习、在职培训及锻炼，教师的综合能力明显提高了许多。

（二）情况记录

2020年10月中旬，幼儿园开始了3个级部的教学环境检查和评比工作。在评比工作中，我的要求仍是：①参观班级由1名教师介绍本班环境创设的教育原理和思路；②环境中要体现孩子的学习足迹；③每个班级需有1名教师介绍环境亮点；④参观的教师需要有点评发言。

（三）我的反思

在参观的整个环境中，我发现教师有如下体现：①能够说出课程论和心理学原理，还会根据国家教育政策调整班级区角活动；②教师能够用术语表达观点，虽然还有些"啰唆"，相比之前但已经精简了许多；③教师学会观察和记录孩子的学习行为，通过绘画、表格等方式呈现孩子的学习行为，将环境的创设主体还给孩子；④教师会根据自己的兴趣特长创设班级环境，体验自然的环境、语言的环境、音乐的环境等；⑤教师们说得头头是道，不再躲避着不敢表达，而是积极主动地表达观点。

教师之所以改变的原因在于：①教师去阅读相关的书籍，与时俱进，更新观点；②教师积累了专业的理论术语，并能够灵活应用；③教师的教育观点得到改变，让幼儿成为主动的学习者；④教师获得了大量的"观众表达"锻炼机会，不怯场；⑤教师的主观能动性得到发挥，教师的优势智能能够应用在教学和班级环境中；⑥教师的管理方式从"服从型""被动型"转变为"参与型"和"管理型"。

（四）我的行动

继续坚持和探索"三彩"管理方式，让教师眼里有孩子，心里有教育，嘴里有文章，笔下有思路。在"三彩"管理模式下，采用多种形式培养"四有"教师，让教师的工作"精彩、出彩和喝彩"。

（五）结果表现

依托长安镇中心幼儿园平台，教师队伍在"三彩"管理的模式下，幼儿园评选出了东莞市的名园长工作室、东莞市的名师工作室，同时，多名教师荣获"东莞市教学能手""教育科研带头人"等称号，在家园工作、教学比赛和课题研究中，幼儿园也取得了阶段性的成绩，如 2018 年幼儿园同时立项 6 项市的常规课题研究，2020 年立项省的 1 项课题研究，等等。

▶ 我的管理主张

教师的个性就是幼儿园的特色，教师的优秀就是幼儿园的优秀。

一、师德第一，能力第二

师德第一，能力第二，是我聘人、用人和育人的第一要则。在幼儿园里，我曾遇到几个对事斤斤计较、拖延推卸的"优秀教师"。这些教师从教学的角度看能力较强，但在团队、班级、工作的处理当中往往"容易伤人"，还有一些"优秀教师"总会做一些与幼儿园制度相出格的事，这样不利于幼儿园的团结和发展。因此，我告知大家，有能力、有光环不要紧，一旦没有道德的自我约束，这样的职业路线走不远。因此，用人、选人时，我首先考核的是教师的团队能力、责任能力和职业的约束力。然后再根据其性格特性，用更多的时间来培养和发展其能力。在老教师队伍中，我提出了"双人"育人机制，如两名优秀的级长、两名体育特长的教师、两名教研特长的教师等，一是让他们有共同的话语兴趣，有聊天的伙伴；二是适当引入"竞争"机制，"你不愿意他愿意，你干不了，他来干"，这样，给自己的管理留有选择和救场的机会。

我总相信，凡是能够考入大学又读了 4 年学前教育专业的学生，在入职后，虽然能力弱，但底子强，即使是悟性差的教师，在经过长期的磨炼后总会成功。

二、尊其需求，点其优势

轻松地管理需要了解教师的需求，尊重教师的智慧，认同教师在工作中的创新能力，而不是将教师困在书本上和硬性安排的领域教学上。马斯洛的需求层次理论是每位管理者需熟悉并认可的观点。作为一名有上进心的教师，物质可能只是入职前的短暂要求，入职后如何发展，受到大家的认可才更能激活教师活力的内驱力。

我通过谈话、承担任务的观察以及其他教师的评价，尽量去了解每一位教师的个性特点和优势智能特长，对待有责任心、有潜力的教师我会依据他的优势智能进行培养。如为在语言领域、音乐领域有特长的教师量身打造，为他们提供更多的学习机会和锻炼的平台；我曾帮助没有自信的宋老师找到语言教育特长，帮助没有方向发展的张老师找到教研特长。不怕不会，就怕不知道。如果教师知道了自己不知道什么，这一切都好办了。另外一个管理方式是"一个都不能少"。每位教师都一定有他的教学特长，只是他还没有发现，或管理者还没有引导他发展。在"光棱教育"理念下，我在幼儿园成立镜美环境组、小精灵舞蹈团、七色光儿童剧团等兴趣小组，目的在于让教师能够依据自己的特长自动归入兴趣组当中，在兴趣小组里研究教育教学，动手创设环境，追求艺术表达，慢慢让自己的心灵得到成长，在专业发展方面获得自信，找到自己的优势，在"精彩""出彩""喝彩"中得到成长（如图2所示）。

图2　管理与教师发展

三、自我内省，永葆热情

曾子曰"吾日三省吾身"，加德纳称之为"自我认知智能"，也叫内省智力。自我认知智能是自己对自己内心世界的认知，了解自己的感情生活和情绪变化，有效地辨识自己的行为活动，最后加以分析和标识，成为理解自己和指导自己行为准则的能力。研究表明，凡是自我认知能力较好的人，其脑中有关于自己的一个积极的、可行的、有效的行为模式。因此，我会对教师说："晚上睡觉前，给思考留有几分钟时间，大脑要像过电影一样回忆一下今天做的事情，想想哪件事没有做好，哪件事做好了，哪些事需要继续改进。"只有常常反思事情，分析自己的行为，才能更好地做好明天的工作。反思得越透彻，越会对未来的生活充满热情，在工作中永葆激情。

四、多元发展，释放色彩

教师的多元发展和释放自己的个性色彩是对教师管理的出发点也是最后要到达的终点。长安镇中心幼儿园的教育理念是"光棱教育"。"光棱教育"不仅适用于儿童，也适用于教师。每一位教师在进入岗位前是一束透明的光，我们假设其特有的色彩人的肉眼不能看见（可能他本人也没有觉知），在幼儿园这个"三棱镜"的大环境中，教师经过长年的摸爬滚打，走过新手型—教学型—教研型—名师型的道路，教师的教学特长在寻找中定位，在定位中锻炼，在锻炼中成长，在成长中形成自己的优势特长和教学风格，最终自己的色彩得到绽放。每位教师有其特质的色彩，作为管理者的我，在班级工作中，要了解教师的领域教学特长，合理分配领域教学任务。同时，我需要借助政府赋予的服务权力为教师准备丰富多元的舞台，创造更多的学习历练机会和表现平台，让教师的特长有机会发光和发亮。这样，教师的智慧奉献给了幼儿园，幼儿园也会赢得更高的"喝彩"声。

师德第一，尊重人性，发挥教师特长，让教师的智能优势在时间的流转中有机会去释放更多的色彩。只有教师有更好的发展和更优秀的表现，幼儿园才能更具有品牌文化的特征。

▶ 他人眼中的我

晓卫是一位有学识、有智慧、有情怀和敢想敢做为的男园长。
（广东省名园长工作室主持人、东莞市学前教育协会会长、东莞市实验幼儿园园长　李丽英）

睿智实干（理论与实践完美结合，工作中注重创新融合与理念落地，形成适合幼儿成长与幼儿园发展的自然课程）；

专业精研（专业型的园长，关注学前教育专业的研究，在实践中、在游戏中、在案例中狠抓教师的专业成长）；

游戏童年（紧扣新时代对学前教育发展的要求，主张幼儿与教师都在游戏中快乐成长）。

（东莞市教育局教研室教研员　邓泰初）

抓大放小，实在，宽容，不注重形式抓本质，洒脱，入世儒墨，出世道佛。帅气，阳光，温润，暖男。

（东莞市幼儿师范学校系主任　崔梅）

专业，深度。

（东莞市长安镇教育管理中心副主任　谢静）

性格直爽，比较刚。带领教师尝试不同的创新教学方法，不拘泥于书本知识，乐于引领新教师的成长方向，带领大家用游戏的方式向大自然学习。

（东莞市长安镇中心幼儿园教师　董洁）

赵园长富有童心，热爱教育事业，师德师风正气，教育理念先进，管理有方，规划合理，落地到位，员工们的好领导，家长们的好园长，孩子们的好老师。

（广州城建职业技术学院学前教育系主任　林培淼）

【点评】

晓卫作为幼儿园园长，他把自己的管理风格凝练为"精彩、出彩和喝彩"。精彩是教师对工作的观念和态度，出彩是教师对工作的追求和挑战，喝彩是他人对教

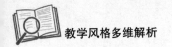 教学风格多维解析

师工作的评价和反馈。"三彩"管理风格是长安中心幼儿园"光棱教育"理念中管理教师队伍的体现,目的是尊重教师的个性,发展教师的优势智能,实现"光棱教育"理念下的教师队伍管理目标。作为"三彩"的教育管理者,他不是用权威—服从型管理方式让教师执行命令,而是让教师发挥集体创造的智慧,在引导—自主型管理方式中收获出彩的成绩。

(广东第二师范学院教授 闫德明博士)

童心·童真·童趣

陈趣平（幼儿园管理）

> **个人简介**
>
> 陈趣平，女，东莞市长安镇第一幼儿园教师，幼儿园一级，园长。东莞市督学，曾多次荣获"长安镇优秀园长""长安镇优秀教育工作者""长安镇科研先进个人""长安镇优秀教师""长安教育网信息工作先进个人""长安镇优秀志愿者"等荣誉称号。其指导的《那一抹中国红》节目获2020年第23届推普周东莞市"诵经典华章，唱中国梦想"中华经典诵读比赛特等奖，个人获优秀指导教师；指导幼儿在2008年"体彩杯"全国幼儿基本体操表演大会荣获一等奖。主持课题"幼儿园民间手工艺术教育的实践与研究"获东莞市教育科研优秀成果二等奖、长安镇2014年教育科研成果奖一等奖。撰写的《圆童心出彩梦》获广东省特色幼儿园建设方案优秀方案三等奖。参与广东省教育研究院教育研究课题、广东省教育科研"十三五"规划2016年度研究教育科研项目以及东莞市教育科研规划课题研究，撰写的论文获市、镇教育教学优秀论文一等奖。

▶ 我的管理风格

我是一名土生土长的东莞长安人，这里有我挚爱的亲友，我爱着这里的一切。奶奶给我取名"趣平"："趣"，希望我长大有自己的兴趣爱好，是个有趣的人；"平"，希望我平安幸福。我的性格用别人的话说是如孩子般真实，有一颗炽热的心，积极乐观，极具感染力。结合自己的职业追求，我的管理风格可以总结为三个词：童心、童真、童趣。

所有的大人曾经都是儿童，都期盼着长大，从而可以看到外面更大的世界，得到自由，得到快乐。儿童时期，总是那么纯真、天真，心里的世界如彩虹般绚烂美好。但长大的过程是一个不断失去的过程。如今，我们与童心渐行渐远，慢慢迷失在复杂的成人世界里。到底，我们期盼的世界是怎样的？我们遇见的什么才是美好的？《三字经》的第一句话，"人之初，性本善"。这句话大致意思是指儿童是天真无邪，天性善良的。然而，为什么在一定社会环境下和一定情境中表现出来的行为会有善恶之分？到底是什么驱动着人采取所谓的善或恶的行为呢？我想，应该是来自人内心的一股力量驱动着人们去思考、去选择、去行动。

童心是纯洁的、真实的、有趣的。拥有一颗真、善、美的童心，无论是儿童，还是成人，内在那股力量应该也是真、善、美的，从而驱动着我们正确地去思考、去选择、去行动。我们的世界也将会变成我们所期盼的美好。我国教育学家陶行知先生说过,"我们必须变成小孩子,才配做小孩子的先生。"作为教育工作者,我们更需要拥有一颗童心,尽量使自己具备"孩子的心灵"——用孩子的眼睛去观察,用孩子的耳朵去倾听,用孩子的大脑去思考,用孩子的兴趣去探寻,用孩子的情感去热爱!在某种意义上,尽可能地让自己具有儿童般的情感、儿童般的纯真、儿童般的兴趣。

一、童心:保持儿童般的情感

儿童的情感是细微真实的。陶行知先生有一段十分感人的话:"您不可轻视小孩子的情感!他给您一块糖吃,是有汽车大王捐助一万元的慷慨。他做了一个纸鸢飞不上去,是有齐柏林飞船造不成功一样的踌躇。他失手打破了一个泥娃娃,是有一个寡妇死了独生子那么悲哀。他没有打着他所讨厌的人,便好像是罗斯福讨不着机会带兵去打德国一般的怄气。他受了你盛怒之下的鞭挞,连在梦里也觉得有法国革命模样的恐怖。他写字想得双圈没得着,仿佛是候选总统落了选一样的失意。他想你抱他一会儿,而您偏去抱了别的孩子,好比是一个爱人被夺去一般的伤心。"可见,儿童的情感是那么的真实,那么的细腻。我们只有变成儿童,才能走进孩子的心灵深处,看到他们真实且又丰富的内心世界,才有可能用心灵去触碰另一个心灵;只有变成儿童,才能贴近孩子的生活,将教学变得童化、趣化、活化,才能易于被他们接受。正如《牵着蜗牛去散步》所说:"孩子的眼光是率真的,孩子的视角是独特的。"所以,我们不妨放慢脚步,陪着孩子体味生活的滋味,倾听内心声音在俗世的回响,理解生活,发现美好。

二、童真:心怀儿童般的纯真

童真,意味着纯朴、真诚、自然、率直。儿童永远活在当下。他们永远只会为当下的快乐而欢呼,不会花时间去纠结过去,不会处心积虑去怨恨他人,不会焦虑未来。而成人,生活阅历会使我们成熟严肃,社会经验会使我们圆滑世故,人生挫折会使我们警惕焦虑,让我们出现多副面孔。然而作为教育工作者,我们需要心怀纯真。卢梭在《爱弥尔》中告诫教育者:"不要在教天真无邪的孩子分辨善恶的时候,自己就充当了引诱的魔鬼。"面对天使般的儿童,我们何必带着沉重的面具?教育是一棵树摇动另一棵树,一朵云推动另一朵云,一个灵魂呼唤另一个灵魂。面对儿童,我们只能用真诚的面孔,须知真诚只能用真诚来唤起,正直只能以正直来铸造。唯有自然地活出真实的自己,人生才是有意义的。

三、童趣:充满儿童般的兴趣

童趣是保持好奇心,允许自己做白日梦。成人的我们,总会担心浪费时间,不愿意做无用的事情。而孩子之所以总是那么快乐有趣,就是因为他们总是天马行空地创造着自己的神奇世界。苏霍姆林斯基在《教育的艺术》中说道:"只要人们没有做到以童年的欢乐吸引住孩子,只要在孩子的眼睛里尚未流露出真正的欢欣的激情,只要他没有沉醉于孩子气的顽皮活动之中,我们就没有权利谈论什么对孩子的教育影响。"因此,要想对孩子的教育有影响,我们需要变成儿童,保持好奇心,追随着孩子的天马行空,一起探索神奇的世界。唯有好奇心,才能促使人类去发现、去探究、去创造。作为教育工作者,我们要尽可能地与孩子保持共同的兴趣爱好,关注儿童、关注生活、关注游戏、关注经验,追随其发展需要。让师生成为最友好的同伴,这正是教育成功的起点。同时,这个过程也会让我们成为一个有趣的人,为他人增添快乐的同时,也为自己营造幸福的生活。

▶我的成长历程

一、上学前,是个"野孩子"

在有限的记忆里,我上学前都是跟着妈妈干农活,妈妈安排一些小任务给我做,目的是不让我乱跑,于是,跟着妈妈我学会了插秧、割禾、晒谷等。我遗传了妈妈手脚麻利的基因,学什么会什么,越做越快。完成妈妈分给我的任务之后,就可以自由玩耍了。我的玩伴就是我的跟屁虫弟弟。春天,我们一起采摘野花、田野间疯跑;夏天,淋雨、下河玩水摸鱼抓蟹、爬树摘荔枝抓蝉;秋天,在田地里找小鸟窝;冬天,烧爆竹和烟花。任何地方都可以成为我们的游乐场。

中国的改革开放,不仅改变了中国、改变了世界,也改变着我们的生活。长大了我才知道,原来是国家经济制度改革了。1982年出生的我,也算"洗脚上岸",成了城市姑娘。现在回想起来,有田地可去的时光,是我的美好童年。美好的原因在于那时大人都忙,没人管束我,我就像个野孩子,可以奔跑在鲜有汽车的路上,可以和小伙伴们三五成群地一起淋雨,可以在泥堆里待上很久很久……

童年时光是"在玩乐中学习,在学习中玩乐"。在那种快乐的感官直接体验中,不知不觉地长大了。

二、小学时,曾是个"别人家的孩子"

我读了个学前班就直接成了小学生了。读小学期间,由于父母忙于在深圳和虎门之间跑生意,全部家务都由我这个小姐姐包了,洗全家人的衣服,做全家人的饭,照顾弟弟。在学校我还十项全能:唱歌、跳舞、运动、艺术、学习等成绩都是优秀。那时的我,是名副其实的"别人家的孩子",村里大人们都说我是个很乖的孩子,而我也就努力成为别人口中评价的我了。在学校当过班长、学习委员、宣传委员、少先队队长、小组里的小老师等,从那时候起,我就喜欢当老师,长大的愿望就是成为一名教师。

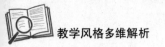

三、人生中影响我最大的人——我的奶奶

我的家族很大,奶奶生了9个孩子,每个孩子又至少生了2个孩子。爷爷去世早,奶奶能养育这么多孩子,又拉扯大我们这么多孙子辈的孩子(包括我和弟弟),她很伟大,也是影响我最深的人。奶奶出生于地主家庭,家庭条件优越,有文化。爷爷去世后,她主要是采取以大带小的方式,养育了一大家子人。在众多孙子辈的孩子中,我是奶奶最爱的孩子。在她身边,我是被爱着长大的。最幸福的事,就是小时候奶奶一直陪着我睡觉,直到我上初中。在奶奶陪伴长大的岁月里,我学会了各种家务、传统礼仪、照顾他人、包容忍耐、为人处世和待人接物。现在的我,多多少少有了我奶奶的模样:为人谦卑、勤俭节约、包容忍耐、干净整洁、保持终生学习的心。

四、也曾叛逆过

父母做生意赚了钱后,家里经济条件越来越好,我以为家庭也会越来越和睦,但我的父亲却沾上了赌博恶习,家里时常就会有各种吵闹。母亲埋怨父亲赌博不管家,父亲嫌弃母亲啰嗦和管得多,母亲气不顺又责骂我家务事做得不够好,没有管好弟弟,甚至有时候还会打我一顿。那时的我,很委屈,也很不理解为什么会变成这样,慢慢地,我也感受不到家里的爱了。家人间粗暴的沟通让人受伤,让人痛苦,甚至让人窒息。那时的我,最怕自己做错什么,让家里再增硝烟味。我也逐渐变得敏感,变得有点叛逆,做事小心翼翼、不自信。

小时候的不好经历,让我体会到情感和精神上的创伤比肉体的伤害更加令人痛苦,也让我对暴力或者冷暴力有很深刻的反思。"己所不欲,勿施于人",当我感同身受地知道暴力带来的伤害后,现在的我比较温和。在工作和生活中,我会换位思考,去理解他人的真实需要,及时给予他人一定的回应。通过有效的沟通,理解他人,与他人有情感共鸣,从而让每一个教职工、每一个幼儿都得到尊重,建立起自信之美。

五、初中到大学,我应该是个艺术胚子

除了语文、数学外,我认为艺术教育对人的成长和成事有很大的帮助。因为有过那段肆无忌惮沉浸在大自然里的美好童年时光,所以我对音乐、舞蹈、运动都颇为偏爱。初中到大学期间,我活跃在学校各种社团和组织里,做过班委,进过学校仪仗队、合唱团、舞蹈队,参加过各种运动、表演比赛,特别喜欢艺术类活动。初中、高中和大学期间都是学校乐团成员。大学期间,我学会了黑管和低音黑管两种乐器,有幸作为校管乐团代表到维也纳参加世界大学生(非专业类)管乐比赛,并荣获一等奖。这些美好的经历,让我更加喜欢艺术。

记得看过这样一个视频:温家宝探望93岁高龄的钱学森,向他咨询教育方面

的意见。钱学森向温家宝提出一个严峻的问题：为什么我们的学校总是培养不出杰出人才？钱学森说："一个有科学创新能力的人，不但要有科学知识，还要有艺术修养。没有这些是不行的。"他之所以这么说，正是他自己的成长经历。钱学森5岁开始学习绘画和音乐，曾是校乐队的主力圆号手。钱学森说，被美国政府软禁时，是贝多芬、莫扎特的交响乐，激励着他进行积极地抗争。音乐不仅给钱学森带来了精神支撑，还给他带来了创新的灵感。在那次交流中，他还说，艺术上的修养对他后来的科学工作很重要，开拓了他的科学创新思维。

钱学森的观点和经历让我感触很深，幸运的是，我的成长之路也跟艺术紧密相连。虽然我不是什么重要人物，但艺术却给了我很多惊喜、很多陪伴、很多相遇、很多心灵的洗礼。而我现在管理的幼儿园，招聘的老师有美术专业、音乐专业、体育专业、舞蹈专业等。因为，我希望我的团队里，不仅有学前教育专业的老师，也有美术、音乐等艺术专业的教师。只有师资多元化，才能满足幼儿多元的个性发展。而艺术教育，必然需要专业的老师来给孩子进行专业的指导。

六、跨界工作

曾经所学所经历的都会成就现在的我，所学所见对工作都有用。跨界做教育，让我多视角地、宏观地看待教育的本质。高考时，我选的X科目是政治。背了很多的政治和哲学理论，现在想想，思政课对人的世界观、人生观、价值观、政治观、逻辑思维等都有正确的引导。大学期间，我所学专业是英语，毕业后第一份工作是在深圳的一家甲级写字楼从事英文文秘工作。工作3个月后，就被母亲叫了回去，她的想法是，"你工作要在长安，嫁人也得在长安"。出于孝顺父母的考虑，我最后还是听了母亲的话，回到长安，任职招商银行大堂经理一职。在银行工作了一个月，巧合的是长安镇第一幼儿园招聘园长助理，我拿着自己学习期间获得的所有证书，厚厚的一摞，去参加面试，并最终成功应聘。我立马辞去银行工作，义无反顾地扎进我梦寐以求的教育事业里，一做就做了16年的幼儿教育工作。

做自己擅长和喜欢的事，这是我持续用心工作的源源动力。因为热爱教育事业，一入职，我就考了教师资格证、园长上岗证，恶补了心理学、教育学，学习各种政策文件、阅读各类教育书籍等。当然，也离不开"老师"的指引。我的老师，就是我们单位的老园长，她手把手地教我各种工作。而我之前的所学，也在幼儿园里都用上了，如秘书专业里的办公室管理、办公室信息化操作、接待礼仪、公文写作，等等；我学的艺术知识，也让我对幼儿园的艺术教育有了自己的思考，对审美有自己的理解和追求。如果说人生路是由一块块石头铺成的，那每种不同的经历就是不一样的石头，尖的石头会扎疼脚，圆润的石头会让人走的舒坦，不管是何种石头，那都成为我前行的垫脚石，也筑成我独一无二的人生路。

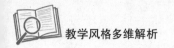

▶ 我的管理实录

一、管理的温度：共情的童心管理

事件一：不肯退休的后勤主任

2012年之前，我所在的幼儿园是由社区管理的，2012年7月后，幼儿园收归为镇属幼儿园，开始实行园长负责制，园长为幼儿园的法人代表，幼儿园的管理与发展也开始转变。如职工退休制度有明文规定：政府事业单位妇女50岁退休。当时园里的后勤主任已经满50周岁，但她很不理解为何幼儿园刚收归政府管理就让她退休。于是她开始有情绪了，不配合办理退休手续和工作交接，对我当时的管理工作造成了一定的影响。而我当时感觉也挺为难的，一方面，能理解她的情绪，毕竟她为幼儿园贡献了这么多年的心血，心有不甘是人之常情；另一方面，我作为幼儿园的负责人，有责任要妥善处理好，并借此机会让所有职工都清楚和理解政策的变化，以后能理解并支持我的工作。作为一个单位的领导，我深知领导工作的核心驱动力是尊敬和信任，我不能只行使园长的权力去管理人，而应该"以人为本"，用共情的童心去对待每一个教职工，从尊重和信任的角度去为别人着想。后勤主任是一名老职工，为幼儿园的发展做出的贡献是有目共睹的，她不缺这一份工作和工资，她真正需要的是被肯定、被尊重。于是，我以一名后辈、一位朋友的角色去跟她谈话，听她的诉求，听她的故事，经过多次沟通，她逐渐地感觉到自己是受尊重的、被肯定的。后来某一天，她主动找我办理退休手续。至今，我和后勤主任还是关系很好，经常联系，相互关心，相互帮助。

对于这件事情，我本可以按制度强硬去执行，但我愿意花更多的时间去关注和理解他人，得到彼此的尊重和信任。这件事妥善处理后，我也得到更多同事的赞许和支持。共情的童心让我收获真情，得到支持、理解和尊重，也使幼儿园的管理工作更有温度。

事件二：单位里的"老油条"

我是相对年轻的园长，在我上任之初，我也遇到过很多的管理难题，比如，如何激励单位里的"老油条"。因长安第一幼儿园办园历史比较早，幼儿园有很多老资历的"厉害人物"，如A女老师，是幼儿园的元老级教师，有丰富的教学经验，点子多，善变通和交际，但缺点也很明显，总是推脱工作，又喜欢指挥别人做这做那，自己很少亲身参与，即使是园长给她指派任务，她也是转身就安排别人去做了。其他同事对她意见很大，我也跟她谈过话，但效果甚微，一时间也找不到其他好办法去解决。

后来联想到马斯洛需求层次理论，其将人类需求从低到高按层次分为5种，分别是生理需求、安全需求、社交需求、尊重需求和自我实现需求。我开始深层次思考老教师的需求，他们到底需要什么？考虑到她工作多年经验丰富，我就大胆让她去带团队，给她晋升为中层干部，并跟她坦诚沟通，肯定她的能力、优点，并提出她的不足。然后，在工作中一直督导她做好工作，同时在教职工面前肯定她的工作。经过一段时间的打磨，她终于得到了下属的肯定，而且工作很卖力，为幼儿园的事提出各种创新的点子，越做越好，她带的团队也进步神速。她也从一个"大嘴巴"变成了一个干事雷厉风行的好干部！

让每一个人都认同你的价值观，并支持你的管理是挺难的。共情的童心会时刻提醒我去思考：我是什么？我为什么？我该怎么做？先去问自己，再换位思考去理解别人，在理解的基础上去解决彼此共性的问题。

二、高情商的管理：坦诚的童真沟通

事件三：违反师德的恶作剧老师

有这样一位女老师，本身条件优越，有爱她的家人，有个幸福的家庭。但她生了孩子后，性情大变，上课时会突然对孩子发脾气，更可怕的是，她伪造证据，污蔑另外一位老师收家长的红包，想通过这样的方式把她不喜欢的同事赶走。她把捏造的事实发布到东莞阳光网，我接到反馈后立即组织调查，经过调查，证实被投诉的老师没有收家长红包，是被人诬陷的，而诬陷嫌疑人也浮出水面，正是她。我跟她面对面谈了4个多小时，但由于没有确凿证据，她也矢口否认，一时间，疲劳战没法突破僵局。后来，我找到她的丈夫，她的丈夫是一家国企的高级工程师，我跟她丈夫讲："我知道你是很爱你妻子，你妻子曾经也是一个善良的人，一位优秀的老师，但最近我发现她脾气变坏了，她会不会产后抑郁？……"她的丈夫也是极力维护着妻子。然后，我又确定地跟她的丈夫说："事情已经查清楚了，是她用技术手段伪造了一个截图，举报另外一位老师收家长红包，她的这种行为性质非常恶劣，如被另外一位老师追究到底，事情被查实，她是要被撤职和吊销教师资格的，就再也不能当老师了。"她的丈夫听后开始慌了，想为妻子开脱，连忙说这些证据是他伪造的，跟他的妻子没有关系。紧接着，我又找她谈话，说她老公已经承认是他做的，她也不再争辩。我没有公布这件事，还允许她请假回家休息了一段时间。我想她已经知道自己做错了，后来得知她确实得了产后抑郁症，最后自己辞职了。

白岩松在第62届文化讲坛的演讲中说："谁会讲故事，谁就控制世界，谁就拥有整个世界。"故事之所以重要，是因为故事里反映的是一种文化，一种智慧，一种情怀。教育需要用故事滋润童年。而我也善于用真实的故事来打动每一个职工。只有真实，她们才相信；只有真实，她们才可预测结果。在管理工作中，我会仔细观察，掌握每一次事件的发生原因和经过，并及时有效处理。对于有学习价值的案例，我会在每周例会上跟同事们分享，让大家设身处地去思考"假如是你，你会怎么做"。

通过讲故事的形式，让大家明白一个道理，学会一种做法，提升解决问题的能

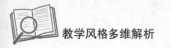

力。管理需要"以人为本",用"童心"去共情、用"童真"去沟通,让人与人之间,心与心之间更加紧密相连,聚力同行。

三、儿童视角的教育:富有童趣的课程

事件四:儿童视角的环创,环境是幼儿园的隐性课程

自然角活动在幼儿园教育活动中是不可缺少的,对幼儿各方面能力的发展有着积极的作用。在自然角的环境创设中,很多教师习惯性将创设与管理视为自己工作的任务,目的是应付检查,一般只注重自然角的美观性,而不会用心地去设计和构思,更不会过问幼儿的需要与兴趣,他们将自然角视为一个只供观赏的区域。对于自然角的开发与管理,也只有在教师同意的情况下,幼儿才能进入自然角观察,观察的内容和视角也会被教师束缚。对于幼儿参与度很低的自然角,我们看到最多的是各色各样的动植物,而鲜有孩子的创作思想及创设的作品,即使看见寥寥几本的观察记录表,也是"残缺不全"和缺乏连续性的。在我园的日常管理中,我会经常观察孩子的参与性,思考孩子的想法。因为童年时自己也对动植物充满好奇,总是带着问题去摸索和寻找答案,感觉那是很有成就感且非常有趣的事情。我会给老师培训,让老师也回忆童年,并反思:"假如我们还是孩子,我们对什么样的自然角更感兴趣?"

通过园内开展研讨活动,我们发现,无论是自然角的前期的创设还是后期的管理,引导幼儿共同参与自然角的创设与管理非常必要,让幼儿成为环境的主人。在这一过程中,幼儿无论是知识、能力还是社会性情感方面都得到了相应的发展,而且幼儿能学习到更多的实践经验,也更能调动他们的兴趣,主动地参与,快乐地学习。

▶ 我的管理主张

一、教育回归童心

教育工作者应该有一颗童心。童心是儿童生而具有的,是人的天性。儿童由于富有童心,因而对外界充满了好奇与探索的欲望,充满了幻想和美好的期望。童心是幼儿教育的"根",并赋予教育生命和活力。然而,随着我们慢慢长大,进入功利思想的社会,我们很容易丢失童心,认为童心是幼稚,因而事事都功利地去分析、去取舍。而功利的教育会把人变成商品、变成机器,也会引发各种社会问题。刘晓东在《保卫童年》一文中明确提出:"儿童之心如蕴藏着丰富种子的大地,需要儿童教育者们像农人那样,遵守天时,精耕细作,不急不躁,循序渐进。"童心到底蕴藏了多少能量?其实在现实生活中,我们随处可见童心闪现。比如孩子犯错了,成人(父母或者老师)会批评他,如果是很严重的错误,甚至会受到父母的打

骂，父母给自己找借口说"打是亲，骂是爱"。而孩子呢，即使你当天打骂过他，他还是抱着你，下一秒还是说爱你。童心是多么的宽容，多么的善良，给予我们多么大的能量。又如儿童的美术作品，如果我们用成人的审美去评价，可能让人感觉是杂乱无章，毫无美感。然而，当孩子兴高采烈地给你介绍她的想法时，那天马行空的幻想不就是艺术作品吗？童心是多么的纯真，多么的有创意，让人觉得有无限的可能性。

带着一颗宽容的、善良的、大爱的、纯真的、有创意的童心做教育，我们的教育才会五彩斑斓，变得有温度，经我们教育的孩子才会多元发展，成为温暖的人，而非机器人。

二、童真是原则

童真是遵循儿童的发展规律。关注儿童生活、儿童游戏、儿童经验，创造真实的环境，为幼儿的学习与生活提供更多的实践与体验的机会。给予孩子真实的情感接纳，及时回应，为幼儿在不同基础、不同个性的发展创造机会，满足他们多元发展的需求。让人与人之间得到情感链接，让每一个幼儿都得到尊重，建立起自信之美。让每一个幼儿都有思考和选择的自由，培养创造性思维和解决问题的能力，营造"想说、敢说、有机会说"的氛围，在多元思想的碰撞下，创新地解决问题。

关注儿童"真趣、真思、真情"。在教学实践中，以"真趣"为导入，以找准儿童的生活经验为起点，激发儿童的学习兴趣。学习态度和兴趣是学习能力的重要组成部分，对幼儿学习的行为、过程与效果有着直接且重要的影响。在教学活动中，老师从贴近幼儿的生活经验和感兴趣的事物进行导入，有利于激发幼儿学习的兴趣。以"真思"为视角，培养幼儿的思维品质。循序渐进，让幼儿有探索和自寻答案的过程，通过主题探索、问题设计等途径，促进幼儿思维的发展。以"真情"为底色，发展幼儿的实践能力。创设儿童视角的情景环境，让幼儿切身地在实践中探索，在体验中成长，全面提升实践能力。

三、童趣是活力

（一）童趣就是好玩的游戏，游戏是儿童的权利

儿童就其天性而言，是一个具有天赋的小小艺术家、梦想家和游戏者。儿童的世界是艺术的、梦想的、游戏的世界，是生机勃勃、多彩多姿的世界，是比成人的客观世界还要丰富的、充满无限趣味的世界。游戏的外在表现为"玩"，其精神实质是一种对自由的本能追寻。儿童通过各种形式的"玩"，如操作式的、想象性的、符号化的等，获得自我满足与自我实现，并深陷其中，乐此不疲。儿童的这种"玩"很多时候还有一个鲜明特征，即表现为身体的参与并伴随精神的融入，因而，游戏是一种游戏精神，亦是一种创造精神。

我们发现，儿童在游戏中总是不满足于现状，不喜欢把自己局限在一个领域

内。他们总是不断开辟新的疆域,尝试新的生命体验,不断创造无休止的智慧游戏。创造过程中有巨大的愉悦感,乐此不疲,经由自己的灵感带往任何想去的地方,这是不可思议的。这启发我们,教师的教育生活中要充满"幽默"和"轻松"。对于儿童而言,获取知识的方式是游戏(活动),眼、耳、手、口、脑都在其中得到解放。教师组织的学习内容要充满吸引力、诱惑力,让儿童产生本能的学习冲动和好奇心,促使他们乐此不疲地好奇、追问、探究和创造。整个学习过程就是忘我的"游戏"过程。游戏精神还是一种美的精神。游戏是无功利性的,不需要刻意回答这样做有什么价值,只需要儿童在其中体验到生命的欢乐。游戏精神是单纯的,也会伴随痛苦,就像电影《美丽人生》里的父子玩的"游戏",有喜有泪。教师在教育教学中就应该充满这样的"游戏精神",工作就是"游戏",就是欢乐。

(二)用游戏改变领导力

游戏点亮童年,游戏也可以改变领导力。游戏作为儿童学习的主要形式,如果我们老师没有童趣,儿童就不会喜欢老师,如果园长没有童趣,团队也就缺乏活力。在《游戏改变世界》一书中,作者美国未来学家简·麦戈尼格尔说:游戏化,可以重塑人类积极的未来。带着游戏精神,把游戏的4个特征运用在领导力上,可以打造一个积极的团队。特征一:共同目标,要给团队设置一个宏大的目标,使大家集体向目标前进。特征二:及时反馈,要对员工的行为做出灵活、准确的有效反馈,让员工有参与感,进而产生价值感。特征三:清晰明确的规则,要为工作设置明确的规则,让所有人有规可循、有章可守,打造公平环境。特征四:自愿参与,要尊重员工的意愿,培养员工参与工作的自觉意识,推动工作进程。

长安是我的家乡,在长安从事教育工作,我比别人多了一份家乡情怀。家乡的水土养育了我,为家乡培育出一代又一代的优秀接班人是我义不容辞的责任,也是作为教育者的使命。每次想到"我手里有几百个孩子,孩子背后是几百户家庭,孩子是家庭的未来,我的工作会影响着千家万户",我就深感责任重大。不忘初心,牢记使命,让每个孩子健康快乐地成长,是我毕生所愿。愿我们保持童心,掌握快乐!

▶他人眼中的我

看似个子小小、柔柔弱弱的小女人,然而却是有着大大的能量,是奋斗拼搏的女人。

(东莞市长安镇教育管理中心英语教研员 卢妍博)

陈园长是一位内外兼修、睿智的学习型园长,和蔼可亲的她在工作中是良师、在生活中是益友。热爱学习、推陈出新,用科学的儿童观、教育观引导着团队迅速发展。鼓励教师发挥自身特长、创建自身特色;提倡多学习、多思考、多借鉴、多创新,做勇敢的"拓荒牛";鼓励每一位教师、幼儿在不同的舞台展示自己的特长,绽放不一样的光彩。

（东莞市长安镇第一幼儿园教学主任　康朱惠）

园长善于激励团队，使我们从开始的"要我去做"变成"我要去做"，把"要我做好"变成"我要做好"。在这个从外到内的过程中，我们迅速蜕变，变得强大、自信，而她总是在旁边默默观察着我们的成长，偶尔也会对我们进行善意地提醒和指导。她不仅仅是一个上级，也是一位难能可贵的导师。往往在我们的团队遇到难题时，只要她稍微使出"法术"，难题就会"乖乖就范"，她就是我们团队的"魔术师"。她经常鼓励我们的一句话，"现在我走在你前面，将来你们一定可以走在我前面，成就别人，就是成就自己，有能力就多帮助别人"。她以女性的柔韧，领导的智慧，巾帼不让须眉的魄力，打造出一个如钢铁浇筑的团队。

（东莞市长安镇第一幼儿园后勤主任　叶妙如）

求真务实，爱岗敬业，无私奉献，她是一位民主、平等、开放的园长。

（东莞市长安镇第一幼儿园副园长　蓝惠文）

对待朋友时，她仗义豪爽；对待家人时，她睿智用心；对待儿童时，她热情开放；对待工作时，她勤奋进取；对待生活时，她积极阳光。很多时候，当我阅读到第一幼儿园的公众号信息时，总会有一股莫名的感动：如此优秀的她，眼里有光，心里有爱，用满满的教育情怀来浇灌第一幼儿园，园里的大朋友和小朋友是多么的幸福。感恩自己的孩子能就读于她任职的这个大家庭，感动生活的点滴能融汇练就成如此出色的她。

（东莞市长安镇金沙小学班主任老师　陈玉莲）

园长妈妈很漂亮，说话很有趣，会跟我们做游戏，我喜欢园长妈妈。

（东莞市长安镇第一幼儿园大一班的学生）

【点评】

趣平作为幼儿园园长，她把自己的管理风格凝练为"童心、童真、童趣"。我们必须变成小孩子，才配做小孩子的先生。在趣平园长看来，作为教育工作者，需要拥有一颗童心，尽量使自己具备"孩子的心灵"——用孩子的眼睛去观察，用孩子的耳朵去倾听，用孩子的大脑去思考，用孩子的兴趣去探寻，用孩子的情感去热爱！在某种意义上，她尽可能地让自己具有儿童般的情感、儿童般的纯真、儿童般的兴趣。她是这么想也是这么做的，而且做得很出色。

（广东第二师范学院教授　闫德明博士）